화종부 목사의
우리의
죄,
하나님의
구원

남서웅 가족되신 것
축하드리고 축복습니다

화 종부 목사

화종부 목사의
우리의 죄, 하나님의 구원

© 생명의말씀사 2019

2019년 2월 28일 1판 1쇄 발행

펴낸이 | 김재권
펴낸곳 | 생명의말씀사

등록 | 1962. 1. 10. No.300-1962-1
주소 | 서울시 종로구 경희궁1길 5-9(03176)
전화 | 02)738-6555(본사) · 02)3159-7979(영업)
팩스 | 02)739-3824(본사) · 080-022-8585(영업)

지은이 | 화종부

기획편집 | 서정희, 서희연, 장주연
디자인 | 윤보람
인쇄 | 예원프린팅
제본 | 정문바인텍

ISBN 978-89-04-16664-0(03230)

저작권자의 허락없이 이 책의 일부 또는 전체를
무단 복제, 전재, 발췌하면 저작권법에 의해 처벌을 받습니다.

화종부 목사의
우리의 죄, 하나님의 구원

화종부 지음

생명의말씀사

목차

추천사 · 8
들어가는 말 · 10
프롤로그 · 14

PART 1 　죄

죄는 어떻게 들어와 작동하는가?

01 죄가 들어오는 길1_ 말씀을 왜곡, 과장하다 · 31
02 죄가 들어오는 길 2_ 하나님의 성품을 의심하다 · 53
03 죄의 결과_ 상실과 수치 그리고 두려움 · 71
04 죄가 낳는 또 다른 죄 · 87
05 심판과 형벌_ 죄 아래 살아가는 인생의 비극 · 103
06 원시복음_ 구원의 서곡이 희미하게 울리다! · 119
07 심판 중에라도 긍휼을 선언하시는 하나님 · 137
08 하나님의 두 가지 방책_ 실낙원 그리고 그룹들과 불 칼 · 153

PART 2   구원

하나님을 만난 인생

09 하나님을 알고 나를 알고 예수를 알다 · 173
10 사람이 거듭나지 아니하면 · 193
11 물과 성령으로 거듭난다는 의미 · 209
12 성령으로 난 사람의 증거들 · 221
13 성령이 빚어가시는 성품과 삶 · 235
14 생명의 결정적인 증거, '하나님을 즐거워하다!' · 253
15 예수와 함께 죽고 예수와 함께 삶 · 267

PART 3

구원 이후의 삶

나에게서 돌이켜 하나님을 향하는 삶

16 하나님의 사랑_ '이처럼' 사랑하사 · 285
17 하나님 사랑에 믿음으로 반응한다는 것은? · 301
18 믿음을 방해하는 교만의 다양한 얼굴들 · 315
19 요한의 세례 vs. 예수님의 세례 · 333
20 "나는 쇠하여야 하리라"의 진정한 의미 · 349
21 자기중심성을 점검하는 질문들 · 367
22 "그는 흥하여야 하리라" · 379
23 예수님이 어떤 분인지 기억하라_ 선지자, 제사장, 왕 · 397

화종부 목사의
우리의
죄,
하나님의
구원

추천사

"주님은 흥하고 나는 쇠하여야 하리라!"는 참된 성도의 고백으로 이끕니다

이번에 출간된 화종부 목사님의 『우리의 죄, 하나님의 구원』은 하나님을 아는 지식과 실제 신앙생활의 균형을 잡아주는 책입니다. 시중에 나와 있는 구원론 관련 책들은 대부분 구원의 필요성을 설명하기 위해 인간의 죄성에 초점을 맞추고 있기 때문에 구원받은 이후 죄를 이겨내는 삶의 여정까지 안내하기에는 벅찬 경우가 많았습니다.

하지만 화종부 목사님은 죄의 본질, 즉 하나님의 말씀을 왜곡하고 그분의 성품을 의심하고 그분의 자리에 대신 앉으려는 죄의 핵심적인 속성을 진술하면서 동시에 죄 아래 놓인 인간의 참혹한 실존과 여전히 함께하시는 하나님의 '그 큰 사랑'을 놓치지 않습니다. '세상을 이처럼 사랑하시는' 하나님의 은혜를 통해 구원과 구원 이후의 삶이 예수님과의 인격적인 관계 회복으로 이어진다는 사실을 강조합니다.

『우리의 죄, 하나님의 구원』은 성령의 도움을 힘입어 날마다 내 자신에게서 돌이켜 하나님에게로 향하는 삶, 즉 "주님은 흥하여야 하겠고 나는 쇠하여야 하리라"는 고백으로 우리를 이끌어주는 훌륭한 신앙 안내서가 될 것입니다. 화종부 목사님의 삶에서 녹여낸 이 책이 그리스도인의 삶을 살기 원하는 모든 분에게 큰 힘이 될 것을 확신하며 이 책을 추천합니다.

임석순_ 한국중앙교회 담임목사, 백석대학교 석좌교수

신앙은 결국 자기중심성에서 벗어나는 것입니다

죄와 회개에 대한 설교가 뜸해진 시대에 이 책은 죄의 의미를 파헤치고 거듭남의 의미를 일깨우며 우리의 신앙을 되돌아보게 합니다. 저는 삼십대 초반까지 이분법적 삶이 해결되지 않아 고민하던 종교적인 그리스도인이었다가 일말의 가능성도 없는 제 자신의 실존을 깨닫고 진정한 회심을 경험했습니다. 그랬기에 더더욱 이 책이 큰 격려와 은혜가 되었습니다. 과거의 저와 유사한 고민을 안고 있는 이들에게 『우리의 죄 하나님의 구원』은 영적 돌파를 이루는 데 큰 도움이 될 것입니다.

'절대적인 것은 없으며, 이성에 근거해 무엇을 믿든 그것이 진리일 수 있다'는 생각이 지배적인 세대입니다. 화 목사님은 바로 이것이 에덴동산에서 시작된 죄의 실체, 자기중심성의 표출이라고 진단합니다. 나아가 신앙의 길은 이런 자기중심성에서 탈피하는 것이며 이는 자아의 죽음과 그리스도와의 연합을 통해서만 가능하다고 일깨워줍니다. 책 후반부에서는 진정한 자유를 맛보는 능력의 삶을 살기 위한 구체적인 실천 방법도 제시합니다. 그리스도의 충만함에 온전히 이르기를 갈망하는 이들에게 가뭄 속의 단비와 같은 이 책의 일독을 권해드립니다.

박경남_ WEC국제선교회 한국 대표

성도를 성도답게, 교회를 교회답게 하는 복음 중 복음!

본서의 제목이자 주제인 '우리의 죄, 하나님의 구원'은 복음의 핵심 중 핵심입니다. 이것만큼 성도를 성도답게, 교회를 교회답게 만드는 것도 없을 것입니다. 500년 전 우리 신앙의 선배들은 바로 이것을 붙잡고 종교개혁의 횃불을 들었고, 제2의 종교개혁의 필요성이 대두되는 최근의 한국 교회도 반드시 붙잡아야 할 내용입니다. 그런 점에서 화 목사님의 『우리의 죄, 하나님의 구원』 출간은 남다른 의미가 있다고 생각합니다.

아울러 화 목사님의 설교는 물론 본서에서도 자주 언급되는 '조국 교회'라는 표현도 음미할 필요가 있습니다. 아마도 이 표현 속에는 신앙의 모태가 되어준 어머니 교회에 대한 애정과 맛 잃은 소금처럼 세상 사람들에게 매도되는 한국 교회에 대한 안타까움과 책임감 그리고 교회 갱신에 대한 소망이 녹아 있을 것이다. 이러한 마음으로 본서를 읽는다면 더 큰 은혜를 경험하리라 생각합니다. 다시 한 번 복음 앞에 서서 자신의 신앙을 점검하기 원하는 분들에게 기쁜 마음으로 이 책을 추천합니다.

이요한_ 동아시아신학원 원장

들어가는 말

죄를 바르게 알아야 은혜를 제대로 알고 누립니다!

우리의 신앙생활에서 정리가 가장 필요한 영역 중 하나가 죄에 대한 바른 지식입니다. 죄를 단순히 윤리·도덕적인 관점에서 보는 것이 아니라 하나님과의 관계를 중심으로 해석하는 것이 필요합니다. 하나님의 형상으로 빚어진 우리는 그분의 대리인으로 살아가야 하지만 스스로 하나님이 되려는 경향을 가지고 있습니다. 이것이 바로 죄의 핵심입니다. 우리 안에 있는 죄의 속성을 바르게 알아야 기독교의 심장과 같은 은혜를 제대로 알고 누릴 수 있습니다.

프롤로그에서도 다뤘듯이 자신이 얼마나 악한 죄인인지를 아는 사람일수록 주를 향해 더 많은 감사와 사랑을 드리게 됩니다. 이 책은 창세기 3장을 통해 죄의 본질과 속성, 결과를 고찰하고 더 나아가 우리 안에 있는 악하고 추한 죄를 깨닫게 해줍니다.

죄에 대한 지식만큼이나 중요한 것은 죄인인 우리를 향한 하나님의 구원과 그 은혜를 아는 것입니다. 자신이 죄인임을 깊이 아는 사람일수록 의에 대한 참된 목마름을 가지게 되며, 주리고 목마른 자를 은혜로 채우시는 하나님을 경험하게 됩니다. 죄인을 향한 하나님의 은혜는 악하고 병들고 자격 없는 우리의 실존을 덮고도 남을 만큼 풍성할 뿐 아니라 그 은혜에 감격하며 감사하는 삶을 살도록 우리를 이끕니다. 아무런 자격과 공로 없는 죄인이 구주 예수의 대속을 힘입어 의롭다 여김을 받는 것, 이것이 하나님의 은혜로운 구원이요, 기독교의 복음입니다.

죄를 바르게 알수록 우리는 주의 은혜를 제대로 알게 되고 구원의 복락과 부요 안으로 더 깊이 들어가 누리게 됩니다. 이 책에서 다루는 요한복음 3장이 그런 하나님의 풍성한 은혜와 복된 구원으로 나아가는 길을 열어줄 것입니다. 세월이 흐를수록 우리 인간의 죄 됨과 악함 그리고 그로 인한 고난과 고통을 날로 새롭게 느낍니다. 그러나 동시에 그러한 우리 인생을 향한 하나님의 구원이 얼마나 복되고 은혜롭고 지혜로운지 감탄하지 않을 수 없습니다.

이 책을 처음 구상할 당시 제 머릿속에는 창세기 3장과 요한복음 3장을 묶어 사람의 타락과 하나님의 구원이라는 큰 그림이 있었습니다. 타락한 인간의 어쩔 수 없는 악과 고통 그리고 그것을 해결하시는 하나님의 놀랍도록 지혜롭고도 완전한 구원, 이것이 이 책의 초안이 되었던 설교의 큰 방향이었습니다. 강단에서 선포할 때마다 깊은 감동이 일었던 주제였습니다.

이제 그 설교는 수많은 귀한 분들의 수고를 거쳐 책으로 나오게 되었습니다. 모쪼록 이 책을 읽는 모든 분들이 자신의 죄 됨과 자격 없음을 깨닫고 더 나아가 우리의 모든 죄를 능히 덮고도 남는 구주 예수의 은혜와 하나님의 크고 놀라운 사랑을 풍성하게 누릴 수 있기를 기도합니다. 이 부족한 책이 주의 손에 붙들려, 구원 얻을 자들을 더하고 교회를 풍성하게 하고 하나님을 영화롭게 하는 일에 귀히 사용된다면 제게 더할 나위 없는 큰 기쁨과 행복일 것입니다. 그런 일을 허락해주시길 주께 기도하며 감히 이 책을 출판합니다.

2019. 2.
화종부 목사

프롤로그

'누가 왜' 더 사랑할 수 있었는가? 시몬 vs. 향유 옥합 여자

"예수께서 대답하여 이르시되 시몬아 내가 네게 이를 말이 있다 하시니 그가 이르되 선생님 말씀하소서 이르시되 빚 주는 사람에게 빚진 자가 둘이 있어 하나는 오백 데나리온을 졌고 하나는 오십 데나리온을 졌는데 갚을 것이 없으므로 둘 다 탕감하여 주었으니 둘 중에 누가 그를 더 사랑하겠느냐 시몬이 대답하여 이르되 내 생각에는 많이 탕감함을 받은 자니이다 이르시되 네 판단이 옳다 하시고 그 여자를 돌아보시며 시몬에게 이르시되 이 여자를 보느냐 내가 네 집에 들어올 때 너는 내게 발 씻을 물도 주지 아니하였으되 이 여자는 눈물로 내 발을 적시고 그 머리털로 닦았으며 너는 내게 입맞추지 아니하였으되 그는 내가 들어올 때로부터 내 발에 입맞추기를 그치지 아니하였으며 너는 내 머리에 감람유도 붓지 아니하였으되 그는 향유를 내 발에 부었느니라 이러므로 내가 네게 말하노니 그의 많은 죄가 사하여졌도다 이는 그의 사랑함이 많음이라 사함을 받은 일이 적은 자는 적게 사랑하느니라 이에 여자에게 이르시되 네 죄 사함을 받았느니라 하시니 함께 앉아 있는 자들이 속으로 말하되 이가 누구이기에 죄도 사하는가 하더라 예수께서 여자에게 이르시되 네 믿음이 너를 구원하였으니 평안히 가라 하시니라"(눅 7:40-50).

기독교의 핵심은
예수님과의 인격적 관계다

이 책의 주제를 담고 있는 창세기 3장을 살펴보기에 앞서, 누가복음 7장 40-50절에서 예수님이 하신 말씀의 의도를 짚고 넘어가는 것은 큰 의미가 있습니다. 이 본문은 "신앙생활이 무엇인가?"라는 질문에 핵심적인 답변을 주는 매우 상징적인 사건이기 때문입니다.

기독교의 핵심이 무엇입니까? 기독교는 한마디로 인격적인 종교입니다. 기독교는 "무슨 일을 해야 하고 무슨 일을 하지 말아야 하는가?"를 말하기도 하지만 가장 핵심적으로는 "예수님과 어떤 관계에 있는가?"를 말합니다. 예수님과의 인격적인 관계가 기독교 신앙의 핵심입니다. 그리고 "예수님과 인격적인 관계 안에 있는 사람은 어떤 형태의 반응을 보이게 되는가?" 역시 기독교 신앙의 핵심이라고 할 수 있습니다.

주님과의 인격적인 관계없이 이뤄지는 행실은 아무것도 아닙니다.

그것은 기독교가 아니요, 종교에 불과합니다. 기독교는 예수님과의 개인적이고 인격적인 관계가 만들어내는 반응과 행실로 구성되어 있습니다.

본문에는 2명의 등장인물이 등장합니다. 한 사람은 바리새인 시몬이고 또 한 사람은 이름조차 언급되지 않은 어느 여자입니다. 그녀는 대사 한마디도 없습니다. 누구인지 정확하게는 모르지만 마을 사람들이 다 아는 죄인이었습니다. 두 사람은 우리에게 바른 신앙생활을 위해 어떤 모습을 드러내야 하는지 보여주는 스승과도 같습니다.

바리새인 시몬에게 없는 것

"한 바리새인이 예수께 자기와 함께 잡수시기를 청하니 이에 바리새인의 집에 들어가 앉으셨을 때에"(눅 7:36).

바리새인 시몬에 대해 살펴볼까요? 그는 예수님께 함께 식사하자고 그분을 집으로 초청한 사람입니다. 누가복음 7장 전후를 읽어보면 당시 유대인들은 서서히 예수님을 미워하고 적대하고 대적하기 시작했습니다. 그런 시기에 바리새인 시몬은 예수님을 집에 초대해 식사를 함께 하고자 했습니다.

바리새인이었지만 일반 바리새인들과 달랐습니다. 예수님에게 호의적인 관심을 갖고 있었습니다. 게다가 40절에서는 예수님이 "시몬아

내가 네게 이를 말이 있다"고 하실 때 "선생님 말씀하소서"라고 답했습니다. 어떤 면에서 그는 예수님의 말씀을 들을 준비가 된 사람이었습니다. '선생님'이라는 호칭은 아주 극존칭은 아니어도 일반 존칭 정도는 되었습니다.

이처럼 시몬은 예수님에 대해서 상대적으로 호의적인 바리새인입니다. 예수님을 '선생님'이라 부르고 예수님의 말씀을 귀담아들으려는 마음을 가진 인물입니다. 예수님에 대해 막연한 지식을 갖고 호기심을 느끼며 어느 정도 높게 평가하던 인물이 바리새인 시몬이었습니다.

그러나 바리새인 시몬에게는 없는 것이 있었습니다. 이어서 등장하는 죄 많은 여자와 비교해볼 때 그는 주님과 개인적이고 인격적인 관계를 맺고 있지 않았습니다. 그 사실을 어떻게 알 수 있습니까? 집에 오신 예수님을 그가 어떻게 대했는지를 보면 됩니다.

시몬은 예수님을 집에 초대했지만 그분에게 발 씻을 물도 드리지 않았습니다. 발 씻을 물을 내주는 것이 당시 이스라엘 사회의 기본적인 예의였는데 말입니다. 또한 당시 유대인들은 손님이 집을 방문하면 손 혹은 이마에 입맞춤을 하며 환영의 마음을 표했습니다. 그런데 시몬은 예수님께 환영의 입맞춤도 하지 않았습니다. 손님의 머리 위에 감람유를 부어서 축복해주는 관례도 행하지 않았습니다.

이처럼 시몬은 예수님께 관심도 있고 예수님을 식사 자리에 초대하기도 하고 예수님에 대해서 어느 정도 호의적인 평가를 갖고 있었지만 개인적인 관심이나 인격적인 만남은 그 안에 존재하지 않았습니다. 우리는 시몬처럼 신앙생활을 할 수 있습니다. 기독교 교리를 어느 정도 알고 주님을 높이 평가하지만 그분과 인격적인 관계가 전혀 없을 수 있습니다. 주님에게 개인적인 관심이 하나도 없을 수 있습니다. 그런 사람이 바리새인 시몬이었습니다.

향유 옥합 여자의 낭비적 사랑

시몬에 이어서 등장한 여자는 성경에 이름도, 대사도 나오지 않습니다. 하지만 시몬과 달리 여자는 주님을 지극히 사랑했습니다. 예수님이 그녀를 가리켜 "이는 그의 사랑함이 많음이라"(눅 7:47)고 말씀하실 정도였습니다. 즉 그녀는 많이 사랑하는 여자, 주님을 향한 사랑이 많은 여자였던 것입니다.

그 사실을 어떻게 알 수 있습니까? 말 한마디 없는 여자의 행실에서 우리는 백 마디 말보다 더 강렬한 메시지를 얻게 됩니다. 그녀가 보여 준 모습은 당시의 일반적인 풍습이나 사회가 요구하는 기본적인 의무를 능가하는 정도가 아니었습니다.

재미있게도 영어 주석을 보면 기준과 의무를 초월한다는 의미를 가진 'above'라는 단어로 충분하지 않아서 '의무가 요청하는 바를 훨씬 더 능가해서'라는 의미를 가진 단어 'beyond'를 사용했다고 성경학자는 설명합니다. 시몬이 예수님을 식사 자리에 초대했지만 당시 사회가 보편적으로 요구하는 기본적인 기준조차 채우지 못했던 것과 참 대조

됩니다.

그렇다면 과연 여자는 어떤 일을 했습니까? 예수님 곁에서 눈물로 주님의 발을 적시고 자기 머리털로 닦고 그 발에 입 맞추며 향유를 부었습니다. 바리새인 시몬은 예수님께 발 씻을 물도 드리지 않았던 반면 그녀는 눈물로 주님의 발을 씻어드렸습니다.

게다가 당시는 이마나 손에 입을 맞추는 것이 보편적이었지만 그녀는 주님의 발에 입을 맞췄습니다. 주님의 발에 향유를 붓기까지 했습니다. 당시 향유는 일반 노동자의 1년 치 월급에 해당하는 굉장히 값비싼 물건이었습니다. 일반적으로 여자들은 결혼식 첫날밤에 향유를 깨뜨렸는데 일종의 결혼 지참금 같은 것이었습니다.

앞서 언급했듯이 예수님은 그런 여자를 바라보면서 "이는 그의 사랑함이 많음이라"(눅 7:47)고 말씀하셨습니다. 누군가를 향해 마음을 쏟아 사랑해본 적 있습니까? 사랑은 희생과 낭비를 수반하게 되어 있습니다. 효과적으로, 경제적으로 할 수 없는 게 사랑입니다.

우리 사회를 한번 보십시오. 충분히 먹고살 만큼 넉넉한 세상이 되었지만 여전히 팍팍하고 힘듭니다. 그 이유가 무엇일까요? 사람들이 사랑에 요구되는 낭비를 하지 않기 때문입니다. 이 어리석은 시대는 사랑을 한다면서도 계산기를 두드립니다. 심지어 부모가 자식을 향해 계산하고 자식이 부모에게 계산서를 들이밉니다. 물론 자식이 부모를 향해 계산하는 것은 봐줄 만합니다. 사랑은 위에서 아래로 흐르는 것이니 어쩔 수 없습니다. 그런데 부모까지 헤아리기 시작하면 세상은 망하는 것입니다.

사랑은 낭비가 따르는 것이요, 과도하다고 생각하지 않는 것입니다. 예수님께 사랑함이 많다고 평가받은 여자는 눈물로 주의 발을 씻으면서도, 향유 옥합을 깨뜨리면서도 그 일이 과도하다고 여기지 않았습니다. 사랑이 많았기에 당연하다고 여겼습니다. 주님을 향한 우리의 마음은 어떻습니까? 주님을 향해서 아까운 것이 있습니까? 주님 일을 하면서도 자꾸 머릿속으로 계산하고 있습니까? 여자는 말 한마디 없이 우리에게 교훈을 주고 있습니다.

여자의 행위에서 발견되는 또 하나의 놀라운 점은 그녀가 모든 일을 예수님의 발에다 하고 있다는 사실입니다. 발에다가 눈물을 쏟고, 발에다가 입을 맞추고, 발에다가 향유를 부었습니다. 많은 사랑을 하고도 그 마음의 중심에는 늘 부족하다는 인식이 있었습니다.

주님은 그녀에게 사랑이 많다고 말씀하셨지만 정작 여자는 '주님을 많이 사랑한다'고 생각하지 않았습니다. 아마도 '주여, 저는 부적절한 자입니다. 제가 할 수 있는 일이라고는 겨우 주님의 발에 입 맞추는 것뿐입니다. 주님의 손이나 이마에 입 맞추는 것은 상상도 못합니다'라고 생각했을 것입니다.

오늘날 우리는 어느 정도 살 만큼 경제적으로는 풍요로워졌지만 정말 중요한 것들은 상실해가고 있습니다. 그중 하나가 낭비적 사랑입니다. 사랑을 하더라도 '적당하게 최소한으로만' 할 뿐입니다. 진정한 사랑에 동반되게 마련인 '낭비'를 감내하려고 하지 않습니다. 전부 자기 논리에 익숙할 뿐 "제 잘못입니다. 최선을 다했노라 생각하지만 너무 부끄럽고 미안한 것뿐입니다. 입이 열 개가 있다 한들 무슨 할 말이 있겠습니까?"라고 말하는 사람을 찾아보기가 참으로 어려워졌습니다.

주님을 향해서, 이웃을 향해서 최선을 다해 애쓴다고 하지만 우리가 하는 일은 고작 발에다 입 맞추고 발에다 향유를 붓는 일밖에 없는 것 같습니다. 사실 그것이야말로 사랑이 만들어낸 기적과도 같은 일 아닙니까?

그런데 우리 시대는 자식을 기르면서 "네가 남들에게 기죽을 일이 뭐 있냐? 네가 남들보다 뒤처질 일이 뭐 있냐?"라며 어르고 달래기만 합니다. 그러니까 어른, 아이 할 것 없이 자기 권리를 주장하고 자기를 내세우는 일에만 익숙해지고 있습니다.

다른 누구를 떠올리지 말고 자신이 예수님께 어떻게 하고 사는지 한번 살펴보십시오. 향유를 부은 여자처럼 낭비적인 사랑을 살아가고 있습니까? 안타깝게도 우리는 어떻습니까? 아무것도 헤아리지 않고 아들까지 우리에게 아낌없이 내어주신 주님께 우리는 늘 계산합니다. 예수님을 믿는 성도도 이렇게 사는데 세상은 볼 것도 없습니다.

주님이 "그의 사랑함이 많음이라"고 하셨던 그 삶을 살아가고 있습니까? 그렇게 살아야 성도답게 사는 것입니다. 그것이 바로 기독교입니다. 기독교의 기적이 무엇입니까? 태어나면서부터 자기중심적이고 이기적이고 나 외에는 어느 누구에게도 관심 없는 사람이 '많이 사랑하는 사람'으로 바뀌는 것 아닙니까? 이것이 바로 기독교가 만들어내는 기적입니다.

어떻게 많이 사랑할 수 있는가?

대개 사람들은 '사랑이 많다'는 말을 너무 쉽게 생각합니다. 그저 사람 좋아하고 정 많고 주는 것 좋아하면 '어, 저 사람은 사랑이 좀 많은 것 같아'라고 생각해버립니다. 하지만 그런 사람들을 실제로 만나서 내면을 들여다보면 별것 없습니다.

우리는 어떻게 해야 많은 사랑을 하게 될까요? 이것이 바로 본문에서 말하는 중요한 교훈 중 하나입니다. 누가복음 7장 41-43절과 47절에서 알 수 있듯이 성경이 말하는 사랑은 기질이나 성품이 아닙니다. 사랑은 용서를 경험한 사람들에게 나타나는 열매입니다. 구주의 대속으로 용서를 받았기에 나 또한 용서하지 못할 죄가 없음을 알고 용서에 참여하는 사람들의 삶에 나타나는 열매입니다.

사실 우리는 성경에서 말하는 사랑을 실천할 수 있는 존재가 아닙니다. 착하고 마음 좋게 생긴 사람이 주변에 있다면 만나보십시오. 다른 이보다 선해 보여도 그 속을 들여다보면 똑같습니다. 우리 인생들 가운데 어떻게 '더 많이 사랑하는 일'이 가능하겠습니까?

주님은 시몬에게 빚진 자의 비유를 들려준 후 "둘 중에 누가 그를 더 사랑하겠느냐"(눅 7:42)라고 물으셨습니다. 그러자 시몬은 "내 생각에는 많이 탕감함을 받은 자니이다"(눅 7:43)라고 답했습니다. 예수님은 여자의 행위에 대해 다음과 같이 해석해주십니다. "네 판단이 옳다. 이 여자를 보느냐? 이 여자는 많은 죄를 용서받았기 때문에, 그 용서의 경험이 무엇인지 알기 때문에 많이 사랑하고 있는 자다'(눅 7:43-47 참조).

시몬은 여자가 한 일을 보면서 이해할 수가 없었습니다. 또한 여자의 행위를 허락하신 예수님도 이해하기 어려웠습니다. 그래서 속으로 '이 사람이 만일 선지자라면 자기를 만지는 이 여자가 누구며 어떠한 자 곧 죄인인 줄을 알았으리라'(39절)고 생각하며 예수님을 판단했습니다. 세상의 기준을 들이대며 이 상황을 윤리, 도덕적인 차원으로만 생각했던 것입니다. 용서받은 자들만이 할 수 있는 낭비적 사랑을 시몬은 전혀 몰랐습니다.

안타깝게도 조국 교회는 '많은 사랑'이라는 중요한 유산을 잃어가고 있습니다. 그것은 많은 사랑을 가능하게 하는 '자기 죄에 대한 깨달음'이 사라지고 있기 때문입니다. 혹자는 이렇게 생각할 수도 있습니다. '바리새인 시몬은 여자보다 상대적으로 죄를 덜 지어서 죄를 덜 깨닫고 덜 용서받았구나. 그래서 주님도 덜 사랑하는구나. 그렇다면 나는 죄를 더 지어야 할까?'

절대 그렇지 않습니다. 우리는 너나 할 것 없이 국가 대표급 죄인들입니다. 중요한 게 무엇입니까? 내 죄를 보느냐, 보지 못하느냐입니다. 여자든 시몬이든 죄의 깊이는 헤아릴 수 없습니다. 두 사람 모두 똑같이 부패한 죄인입니다. 그런데도 한 사람은 죄를 보고, 또 한 사람은 자기의 종교적인 열심과 바리새적인 의에 막혀서 죄를 보지 못합니다.

신앙이 도리어 바리새인 시몬으로 하여금 들어가야 할 지점까지 들어가지 못하게 하는 장애물이 되고 있는 것입니다. 이처럼 기독교와 복음이 제 역할을 하지 못하면 오히려 장애물이 됩니다. 기독교 신앙을 하나의 덕을 더하는 정도로만 여기는 사람은 자기 의에 막혀서 들어가야 할 지점까지 들어가지 못합니다. 그러면 죄인 된 자신의 모습을 볼 수가 없습니다.

교회에는 인품과 영성이 뛰어난, 모범적인 성도들이 많습니다. 그러나 그렇기 때문에 더 위험할 수 있다는 사실을 우리는 기억해야 합니다. 조심하지 않으면 도리어 그 모범적인 신앙 때문에 우리의 영적인 눈이 닫혀 여자가 보여줬던, 하나님을 향한 그 사랑을 누리지 못할 수 있습니다. 이사야서에서 하나님이 탄식하며 말씀하셨던 것처럼 마당만 밟고 돌아갈 수 있습니다(사 1:12). 신앙의 중심으로 쑥 들어가지 못하고 껍질만 만지다가 어리석은 자의 자리에 머물 수 있다는 이야기입니다.

자신의 바닥을 직시한 사람만이 하나님의 용서를 깨닫는다

우리는 진리의 말씀 안에서 자신의 실체를 봐야 합니다. 깊이 떨어져야 높이 올라갈 수 있습니다. 그런데 우리는 깊이 떨어지려고 하지 않습니다. 밑바닥까지 깊이 내려가서 자기의 본성을 보고는 큰 충격을 받아 주님의 발 아니면 어디에도 입 맞추거나 향유를 부을 수 없다고 고백하는 여자처럼 상한 마음으로 나아가지 못합니다.

성경에 나오는 특출한 인물들, 가령 모세와 다윗, 베드로, 바울 등을 떠올려보십시오. 그들이 하나같이 거쳐 갔던 길이 무엇입니까? 밑바닥까지 내려가 자기 자신을 본 경험입니다. 모세는 애굽 왕실에서 모든 학문과 병법과 지리와 역학을 능수능란하게 익히면서 공주의 아들로서 최고의 자질을 갖췄습니다. 게다가 그는 신앙도 돈독했기에 이스라엘 백성과 자신을 동일시했습니다. 하지만 하나님은 모세를 쓰시지 않았습니다. 그가 아직도 자기 밑바닥을 보지 못했기 때문입니다.

모세가 하나님의 광야 학교에 입학해서 40년간 처절히 본 것이 무엇입니까? 벌레 같고 티끌 같고 먼지 같은 자기 자신입니다. 40년이 지나 나이 80세가 되자 하나님은 모세를 부르셨습니다. 이에 모세는 "오 주여 보낼 만한 자를 보내소서"(출 4:13)라고 고백했습니다. 자신의 실체를 봤던 것입니다. 그때부터 모세는 믿음이 아니면 갈 수 없는 길을 걷기 시작했습니다. 재능이나 능력으로 일하는 것이 아니라 하나님을 신뢰하고 의지하면서 진짜 신앙의 길을 내딛었습니다.

다윗은 약관의 나이가 되기도 전인 10대에 거인 골리앗을 물맷돌로 쳐서 죽였습니다. 이미 믿음이 출중했습니다. 그런 다윗이 10년 넘게 사울 왕에게 쫓기며 하나님에게서 받은 훈련이 무엇입니까? 왕으로 기름 부음을 이미 받았고, 왕이 되고도 남을 만한 자질과 믿음도 있는 것 같은데 왜 10년이라는 세월이 더 필요했을까요? 다윗은 그 긴 세월 동안 사울에게 쫓겨 다니면서도 사울을 두 번이나 죽일 수 있는 절호의 기회를 절대로 붙잡지 않았습니다. 하나님이 다윗으로 하여금 밑바닥 티끌과 먼지와 벌레 같은 자기의 실상을 보게 하신 것입니다.

베드로는 또 어떻습니까? 하나님은 왜 그가 실패하도록 내버려두셨을까요? 만약 하나님이 그렇게 하시지 않았다면 베드로는 자신이 가진 열심으로 많은 사람을 죽였을지 모릅니다.

바울은 교회를 핍박했던 사람으로, 스데반 같은 신실한 종을 죽일 때 가해자 편에 서 있었습니다. 아마도 바울은 그때의 고통을 평생 가슴에 품고 있었을 것입니다. 그 흔적을 가진 채 자신의 밑바닥을 보면서 죽기 직전까지 "죄인 중에 내가 괴수니라"(딤전 1:15)고 고백했습니다. 큰 죄를 용서받는다는 게 무엇인지 알아야 많이 사랑할 수 있습니다.

용서를 경험한 만큼 사랑한다

우리는 하나님 앞에 서서 깨지고 무너진 우리의 중심을 주목해야 합니다. "우리 마음속에는 내세우거나 의지할 게 전혀 없습니다. 하나님의 긍휼과 자비만을 구합니다. 내 눈물을 쏟고 내 향유를 부어야 할 곳은 주님의 발밖에 없습니다." 이러한 여자의 마음이 오늘날 조국 교회 성도들에게 절실히 요구됩니다.

이것이야말로 기독교가 아닙니까? 기독교가 만들어내는 기적과 역사는 무엇입니까? 우리의 많은 죄가 주님 앞에 용서되었음을 깨닫고, 용서받은 감격 때문에 메마른 세상에 향유를 아낌없이 붓는 낭비적인 사랑을 하고, 주님의 발 아니면 어디에도 우리의 사랑을 표현할 길 없다고 여기는 것 아닙니까?

이처럼 우리에게는 사랑에서 비롯된 과도함과 낭비가 있어야 합니다. 수고하는 일, 사랑하는 일을 내가 먼저 해야 합니다. 우리 같은 존재를 포기하지 않고 용서하며 받아주시는 하나님의 사랑에 감격하고, 그 감격을 우리 가슴 깊은 곳에 품어야 합니다. 그때 비로소 더 많은 사랑이 가능합니다.

이 귀한 일이 우리 안에서 먼저 시작되기를 원합니다. 우리의 작은 시작을 통해 신앙의 부흥이 일어나고 조국 교회와 조국 땅이 더 새로워지기를 간절히 바랍니다.

PART 1 — 죄

죄는 어떻게 들어와 **작동하는가?**

—

"그런데 뱀은 여호와 하나님이 지으신 들짐승 중에 가장 간교하니라 뱀이 여자에게 물어 이르되 하나님이 참으로 너희에게 동산 모든 나무의 열매를 먹지 말라 하시더냐 여자가 뱀에게 말하되 동산 나무의 열매를 우리가 먹을 수 있으나 동산 중앙에 있는 나무의 열매는 하나님의 말씀에 너희는 먹지도 말고 만지지도 말라 너희가 죽을까 하노라 하셨느니라 뱀이 여자에게 이르되 너희가 결코 죽지 아니하리라 너희가 그것을 먹는 날에는 너희 눈이 밝아져 하나님과 같이 되어 선악을 알 줄 하나님이 아심이니라 여자가 그 나무를 본즉 먹음직도 하고 보암직도 하고 지혜롭게 할 만큼 탐스럽기도 한 나무인지라 여자가 그 열매를 따먹고 자기와 함께 있는 남편에게도 주매 그도 먹은지라"(창 3:1-6).

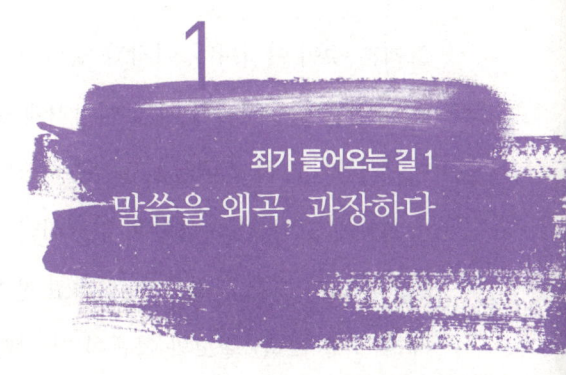

1
죄가 들어오는 길 1
말씀을 왜곡, 과장하다

창세기 3장, 오늘 우리의 이야기

조국 교회의 약점 중 하나는 '성경을 어떻게 봐야 하는지'에 대한 관점이 정리되어 있지 않다는 것입니다. 많은 성도들이 성경을 그저 마음과 삶에 유익을 주는 기독교의 경전 정도로만 이해합니다. 물론 성경 곳곳에는 주옥같은 말씀들이 기록되어 있습니다. 하지만 성경은 그 정도가 아닙니다. 성경은 우리에게 하나님을 가르쳐줄 뿐 아니라 우리 자신이 어떤 존재인지 보여줍니다. 뿐만 아니라 우리의 눈을 열어 우리가 몸담고 있는 세상과 우리의 인생, 역사를 제대로 보도록 돕습니다.

그중에서도 창세기 3장은 성경이 가르치고자 하는 진리가 잘 축약된, 매우 중요한 장입니다. 창세기 3장은 아담과 하와의 타락 사건을 기록하고 있습니다. 이 사건은 그저 '아담과 하와가 죄를 지었다'라는 기록에 그치는 것이 아닙니다. 아담과 하와의 경험이 이후 인류의 삶에서 그대로 재연된다는 면에서 과거 이야기에 불과한 것이 아니라 오늘 우리의 이야기이기도 하고 내일을 살아갈 우리 자녀들의 이야기이기도 합니다.

세상에 고민 없는 사람은 없습니다. '저 사람한테 무슨 고민이 있겠어? 복 많이 받은 사람인가 봐'라고 생각되는 사람일지라도 그 삶을 자세히 들여다보면 질고와 아픔이 참 많다는 것을 발견하게 됩니다. 피상적인 관계에서 보면 괜찮은 것 같습니다. 하지만 그 인격과 깊이 부딪혀 만나보면 얼마나 큰 아픔을 품고 있는지 직간접적으로 경험할 수 있습니다.

이처럼 우리는 하나님이 지으신 세상에 살면서도 많은 아픔과 질고, 불행, 환란, 시련을 겪습니다. 사람들과의 관계에서 크고 작은 오해를 주고받으며 다양한 형태의 갈등을 경험합니다. 사람들이 가장 경청하는 설교 주제 중 하나가 "용서하라. 또한 용서를 구하라"입니다. 그만큼 관계가 어렵다는 뜻입니다.

"상처 준 사람을 용서하라"는 하나님의 말씀을 아무리 들어도 용서하기가 좀처럼 쉽지 않았던 경험을 누구나 해봤을 것입니다. 심지어 부부 사이에서도 마찬가지입니다. 실제 부부 관계는 소설이나 영화에서 보는 것과 많이 다릅니다. 사실 소설이나 영화는 "결혼했더라" 하고는 그 다음 이야기를 쓸 수 없습니다. 정직하게 쓰면 재미가 없고, 좋게만 그리면 현실성이 떨어지기 때문입니다.

개인의 삶만 그런 것이 아닙니다. 눈을 들어 더 넓게 바라보면 사회

전반에도 참으로 많은 부조리와 갈등, 고통이 곳곳에 널려 있습니다. 봄이 되면 천지에 꽃이 피고 나무에 새순이 돋지만 가을이 되고 겨울이 되면 그 꽃과 나무는 시들고 사그라들고 부패합니다. 평균 수명 100세 시대라지만 사람들은 여전히 노화 앞에 무력하고 질병에 시달리며 결국 죽음을 직면합니다.

게다가 연약한 우리는 아무리 진리를 들어도 여간해서 변하지 않습니다. 참 이기적이고 자기중심적입니다. 남을 배려하며 살고자 몸부림치다가도 어느 새 내면에서 자기중심적인 이기심이 발동하는 것을 숱하게 봅니다.

인류의 문화와 과학의 발전은 어떤 면에서 인류가 이러한 문제를 최선을 다해 풀어가던 노력의 과정이라고 해석할 수 있을 것입니다. 인류는 흥망성쇠의 역사를 반복하며 문명을 발전시켜왔지만 질고의 문제는 여전히 해결하지 못했습니다. 순전한 기쁨, 온전한 만족이 없습니다. 왜 그렇습니까? 창세기 3장은 우리에게 이렇게 가르칩니다. "완전하게 지어져 아무런 부족함이 없는 지복 상태에 있던 사람과 세상에 죄가 들어왔다. 그때부터 모든 것이 어그러지기 시작했다."

죄에 대한 오해

"그러므로 한 사람으로 말미암아 죄가 세상에 들어오고 죄로 말미암아 사망이 들어왔나니 이와 같이 모든 사람이 죄를 지었으므로 사망이 모든 사람에게 이르렀느니라"(롬 5:12).

성경은 아담 한 사람의 경험 때문에 죄가 세상으로 들어왔다고 말합니다. 여기서 '들어왔다'는 표현은 너무 부드럽습니다. 원어의 의미를 그대로 살려 번역하자면 '쳐들어왔다', '공격해 들어왔다'입니다. 즉 '원수가 우리의 영토 안으로 침입했다', '죄가 쳐들어와 사람의 삶을 다 깨뜨리고 어그러뜨렸다'라고 해석할 수 있습니다.

교회를 다니다보면 죄에 대한 이야기를 수없이 듣게 됩니다. 안타깝게도 사람들은 '죄'라는 주제에 거의 주목하지 않습니다. 주로 관심을 갖는 주제는 '가난과 부, 경쟁, 신분이나 지위' 등입니다. 누가 가르쳐주지 않아도 자연스럽게 집중합니다. 어린아이들에게 물어보십시오. "어른이 되면 무슨 일을 하고 싶니?"라고 물어보면 대놓고 "돈 많이 벌고 싶어요"라고 답합니다.

'돈 없는 불편함'은 자연스럽게 알아버립니다. 그러나 성경이 중요하게 다루는 '죄'라는 주제에는 무관심합니다. "죄가 인간의 삶 속에 들어와 그 삶을 다 망가뜨렸다"라고 아무리 말해도 주목하지 않습니다. 그 이유가 무엇입니까? 아담 이후 모태에서부터 죄를 갖고 태어나기에 죄 가운데 사는 삶에 익숙해졌기 때문입니다.

오늘날 한국 그리스도인들을 생각할 때 가장 마음 아픈 것 중 하나는 신앙생활을 20년, 30년 해도 변화와 성숙이 굉장히 더디다는 것입니다. 물론 더딜 수밖에 없는 이유가 여러 가지 있겠지만 상당 부분은 죄를 정의하는 데 실패했기 때문이라고 생각합니다. '죄'라는 주제를 던지면 조국 교회 성도들의 십중팔구는 윤리, 도덕적인 관점을 먼저 떠올립니다. 성경이 원하는 대로 죄를 정의하지 못합니다.

앞서 살펴봤던 바리새인 시몬처럼 어지간히 주변에서 인정받는 종교인이라 할지라도 은혜 안으로 들어가지 못하는 이유는 죄의 정의를 제대로 내리지 못하기 때문입니다. 반면에 예수님께 향유를 부은 여자는 주님에게 "그의 사랑함이 많음이라"(눅 7:47)는 평을 들었습니다. 예수님은 그녀가 주님을 사랑하고 사람을 사랑한다고 말씀하셨습니다. 하나님과 이웃을 바르게 사랑하는 것은 기질적으로, 성품적으로 할 수 있는 일이 아닙니다. 누가복음 7장 40-50절은 많은 죄를 용서받은 사람만이 많은 사랑을 할 수 있다고 말합니다.

예수를 믿으면서 죄 용서의 감격을 경험했음에도 많이 사랑하는 사람으로 살아가지 못하는 주된 이유가 무엇입니까? 성경이 가르치는 방식으로 죄를 보는 것이 아니라 윤리나 도덕의 관점, 오랫동안 가져왔던 유교적 관점에서 죄를 보기 때문입니다. 그래서 시몬처럼 종교적이기는 하지만 은혜 안으로 들어가서 은혜가 빚어내는 사랑을 많이 드러내는 데 실패하는 것입니다.

창세기 3장은 죄가 무엇인지 그리고 그 죄가 오늘을 살아가는 우리의 삶에 어떤 방식으로 들어오는지 알려줍니다. 그런 면에서 창세기 3장은 매우 중요하며 부제목을 정하라면 '죄가 들어오는 길'이라고 할 수 있습니다. 죄가 어떤 경로로 사람의 삶 속에 들어와 그 삶을 깨뜨리고 망쳐놓는지 적나라하게 보여주기 때문입니다.

죄가 어떻게 사람들의 삶 속으로 들어왔는가?

"그런데 뱀은 여호와 하나님이 지으신 들짐승 중에 가장 간교하니라 뱀이 여자에게 물어 이르되 하나님이 참으로 너희에게 동산 모든 나무의 열매를 먹지 말라 하시더냐"(창 3:1).

죄는 뱀의 유혹을 통해 사람의 삶 속으로 들어왔습니다. 사실 뱀은 하나님이 지으신 선한 창조물이었습니다. 여기서 '간교하니라'는 표현은 언뜻 '나쁘고 악하다'라는 뜻인 것 같지만 이 단어를 중립적으로 번역하면 '지혜롭다'입니다. 뱀은 가장 지혜로운 피조물 중에 하나였지만 마귀에게 붙들려 사용되면서 아담과 하와를 유혹하고 죄를 짓도록 미혹하는 통로가 되었습니다.

마귀에 대한 이해

여기서 짧게 마귀에 대해 이야기하겠습니다. 성경은 마귀가 존재한다고 말합니다. 우리가 살아가는 사회에서 사람들은 하나같이 눈에 보이는 것만 믿고 경험되지 않는 것은 인정하지 않으려고 합니다. 하지만 성경은 눈에 보이지 않는 실존을 곳곳에서 이야기합니다. 골로새서 1장 16절은 "만물이 그에게서 창조되되 하늘과 땅에서 보이는 것들과 보이지 않는 것들과 … 만물이 다 그로 말미암고 그를 위하여 창조되었고"라고 말합니다.

히브리서 11장 3절은 "믿음으로 모든 세계가 하나님의 말씀으로 지어진 줄을 우리가 아나니 보이는 것은 나타난 것으로 말미암아 된 것이 아니니라"고 이야기합니다. 눈에 보이지는 않지만 존재하는 것이 있고, 눈에 보이는 것이 존재의 전부는 아니라는 의미입니다. 또한 고린도후서 4장 18절은 "우리가 주목하는 것은 보이는 것이 아니요 보이지 않는 것이니 보이는 것은 잠깐이요 보이지 않는 것은 영원함이라"고 말합니다.

눈에 보이는 우리 삶의 경험은 잠깐입니다. 생각해보십시오. 정말 얼마나 잠깐입니까? 그러나 눈에 보이지 않는 실존은 영원하고 참된 것입니다. 그런 측면에서 마귀는 존재합니다. 눈에 보이지는 않지만 존재합니다. 이렇게 말하면 사람들은 금방 극단에 치우쳐 삼지창 들고 화살표 모양의 꼬리를 단 마귀가 자신을 따라다니는 것처럼 생각합니다. 하지만 그렇지 않습니다. 본문에서 볼 수 있듯이, 마귀는 사람을 위해주는 듯한 광명의 천사처럼 등장합니다.

많은 사람들이 마귀에 관심이 아예 없거나, 아니면 마귀에 지나치게 관심을 가져서 두려워하고 모든 것을 마귀와 연관시키는 어리석음을 반복합니다. 그러나 우리는 성경이 말하는 만큼만 알면 됩니다. 성경이 말하지 않는 부분까지 지나치게 알려고 하면 이단이 됩니다. 성경은 우리가 이 땅에서 하나님을 사랑하고 영원을 바라보며 살 수 있도록 충분한 내용을 알려줍니다. 절대로 성경을 넘어서는 안 됩니다.

이단들에게 볼 수 있는 가장 중요한 특징은 천사론, 마귀론입니다. 만약 이와 관련해서 성경이 말하는 것 이상을 강조하는 곳이 있다면 주저하지 말고 그곳을 나오십시오. 그런 곳에서 성경을 배우면 안 됩니다. 성경은 천사론, 마귀론을 논할 만큼 그에 대해 많이 말하지 않습니다. 우리는 성경이 말하는 정도만 알면 됩니다. 성경은 마귀가 뱀을 사용해 여자를 유혹함으로써 우리의 삶에 죄가 침입해 들어왔고, 죄가 인간의 모든 존엉과 지복을 어그러뜨렸다고 말합니다.

마귀가 인간을 유혹하는 방법

"뱀이 여자에게 물어 이르되 하나님이 참으로 너희에게 동산 모든 나무의 열매를 먹지 말라 하시더냐"(창 3:1).

마귀가 뱀을 통해 여자를 유혹하는 이 장면에서 우리는 죄가 어떤 경로와 방식으로 인간의 삶에 들어왔는지 자세히 살펴볼 수 있습니다. 읽어보니 느낌이 어떻습니까? 죄가 어떤 길로 들어오는지 단번에 느껴져야 합니다. 지금 마귀가 무언가를 뒤틀지 않습니까? 만약 이 말씀을 읽으면서 '뭐가 다르다는 거지?'라고 생각한다면 큰일입니다. 창세기 2장 16-17절과 한번 비교해보겠습니다.

"여호와 하나님이 그 사람에게 명하여 이르시되 동산 각종 나무의 열매는 네가 임의로 먹되 선악을 알게 하는 나무의 열매는 먹지 말라 네가 먹는 날에는 반드시 죽으리라 하시니라"(창 2:16-17).

죄의 핵심은 하나님을 향한 대적

마귀가 뱀을 통해 여자를 어떻게 유혹했습니까? 첫째로 주의해서 볼 것은 유혹의 궁극적인 목표가 하나님을 공격하는 데 있다는 사실입니다. 모든 죄의 핵심은 언제나 '하나님과의 관계의 어그러짐'입니다. 하나님을 대적하고 그분과의 관계를 무너뜨리는 것이 죄의 일차적인 특징입니다. 도덕적이고 윤리적인 폐해는 부차적인 것입니다. 죄의 핵심은 하나님을 향한 대적입니다.

다윗은 밧세바를 취한 죄를 감추기 위해 온갖 방법을 동원했고 심지어 우리아를 죽이기까지 했습니다. 그러나 죄가 드러나자 하나님 앞에 회개 기도를 드리면서 "내가 주께만 범죄하여 주의 목전에 악을 행하였사오니"(시 51:4)라고 고백했습니다. 이 말은 다윗이 주께만 죄를 범했고 우리아와 밧세바, 이스라엘 백성에게는 죄를 범하지 않았다는 뜻이 아닙니다. 사람들에 대해서도 똑같이 몹쓸 짓을 했지만 그 모든 죄 중에서 가장 중하고 일차적인 잘못은 하나님을 대적하고 하나님의 가슴을 찢어놓은 것이었음을 다윗은 깨달았던 것입니다.

우리는 죄를 윤리적인 관점에서 보는 데 그쳐서는 안 됩니다. 죄를 신앙적으로 봐야만 그 실체를 제대로 인식할 수 있습니다. 죄는 일차적으로 하나님을 대항하고 그분을 대적하는 것입니다. 하나님과의 관계에서 해석해야 합니다. 그래야만 죄를 바르게 다룰 수 있습니다.

마귀의 전략, 하나님의 말씀을 왜곡하고 과장하다

둘째, 우리는 뱀을 사용해 여자에게 접근한 마귀의 말에 주목해야 합니다. 마귀는 "하나님이 참으로"라고 말하면서 그분의 말씀을 비틀었습니다. 이러한 일이 오늘날에도 얼마나 비일비재한지 모릅니다. 이단들의 특징은 성경을 그대로 두고 약간만 비튼다는 것입니다. 성경과 아무 관계없는 이단들은 문제가 안 되는데 성경을 비트는 이단은 많은 사람들을 넘어뜨립니다. 오늘날 조국 교회를 가장 아프게 하는 이단 중 하나인 신천지는 하나님의 말씀을 비틉니다. 마귀가 아담과 하와에게 했던 방식과 똑같습니다.

예수님은 공생애를 시작하기 전에 광야에서 마귀에게 시험을 당하셨습니다. 그때 마귀는 성경으로, 즉 성경을 살짝 비틀어서 예수님을 시험했습니다. 오늘날 이단들이 취하는 방식은 절대로 새로운 게 아닙니다. 창세기 3장에서 시작해 교회사에 걸쳐 반복되고 오늘날에도 동일하게 경험되고 있습니다.

본문을 자세히 보십시오. 마귀가 하나님의 말씀을 어떻게 비틀었습니까? 하나님이 금하신 것은 오직 하나 "선악을 알게 하는 나무의 열매"(창 2:17)였고 동산에 있는 나머지 모든 나무의 열매는 자유롭게 먹을 수 있었습니다. 그런데 마귀는 단 하나의 금지를 부각합니다. 그 많은 자유가 허용된 것은 언급하지 않고 "하나님이 참으로 너희에게 동산 모든 나무의 열매를 먹지 말라 하시더냐"라고 하면서 금지와 부정에 초점을 맞춰 하나님의 말씀을 비틀었습니다. 하나님이 하신 말씀을 마귀가 알았을까요, 몰랐을까요? 다 알았습니다.

하나님은 동산에 있는 나무의 열매를 자유롭게 먹게 하시면서 단 하나만 금하셨습니다. 그런데 사람들은 어떻게 질문합니까? "목사님, 하나님이 왜 하필 선악과를 만드셨어요?" 허락된 많은 것에는 관심이 없습니다. 하나님이 선악과를 왜 만드셨는지만 가르쳐주면 교회에 다니겠다고 말합니다. 부정 하나에 걸려서 나머지 수많은 긍정을 보지 못하는 것입니다. 인생이 참 어리석지 않습니까? 마귀가 그렇게 만듭니다. 마귀는 아직 구원받지 못한 사람들의 마음의 눈을 어둡게 만듭니다. 봐야 할 것을 제대로 볼 수 없게 방해합니다.

하나님은 왜 선악과를 금하셨을까?

창세기에 기록된 창조 기사를 보십시오. 사람의 창조 과정은 굉장히 특별했습니다. 즉 하나님은 모든 만물을 말씀으로 지으셨지만 사람만큼은 손으로 빚으셨습니다. 그리고 그 코에 생기를 불어넣으셨습니다. 사람을 지을 때 삼위 하나님은 의논을 하셨습니다.

"우리의 형상을 따라 우리의 모양대로 우리가 사람을 만들고"(창 1:26).

사람인 우리 안에는 하나님의 형상, 하나님을 하나님 되게 하는 어떤 요소가 담겨 있습니다. 우리는 흙으로 지어져 먼지처럼 휘날릴 수밖에 없는 허망한 존재이지만 우리 안에는 하나님의 형상이 담겨 있기에 천지만물과 구별되는 특별한 존영과 아름다움이 있습니다. 창조 후 하나님은 사람을 '에덴'이라는 동산에 두셨습니다. 그리고 땀 흘려 일하지 않고도 때에 따라 열매를 먹게 하셨습니다.

하나님이 사람을 창조하신 것은 몇째 날입니까? 천지만물을 다 만들고 난 마지막 날이었습니다. 사람을 일꾼으로 만드신 게 아니라는 의미입니다. 사람은 하나님이 만들어놓으신 아름답고 풍성한 만물을 다스리고 누리는 자로서, 하나님의 아름다움을 맛보아 경험하고 그분을 높이도록 제일 마지막에 창조되었습니다. 사람이 창조된 다음 날이 무슨 날입니까? 안식일입니다. 하나님이 사람을 창조하신 목적은 일이 아니라 하나님의 안식에 들어가 그분을 마음껏 누리고 즐거워하게 하시기 위함이었습니다.

하나님은 사람에게 "선악을 알게 하는 나무의 열매는 먹지 말라"(창 2:17)는 단 하나의 금지 조항을 주셨습니다. 무엇 때문에 이 금지 조항이 필요했을까요? 사람은 존귀하고 영화로운 존재로 창조되었지만 사람의 사람 됨과 하나님의 하나님 되심을 인식해야 했고 이를 가능하게 하는 유일한 도구가 바로 금지이기 때문입니다.

하나님이 하지 말라고 명령하신 일에 순종함으로써 우리는 하나님을 영화롭게 하고, 하나님을 하나님으로 공경하고, 자신이 티끌로 만들어진 인생임을 인정하게 됩니다.

인간이 얼마나 존귀한 존재입니까? 죄로 인해 다 망가지고도 달과 별에 우주선을 쏘아 올리는 존재입니다. 이처럼 영화롭고 특별한 인생이 진정 하나님을 하나님으로 인정하고 사람을 사람으로 인정하게 되는 유일한 장치가 그 금지 규정 하나인 것입니다. 그런데 마귀는 마치 하나님이 전부를 하지 말라고 명령하신 것처럼 금지만 부각해서 질문을 던집니다.

이와 동일한 일이 오늘날에도 반복됩니다. 곁에 있는 사람을 좀처럼 사랑하지 못하는 이유가 무엇입니까? 아홉 가지는 잘하는데 딱 하나가 마음에 안 들어서입니다. 그 하나 때문에 아홉 가지는 안중에도 없습니다. 그 하나가 왜 중요합니까? 내가 중요하게 여기는 것이기 때문입니다. 나머지는 다 용서가 되는데 내가 생각하기에 '절대 안 되는 것' 하나가 그에게 있어 그가 밉습니다.

그러다보니 아홉 가지 잘하는 것이 눈에 들어오지 않고 부정적인 것 딱 하나 때문에 "사랑하지 못하겠다"고 말합니다. 그러면서 자기 행실은 고치려고 하지 않습니다. 연약하고 연약한 인생입니다. 아담과 하와가 행한 일을 오늘날 우리도 동일하게 합니다.

하나님은 모태로부터 죄를 갖고 태어나 죄가 문제인지도 모르는 우리 죄인을 은혜로 구원하셨습니다. 아무 자격을 요구하지 않으시고 구주의 대속의 은혜 안에서 믿음으로 값없이 구해내셨습니다. 그러면서 주님은 우리에게 "이제부터 거룩한 백성답게 살아라. 악과 죄를 거슬러

가면서 성결한 의의 병기처럼 남은 때를 살아가라"고 말씀하십니다.

그런데 예수님의 말씀을 들은 우리는 힘들어서 못 견디겠다고 투덜거리며 불평을 쏟아냅니다. 하나님이 우리에게 베푸신 수많은 은혜, 즉 우리 안에 하나님의 형상을 담아주시고 에덴동산의 지복을 마음껏 누리게 하신 엄청난 은혜들은 헤아리지 않고 하나님이 금하신 한 가지만 부각해서 마치 하나님이 부당하다는 식으로 따지듯 이야기합니다.

물론 우리는 죄에 길들여져 있기에 의의 병기로서 거룩한 삶을 살아내기가 어려운 것이 사실입니다. 그러나 어려워도 그런 삶을 갈망해야 당연하지 않습니까? 시행착오를 겪고 넘어지더라도 "하나님, 꼭 그렇게 살아내고 싶어요. 그렇게 살겠습니다"라고 말해야 마땅하지 않습니까? 그런데 우리는 어떻습니까? "그렇게 치열하게 살지 않고도 구원받을 수 있으면 좋겠다"라고 생각하면서 세상을 살아갑니다.

이처럼 마귀는 하나님이 금지해놓으신 것 하나를 갖고 끝없이 불평하고 부당함을 호소하도록 우리를 부추깁니다. 그런 욕구를 충동질하며 우리를 넘어뜨리려고 합니다.

하나님이 우리에게 기대하시는 것은 시험과 유혹이 없는 완전이 아닙니다. 시험을 이기고 유혹을 이기는 완전을 기대하십니다. 모태에서부터 죄를 지니고 태어난 우리, 그래서 죄에 익숙한 우리가 성령의 도우심으로 이 말 안 듣는 몸을 갖고 죄를 거슬러갈 때 하나님은 그 모습을 참으로 귀하게 여기십니다. 믿음의 선한 싸움을 결단하는 우리를 참으로 즐거워하십니다.

죄에 대한 인간의 반응

진리의 말씀을 '내 것'으로 받지 않는다

"여자가 뱀에게 말하되 동산 나무의 열매를 우리가 먹을 수 있으나 동산 중앙에 있는 나무의 열매는 하나님의 말씀에 너희는 먹지도 말고 만지지도 말라 너희가 죽을까 하노라 하셨느니라"(창 3:2-3).

그런데 마귀의 유혹에 하와가 어떻게 반응합니까? 하와는 "아니야, 하나님이 다 먹어도 된다고 하셨어. 그리고 동산 중앙에 있는 나무의 열매 하나만 먹지 말라고 하셨어"라고 답해야 했습니다. 하지만 '다 먹어도 된다'는 대목은 얼버무리면서 이어 "동산 중앙에 있는 나무의 열매는 하나님의 말씀에 너희는 먹지도 말고 만지지도 말라"고 전했습니다. 여자가 살짝 흔들리면서 넘어가고 있는 모습이 보이지 않습니까?

여기서 두 가지 중요한 왜곡이 일어났습니다. 창세기 2장 16절에서 하나님은 "동산 각종 나무의 열매는 네가 임의로 먹되"라고 말씀하셨습니다. 여기서 "네가"는 2인칭 단수입니다. 하나님이 "너!" 하고 손가락으로 아담을 딱 가리키신 것입니다. 이어지는 17절 "네가 먹는 날에는 반드시 죽으리라"는 말씀에서 "네가"도 2인칭 단수입니다.

그런데 창세기 3장 1절을 보면 뱀이 여자에게 어떻게 물었습니까? "하나님이 참으로 너희에게 동산 모든 나무의 열매를 먹지 말라 하시더냐"라고 하면서 "너희"라는 2인칭 복수를 썼습니다. 하나님은 "너!"라고 가리키면서 "네가 그렇게 해서는 안 된다"고 대상을 정확히 밝히셨는데 뱀은 "너희!" 하면서 대상을 보편화, 일반화하고 있는 것입니다.

이어지는 2절을 보십시오. "여자가 뱀에게 말하되 동산 나무의 열매를 우리가 먹을 수 있으나"(창 3:2). 여자는 '내가'라고 말해야 하는 자리에 "우리가"를 넣어서 답했습니다. 1인칭 복수입니다. 3절에서 여자는 또다시 "너희가 죽을까 하노라"고 하며 "너희"라고 말했습니다. 하나님의 말씀을 개인적, 인격적으로 듣지 않고 보편적으로 들었습니다. 일반화하여 지나쳤습니다.

우리 역시 마찬가지입니다. '하나님이 지금 나에게 말씀하신다'라고 생각하며 듣지 않고 두루뭉술하게 하나님이 조국 교회의 보편적인 성도들에게 일반적으로 말씀하시는 것이라고 스쳐 지나가듯 듣습니다. 그러면서 마음속으로 '이 설교는 아무개가 들어야 하는데'라고 생각합니다.

믿지 않는 남편을 둔 아내들은 종종 설교를 들으면서 이렇게 생각합니다. '오늘 우리 남편이 교회에 와야 했는데….' 그러나 아내들이 먼저 들어야 합니다. 성경은 하나님이 우리에게 지금 이 순간 인격적이고 개인적으로 말씀하시는 책입니다. 보편적이고 일반적으로만 듣고 지나가서는 절대로 안 됩니다.

하나님은 '네가'라고 분명히 2인칭 단수로 말씀하셨는데 오늘날 조국 교회는 1인칭 복수, 2인칭 복수로 바꿔 말씀을 개인에게 그대로 적용하지 않고 얼버무리는 너무나 어리석은 일을 행하고 있습니다. 많은 성도들이 성경에 대해 너무나 흐리멍덩합니다. 성경에 대해 아는 것도 아니고 모르는 것도 아니고, 들은 것 같기는 한데 정확히 말할 수는 없는 상태입니다.

이것이 바로 오늘날 조국 교회를 어렵게 만드는 핵심 중 하나라고 생각합니다. 어릴 때부터 교회에 다녀서 들은 것이 많고 막연하게는 알지만 정확하게, 구체적으로, 실제적으로, 개인적으로, 사실적으로 알지 못하는 지식이 너무 많습니다. 그래서 이단들이 벌떼같이 일어나는 것입니다. 이단들이 와서 목사들이 평생 가르치지 않았던 숫자들을 꿰어 맞추고 천사론, 마귀론에 대해 가르칩니다.

정통 교회에서 듣지 못했던 것을 이단들이 가르쳐주니 사람들이 다 넘어갑니다. 성경을 적당히 아는 정도에 머물러 살다가 이단들이 똑 부러지게 가르쳐주는 것 같으니까 너무나 허무하게 미혹되는 것입니다. 그러므로 우리는 진리의 말씀을 일반화해서 들으면 안 됩니다. 한 사람, 한 사람을 향한 말씀으로 듣고 삶에 적용해야 합니다.

하나님의 말씀을 과장하거나 생략한다

여자의 두 번째 실수가 이어서 나옵니다. 하나님은 창세기 2장 17절에서 "선악을 알게 하는 나무의 열매는 먹지 말라 네가 먹는 날에는 반드시 죽으리라"고 말씀하셨는데 여자는 하나님이 "먹지도 말고 만지지도 말라 너희가 죽을까 하노라"고 말씀하셨다고 답합니다. 놀랍게도 금지가 더해졌습니다. 하나님은 "먹지 말라" 하나만 말씀하셨는데 하와는 "만지지도 말라"를 더하면서 금지와 부정을 강화하는 마귀의 유혹에 흔들리는 모습을 보입니다.

마귀는 언제나 하나님의 선하심을 망각시키고 하나님의 금지가 부당하다는 점을 계속 강조함으로써 하나님을 대적하는 마음을 우리 속에 불러일으킵니다. 그것이 바로 마귀의 역할입니다. 여자는 그런 마귀의 유혹에 넘어가 "만지지도 말라"를 더하면서 금지를 강화했습니다.

더 서글픈 일이 곧 일어났습니다. 여자가 "너희가 죽을까 하노라" 하고 말한 것입니다. 창세기 2장 17절에서 하나님은 "반드시 죽으리라"고 말씀하셨습니다.

원문에는 '반드시'라는 단어가 없고 '죽고 또 죽으리라'고 되어 있는데 히브리어가 반복적으로 기록되었다는 것은 '틀림없이, 예외 없이, 변경 없이, 여지없이, 반드시' 죽는다는 의미입니다. 한글 성경은 그런 면에서 굉장히 탁월한 번역이라고 할 수 있습니다.

여자는 하나님의 말씀에 금지 하나를 더해서 "만지지도 말라"고 말했고 또한 "죽을까 하노라" 다시 말해 "죽을 수도 있겠다. 안 죽을지도 모르지만 죽을 수도 있다"고 말하며 결과를 흐리고 약화합니다.

죄는 언제나 이 길로 들어옵니다. 하나님의 말씀을 부정하고 금지하는 데 초점을 맞춰 우리로 하여금 '지금 하나님이 부당한 행동을 하고 계시는 것 아닌가?' 하는 생각을 갖게 만듭니다. 또한 하나님은 "반드시 죽는 결과가 있을 것이다"라고 분명히 말씀하셨는데 그 결과를 흐리면서 죄에 대한 담력을 갖게 만듭니다.

말씀을 있는 그대로 받으라

말씀은 점 하나, 선 하나, 그냥 땅에 떨어지는 법이 절대로 없습니다. 하나님의 말씀은 반드시 그대로 됩니다. 오늘날 조국 교회를 바라볼 때 제일 두렵고 마음 아픈 것은 "말씀대로 살기 어렵다"는 말이 보편화되고 있다는 것입니다. '말씀은 현실성이 좀 모자란다. 삶의 현장과 너무 괴리감이 있다'고 생각해 말씀을 자기 방식대로 왜곡합니다. 이것이 바로 마귀가 가장 좋아하는 일입니다. 아담과 하와가 넘어진 자리에서 우리도 자주 넘어집니다.

삶 전부를 말씀에 걸고 가보기를 당부합니다. 지난 30여 년간 목회를 해온 저는 어떤 유명한 목사들처럼 큰 교회를 맡고 싶다는 욕심이 한 번도 없었다고 말할 수 없습니다. 유혹과 욕심이 거듭 제 삶에 찾아왔음을 부정할 수 없습니다. 그럼에도 불구하고 저는 딱 하나만 붙들고 달려왔습니다. 성경이 가르치는 대로 성도들을 가르치자는 것입니다. 제가 머무는 목회 현장에서 성경이 현실화되는 것을 보고 싶다는 마음 하나 갖고 목회 길을 30년 동안 달려왔습니다.

하나님의 말씀에 우리의 생을 걸어봅시다. "말씀대로 안 된다. 말씀은 내 삶의 경험과 배치되는 부분이 있다"고 보편적으로 말하는 세상에서 "세상이 뭐라 하든 나는 말씀이 진리인 줄 믿고 그 말씀에 내 인생을 건다. 내 자식들을 말씀에 건다"라고 결단하며 살아갑시다.

물론 죄 없는 상태에서 하나님을 마음껏 누리고 만복을 누리던 하와가 넘어지고 아담도 넘어졌습니다. 그에 비하면 우리는 이미 모태에서부터 죄를 갖고 태어났고 이 시대는 너무나 많은 죄의 유혹에 노출되어 있습니다.

비록 질그릇 같은 몸을 갖고 있지만 아담과 하와처럼 우리 역시 '어쩔 수 없다'고 말하지 말고 그리스도 안에서 새롭게 창조된 백성이라는 사실을 인식하면서 성령 하나님의 도우심을 받아 새로운 시대를 살고 새로운 역사를 써 나가봅시다. 선한 결단으로 말씀에 헌신하며 말씀이 가르치는 대로 삽시다. 말씀을 더하거나 빼지 맙시다. 하나님의 말씀은 우리에게 이렇게 권면합니다.

"너는 그의 말씀에 더하지 말라 그가 너를 책망하시겠고 너는 거짓말하는 자가 될까 두려우니라"(잠 30:6).

"내가 이 두루마리의 예언의 말씀을 듣는 모든 사람에게 증언하노니 만일 누구든지 이것들 외에 더하면 하나님이 이 두루마리에 기록된 재앙들을 그에게 더하실 것이요"(계 22:18).

이단들처럼 자기 생각을 더해 끝없이 성경을 뒤틀고 과장해서는 안 됩니다. 자유주의자들처럼 하나님의 말씀을 쪼개 "이것은 영감 어린 말씀이고 저것은 아니다"라고 자기 방식대로 빼서는 안 됩니다. 오늘날 조국 교회의 보편적인 성도들은 또 어떻습니까? 동의하고 기쁨으로 받아들일 수 있는 것은 받아들이고, 동의가 안 되고 받아들여지지 않는 것은 거부하면서 불순종하지 않습니까? 이것 역시 말씀을 빼거나 더하려는 행위입니다.

　이처럼 어리석은 자들이 아무도 없기를 바랍니다. 오직 말씀 안에 머물고, 말씀을 빼거나 더하지 않고, 아무리 힘들어도 말씀에 따라 온힘으로 순종하는, 새로운 시대를 살아내는 하나님의 사람으로 빚어지기를 바랍니다.

―

"그런데 뱀은 여호와 하나님이 지으신 들짐승 중에 가장 간교하니라 뱀이 여자에게 물어 이르되 하나님이 참으로 너희에게 동산 모든 나무의 열매를 먹지 말라 하시더냐 여자가 뱀에게 말하되 동산 나무의 열매를 우리가 먹을 수 있으나 동산 중앙에 있는 나무의 열매는 하나님의 말씀에 너희는 먹지도 말고 만지지도 말라 너희가 죽을까 하노라 하셨느니라 뱀이 여자에게 이르되 너희가 결코 죽지 아니하리라 너희가 그것을 먹는 날에는 너희 눈이 밝아져 하나님과 같이 되어 선악을 알 줄 하나님이 아심이니라 여자가 그 나무를 본즉 먹음직도 하고 보암직도 하고 지혜롭게 할 만큼 탐스럽기도 한 나무인지라 여자가 그 열매를 따먹고 자기와 함께 있는 남편에게도 주매 그도 먹은지라 이에 그들의 눈이 밝아져 자기들이 벗은 줄을 알고 무화과나무 잎을 엮어 치마로 삼았더라"(창 3:1-7).

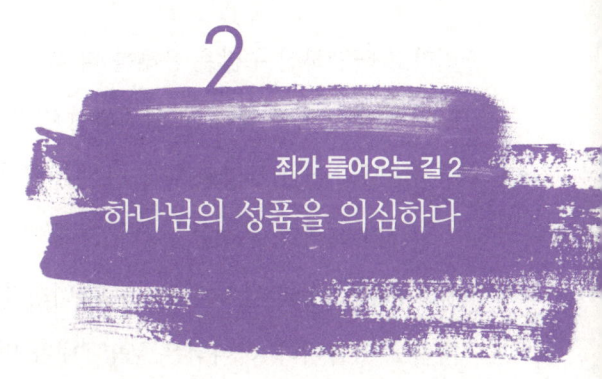

죄가 들어오는 길 2
하나님의 성품을 의심하다

거짓에 왜 넘어가는가?

하나님은 그분의 선한 성품을 따라 세상을 아름답게 지으셨습니다. 그리고 특별히 사람은 하나님의 형상을 따라 창조하셨습니다. 그런데 우리가 경험하는 이 세상은 사람을 보나 자연을 보나 하나님의 아름다움과 온전함이 잘 묻어나지가 않습니다. 특별히 사람들 속에서 많은 일그러짐이 보입니다.

그 이유가 무엇입니까? 죄가 사람의 삶 속에 침투해 들어와서 사람의 존엄과 아름다움을 깨뜨렸기 때문입니다. 죄가 어떻게 사람의 삶 속으로 쳐들어왔습니까? 마귀가 뱀을 통해서 아담과 하와를 유혹하고 넘어뜨렸습니다. 마귀가 어떻게 사람을 미혹하고 유혹했습니까?

하나님이 하신 말씀을 비틀었습니다. 하나님이 마음껏 자유롭게 누리라고 허락하신 수많은 은혜를 다 빼고 단 하나 "동산 중앙에 있는 나무의 열매는 먹지 말라"고 금지하신 것만 부각했습니다. 마치 하나님이 사람에게 무언가 부당한 일을 하신 것처럼 말씀을 비틀었습니다.

그러자 하와가 흔들렸습니다. 그때 마귀가 어떻게 했습니까? 창세기 3장 4절은 "뱀이 여자에게 이르되 너희가 결코 죽지 아니하리라"고 기록하고 있습니다. 하나님은 분명 "네가 먹는 날에는 반드시 죽으리라"(창 2:17)고 말씀하셨는데 마귀는 그 말씀을 비틀고 특정 부분만 부각해 하나님이 무언가 부당한 일을 하신 것처럼 몰아갑니다.

더 나아가 이번에는 하나님의 말씀을 정면에서 부정합니다. "결코 죽지 아니하리라"고 말한 것입니다. 원문을 보면 '아니다'라는 부정어가 제일 먼저 나와 "아니다, 너희가 반드시 죽을 것은"이라고 되어 있습니다. 히브리어에서 제일 앞에 나온다는 것은 강조의 의미입니다. 아니라는 사실을 강조한 것입니다. 하나님은 반드시 죽을 것이라고 말씀하셨는데 마귀는 하나님의 말씀을 정면에서 부정했습니다.

여기서 놀라운 사실을 발견하게 됩니다. 마귀가 하나님의 말씀을 정면으로 부정하며 했던 말, 즉 "결코 죽지 아니하리라"는 말에는 근거가 없다는 것입니다. 마귀는 거짓말쟁이입니다. 예수님은 요한복음 8장 44절에서 마귀를 가리켜 "처음부터 살인한 자요 진리가 그 속에 없으므로 진리에 서지 못하고 거짓을 말할 때마다 제 것으로 말하나니 이는 그가 거짓말쟁이요 거짓의 아비가 되었음이라"고 하셨습니다.

이 사실을 아는 것은 매우 중요합니다. 죄가 들어오는 길을 한번 살펴보십시오. 말씀을 부정하면서 그것을 뒷받침할 근거는 제시하지 못합니다. 근거 없는 거짓 확신을 주장하고 던질 뿐입니다. 마귀는 아담과 하와에게 했던 것처럼 오늘날 우리에게도 그렇게 합니다.

교회는 초대교회부터 오늘에 이르기까지 약 2000년 동안 하나님을 하나님으로 고백하는 신실한 성도들로 구성되어 왔습니다. 그런데 간혹 이단들이 나와 자기들이 옳고 자기들에게만 구원이 있다고 주장합니다. 근거 없는 확신을 갖고 거짓된 주장을 하는 그들에게 왜 그토록 많은 성도들이 쉽게 넘어가는 것일까요?

우리가 사는 시대의 특징은 주관주의입니다. 몇 십 년 전만 해도 객관적인 진리에 대한 부담이 있었습니다. "이것이 객관성을 갖고 있는 것인가? 정말 옳은가?" 하는 고민을 많이 가졌습니다. 그러나 요즘은 "내가 행복한가? 내가 동의하는가? 내가 받아들일 수 있나?" 여기에 너무 많은 에너지를 들입니다.

우리가 인정한다고 진리가 되는 것이 아닙니다. 하나님의 진리는 우리의 동의 여부에 따라 결정되지 않습니다. 우리가 기준이 아닙니다. 재판하시는 하나님이 기준입니다. 우리가 동의하고 인정한다고 해서 진리가 되는 게 아닙니다. 우리가 받아들일 수 없고 인정할 수 없더라도 하나님의 말씀이면 마땅히 받아들이고 순종해야 합니다.

하나님 말씀이라는 견고한 토대

마귀는 "결코 죽지 아니하리라"고 말했지만 성경은 "반드시 뿌린 대로 거둔다"고 우리에게 분명하게 이야기합니다. 말씀을 붙들고 말씀이 가르치는 대로 뿌리면 말씀이 약속한 대로 거두게 됩니다. 틀림없습니다. 사람들은 자기가 저지른 악행에 대해 바로바로 심판이 임하지 않기에 하나님이 죄를 심판하시지 않는다고 오해하지만, 그렇지 않습니다.

물론 하나님은 한 사람도 멸망하지 않고 구원받기를 원하시기에 오래 참고 모두에게 기회를 주십니다. 하지만 끝까지 돌이키지 않는 자는 반드시 심판하십니다. 죄는 형벌 없이 지나갈 수 있는 게 아닙니다. 구주를 통해 속죄되지 않는 모든 죄는 반드시 형벌을 부르게 됩니다.

우리는 성경이 분명히 가르치고 있는 것을 귀담아들어야 합니다. 우리 귀에 듣기 좋고 마음으로 동의할 수 있는 것만 추려서 우리 방식대로 믿어서는 안 됩니다. 내가 동의할 수 없어도 성경이 가르치면 진리입니다.

우리는 성경 곳곳에서 하나님의 심판을 보게 됩니다. 가령 창세기 6장에는 홍수가 나오고 창세기 11장에 가면 바벨탑 사건이 나옵니다. 또한 창세기 18-19장에는 하나님이 소돔과 고모라 땅을 심판하신 사건이 나옵니다. 신약시대에는 이 땅에 오신 구주를 끝없이 대적했던 예루살렘이 멸망했습니다. 이처럼 역사 안에는 여러 번에 걸친 하나님의 심판이 있어왔고 그 심판은 우리가 궁극적으로 당하게 될 마지막 심판을 예표합니다.

그런데 이러한 하나님의 심판과 형벌은 지난 역사 안에만 있는 것이 아닙니다.

> "하나님의 진노가 불의로 진리를 막는 사람들의 모든 경건하지 않음과 불의에 대하여 하늘로부터 나타나나니"(롬 1:18).

영어 성경은 '나타나나니'라는 말씀을 'is being revealed', 즉 현재진행형으로 번역했습니다. 하나님의 진노가 지금도 임하고 있다는 것입니다. 마귀는 "너희가 결코 죽지 아니하리라"고 말했지만 성경은 "반드시 죽으리라"고 말합니다. 우리는 근거 없는 어리석은 주장을 거부하고 하나님의 말씀이라는 견고한 토대 위에 우리의 삶을 세워야 합니다.

50이 넘도록 살아보니 심판은 꼭 있어야 한다는 생각을 늘 하게 됩니다. 세상의 법은 우리가 원하는 정의를 구현할 수 없습니다. 아주 훌륭한 정치 지도자가 세워져도 이 땅에서는 우리가 원하는 정의가 실현되지 않습니다. 완전한 재판관인 하나님이 오셔야 합니다. 그분이 심판하시는 게 마땅합니다.

말씀을 비틀고 부정하는 마귀의 궁극적인 목표

마귀가 하나님의 말씀을 비틀고 부정하는 궁극적인 목표는 무엇입니까? 하나님과 사람의 관계를 깨뜨리는 것입니다. 말씀을 비틀거나 말씀을 부정함으로써 하나님의 성품에 흠집을 내고 우리로 하여금 하나님의 성품에 대해 왜곡된 생각을 하게 만드는 것입니다. 그래서 하나님을 미워하고, 하나님을 대적하고, 하나님을 부정하고, 하나님을 향해 반발하고, 하나님과 거리를 두게 하는 것이 마귀가 노리는 목표입니다.

"너희가 그것을 먹는 날에는 너희 눈이 밝아져 하나님과 같이 되어 선악을 알 줄 하나님이 아심이니라"(창 3:5).

과거나 지금이나 마귀가 사용하는 방법은 거의 유사합니다. 말씀에 대한 부정은 곧바로 하나님을 겨냥합니다. "만약 너희가 선악을 알게 하는 나무의 열매를 먹으면 눈이 밝아져 선도 알고 악도 알아 하나님과 같이 될 줄을 하나님이 알고 금지하셨다"고 말한 것입니다. 마귀는 하나님의 성품에 흠집을 냅니다. 하나님은 선하고 자비가 풍성하고 사랑이 많으신 분이 아니라 우리를 시기해 선악과를 금지하시는 분이라는 것입니다. 마귀의 이 어리석은 궤계에 많은 사람들이 넘어갑니다.

생각해보면 우리 안에 그러한 증거가 많이 발견되지 않습니까? 마귀의 거짓말에 우리는 기꺼이 반응할 준비가 되어 있습니다. "하나님이 우리를 사랑하신다"는 말을 잘 믿다가도 "하나님이 우리를 이렇게 해코지하신다"고 하면 대번에 수많은 증거를 들이댑니다. 우리 속은 이처럼 꼬여 있습니다. 그런 우리에게 마귀는 "하나님의 말씀을 거역할 때 좋은 일이 더 많이 생긴다"고 접근하면서 우리 안에 있는 하나님의 성품을 깨뜨립니다.

자녀들을 길러보면서 다 경험하지 않습니까? 자녀들을 믿음 안에서 잘 길러보려고 애쓰지만 대학만 들어가면 무엇이라고 말합니까? "내가 지금까지는 아빠, 엄마 때문에 억지로 교회에 다녔는데 이제는 내가 선택할 거야." 그러면서 교회에 발길을 끊고 자신이 원하는 일을 자유롭게 하며 행복하게 살겠다고 말합니다. 교회를 가야 행복하게, 자유롭게, 복되게 사는 것인데 교회를 가지 않아야 행복하게, 자유롭게, 복되게 살 수 있다고 생각하는 것입니다.

마귀의 전략은 다 똑같습니다. '말씀대로 하지 않으면 더 좋은 일이 있다'고 생각하게 만듭니다. 물론 우리 중 누구도 그렇게 말하거나 가르치는 사람은 없습니다. 그러나 마음 깊은 곳에서는 그런 생각을 품곤 합니다. 때로 "말씀대로 하면 힘이 듭니다. 목사님은 교회 안에만 계셔서 우리의 현실을 너무 모르는 것 같습니다. 세상살이가 그리 호락호락하지 않습니다"라고 말씀하시는 분들이 있습니다.

저는 사실 직장 생활을 하지 않은 것에 대해 지금은 조금 후회합니다. 성도들을 충분히 이해하거나 공감하지 못하는 약함이 있는 것 같아 죄송한 마음입니다. 그러나 나이를 먹으면 먹을수록 깨닫는 사실 하나는, 말씀대로 된다는 것입니다. "성경이 삶의 현장과 다르다"는 말은 틀립니다. 성경대로 됩니다. 이것이 진짜입니다.

하나님을 하나님 되시게 하라

오늘날 마귀는 하나님의 말씀대로 살면 정말 어렵고 힘들지만 말씀

바깥으로 나가 성경이 금지하는 일을 행하면 더 큰 복이 있어서 눈이 열리고, 선악도 알고, 하나님 같이 된다고 말합니다. 놀랍게도 사람은 넘어갑니다. 이것이 바로 죄의 핵심이요, 본질입니다. 진리인 하나님의 말씀을 배제하고 마귀의 거짓말을 받아들이는 것입니다.

오늘날 말로 바꾸면 하나님의 생명이 담긴 귀한 말씀보다 세상의 가치관을 선택하는 것입니다. 사람들이 보기에 윤리적, 도덕적으로 비난 받을 만한 일을 혹 안 할지라도 말씀인 진리를 배제하고 세상의 가치와 세상이 말하는 근거 없는 약속을 선택한다면 그것이 바로 죄를 짓는 것입니다.

죄의 결과가 무엇입니까? 하나님에 대한 반역입니다. 하나님을 부정하는 것입니다. 진리의 말씀에 따른 하나님의 통치를 대적하는 것입니다. 여기서 우리가 반드시 기억해야 할 사실은, 하나님으로부터 독립해 스스로 하나님처럼 살 수 있다고 여기는 것이 죄의 본질이라는 것입니다. 사람은 하나님의 형상을 따라 존귀하게 창조되었기에 하나님을 절대적으로 의존할 때만 가장 온전하고 행복할 수 있습니다.

우리는 하나님과의 바른 관계 안에서 하나님이 하나님 되시고 사람이 사람 되는 자리에 머물러 하나님을 담아내야 합니다. 물론 우리 중 어느 누구도 "내가 하나님이다"라고 말하거나 믿는 사람은 없을 것입니다. "나는 하나님이 되기 위해 이런 일을 한다"고 말할 사람도 없을 것입니다. 그러나 너무 익숙해서 우리가 의식조차 못하고 저지르는 죄가 있는데 그것은 바로 하나님을 부정함으로써 자기 스스로 하나님이 되려고 하는 죄입니다.

주님이 우리를 구원하신 것은 형벌을 면해주시기 위해서만이 아닙니다. 우리를 입양해서 하나님의 자녀로 삼아주시기 위해서만도 아닙니다. 하나님은 그분의 형상을 닮은 우리가 그분의 성품에 참여하는 자가 되기를 원하십니다. 이것이 바로 성경이 갖고 있는 그림입니다. 하나님의 하나님 되심을 부정하거나 하나님의 권리를 박탈하지 말고 하나님을 인정함으로써 그분의 성품에 참여하는 영광 안으로 들어가라고 하나님은 우리를 초대하십니다.

그런데 마귀는 "하나님을 부정하고 네가 스스로 하나님처럼 되어야 하나님 같은 영광을 얻는다"라고 약속합니다. 사람은 하나님을 바르게 의지하며 그분이 주시는 복을 누릴 때 본연의 존귀와 영광과 아름다움과 복을 참으로 회복할 수 있습니다. 어리석게도 사람들은 하나님을 하나님 자리에서 끄집어 내리고 자신이 하나님 될 때 행복해질 수 있을 거라고 생각합니다. 자신이 정말 존귀해질 수 있다고 생각합니다. 과거에도 그랬고 지금도 그렇게 생각하며 살기 때문에 인생이 이 모양인 것입니다.

세상을 한번 보십시오. 약육강식과 적자생존, 정글 같은 세상입니다. 왜 그렇습니까? 하나님을 왕의 자리에서 끄집어 내리고 자기가 하나님 행세를 하기 원하는 사람들이 가득하기 때문입니다. 그들이 누구를 위에 두고 살겠습니까? 스스로 왕이 되기까지는 결코 행복할 수 없을 것입니다. 그렇기 때문에 이렇게 먹고살 만한 세상이 되었는데도 경쟁과 견제, 시기, 다툼 등이 끊이지 않습니다.

풍성한 시대가 되었음에도 감사와 감격이 사라지고 오로지 왕 되지 못했다는 불행만이 마음속에 자리 잡고 있습니다. 진리를 버리고 거짓을 선택한 결과입니다. 하나님을 하나님의 자리에서 끄집어 내리고 스스로 하나님이 될 수 있다는 거짓말에 속았기 때문입니다. 하나님 없이 세상을 살아가려고 몸부림치다 보니까 세상이 이 모양인 것입니다.

말씀을 진정으로 살아내는 법

우리는 하나님을 하나님으로서 우리 인생에 모셔야 합니다. 입술로만 신앙을 고백하는 것이 아니라 정말로 하나님을 하나님으로 우리 삶에 모셔야 진짜 행복하고 복된 인생이 됩니다. 주변을 둘러보십시오. 얼마나 많은 사람들이 하나님을 부정하며 살고 있는지 모릅니다.

그들은 "수없이 많은 종교들이 있는데 기독교만 옳다고 하는 이유가 무엇인가? 기독교는 너무 편협하다"며 자신의 불신앙을 합리화합니다. 그러면서 하나님이 있든 없든 무관한 삶을 살아갑니다. 또 상당수의 사람들이 하나님을 믿기는 믿되, 성경이 가르치는 대로 믿는 것이 아니라 자기가 원하는 신을 만들어 자기 방식대로 믿습니다.

아담에게만 그런 일이 일어난 게 아닙니다. 모세가 시내 산에 올라가서 하나님께 율법을 받아 내려올 때 이스라엘 백성은 산 밑에서 금송아지를 만들어 섬겼습니다. 그 금송아지의 이름이 무엇이었습니까? '너희를 애굽에서 인도해낸 여호와'였습니다. 이름이 문제가 아닙니다. 이름을 '하나님', '여호와', '기독교' 등 무엇으로 붙였는가가 중요한 것이 아니라 성경이 말하는 하나님을 진정 하나님으로 모시고 사는가가 핵심입니다.

말하기 조심스럽지만 조국 교회의 많은 성도들은 하나님을 하나님으로 섬기는 것이 아니라 마치 우상 숭배 하듯이 섬기는 것 같습니다. 단지 '하나님'이라고 이름을 붙여놓았기에 '하나님'이라고 부르는 것이지 우상을 섬기는 것과 똑같이 섬깁니다. 그것은 신앙이 아닙니다. 신앙은 성경이 말하는 바에 따라 하나님의 말씀을 순종하는 것입니다. 그 신앙을 붙든 사람은 비록 말씀을 한걸음에 다 살아낼 수 없다는 한계를 경험할지라도 말씀대로 살아가기를 사모하며 말씀을 귀하게 받습니다.

말씀을 살아내기가 참으로 어렵다고 말하는 성도들을 종종 만납니다. 그 심정을 공감 못하는 바는 아니지만 한편으로 마음이 아픕니다. 왜 어렵다는 말만으로 끝내버리는 것일까요? 어려운 것은 사실이지만 말씀을 살아내고 싶다는 마음을 왜 조금 더 품지 못할까요? 그래서는 안 됩니다. 주님을 사랑하고 전심으로 의지하고 그분에게 순종하고, 그분에게서 오는 복을 받을 때만 사람은 진짜 존귀하고 영화로울 수 있습니다.

항복하는 것이 곧 이기는 것입니다. 우리는 누군가를 사랑하면서 매번 배우지 않습니까? 이전에는 '이기는 것만이 전부'라고 생각했지만 누군가를 사랑하고 나서는 '지는 것이 곧 이기는 것'임을 배우지 않습니까? 사랑하는 사람은 아무도 못 이깁니다. 하나님과의 바른 관계 안에 머물면서 그분을 마음의 중심에 모시고 전심으로 순종하는 것이 신앙의 핵심입니다.

유혹은 '함직해' 보인다

마귀의 유혹에 흔들린 인간은 말씀을 부정하고 하나님께 반발하기 시작했고 그 결과 다음 과정의 죄를 더 구체적으로 쉽게 짓게 되었습니다.

"여자가 그 나무를 본즉 먹음직도 하고 보암직도 하고 지혜롭게 할 만큼 탐스럽기도 한 나무인지라 여자가 그 열매를 따먹고 자기와 함께 있는 남편에게도 주매 그도 먹은지라"(창 3:6).

여기에 재미있는 표현이 하나 나옵니다. "먹음직도 하고 보암직도 하고 … 탐스럽기도 한"이 바로 그것입니다. 선악을 알게 하는 나무는 원래부터 그 자리에 있었습니다. 그런데 마귀가 하나님의 말씀을 부정하며 헛된 확신을 심어주고 하나님에 대한 반발심을 일으키면서 하나님을 끌어내려 스스로 하나님이 되라고 유혹하자 그 나무가 여자의 눈에 어떻게 보였습니까?

이전에는 그렇지 않았는데 갑자기 먹음직하고 보암직하게 보였습니다. 저 열매를 따서 먹으면 마귀가 속삭였던 일이 정말 일어날 것처럼 보였습니다. 그래서 사람들이 죄를 짓습니다. 사람들은 죄가 나쁜 결과를 가져올 줄 알고도 죄를 짓지만 대부분은 새로운 가능성을 기대하면서 '먹음직하고 보암직한' 유혹들에 넘어갑니다. 틀림없이 실현될 거라는 확신을 갖고 죄를 짓습니다.

죄 된 쾌락은 아무리 짧고 작은 것일지라도 '먹음직하고 보암직한' 매력을 갖고 있을 때가 자주 있습니다. 확실히 실현될 것처럼 보이는 경우가 많습니다.

사랑하고 존경하는 어머니는 제가 중학생이던 시절에 저와 함께 있던 현장에서 사기를 당했습니다. 어린 나이에도 가짜인지 알아차릴 정도였는데 어머니는 홀딱 넘어갔습니다. 그 없고 가난하던 시절에 돈을 긁어모아 500만 원을 봉투에 넣어서 사기꾼들에게 줬습니다.

어머니 손을 붙들고 "엄마, 아닌 것 같아요. 이분들 좀 이상해요, 엄마도 이상해요!"라고 아무리 말려도 어머니는 그들에게 봉투를 건넸습니다. 사기꾼들은 봉투를 받자마자 몇 마디 하고는 어머니가 보는 앞에서 택시를 타고 떠났습니다. 택시가 떠나자마자 어머니는 그 자리에 주저앉아 울면서 "종부야, 속았다" 하고 말씀하셨습니다.

그래도 감사하게 돈 500만 원 아닙니까? 당시에는 큰돈이었지만 그래도 돈입니다. 액수가 얼마든 잃어도 되는 것입니다. 어머니는 그래도 지혜롭고 훌륭한 분이었기 때문에 사기꾼에게 속았다는 사실을 택시가 떠나자마자 바로 깨달았습니다. 얼마나 많은 사람들이 인생 다 가도록 속고 있는지 모릅니다. 한 번밖에 없는 값진 인생을 아무 근거 없는 거짓에 마음을 두며 다 쏟아붓고 있습니다. 정말 안타깝지 않습니까?

인간이 존귀할 수 있는 이유

우리는 세상이 말해주는 대로 인생을 살아왔습니다. 말씀을 버린 채 '하나님을 끌어내리고 그 자리에 내가 앉아야 행복하다'는 세상의 가르침과 왜곡된 가치관을 선택하며 살았습니다. 그런데 그러한 삶이 어떠한 결과를 가져왔습니까? 우리가 기대한 결과를 가져오지 않았습니다.

마귀의 유혹을 받은 아담과 하와는 선악과를 먹었습니다. 그 결과가 무엇입니까? 마귀는 "결코 죽지 아니하리라"고 말했지만 그들은 죽었습니다. 두 사람만 죽은 것이 아닙니다. 그들을 포함해 모든 사람이 그 안에서 함께 죽었습니다. 온갖 좋은 것이 주어질 줄 알았는데 불행한 결과만 맞았을 뿐입니다. 아담과 하와는 에덴동산에서 쫓겨났고 땀 흘려 일해야만 먹고살 수 있는 운명이 되었습니다. 열심히 일해도 가시덤불과 엉겅퀴 때문에 일한 만큼의 결과를 얻지 못했습니다.

자본주의 사회는 우리에게 끊임없이 메시지를 던집니다. "땀 흘린 만큼 대가를 받는 사회, 열심히 노력한 만큼 결과를 얻어내는 사회가 가능하다"고 끊임없이 가르칩니다. 그러나 그렇지 않습니다. 하나님을 하나님으로 모시고 그분께 순종하며 진리의 말씀으로 돌아가지 않는 이상 그런 일은 불가능합니다.

인생들은 어리석고도 악합니다. 열심히 노력해 타인과의 경쟁에서 이긴다고 우리의 인생이 정말 존귀해집니까? 그렇지 않습니다. 인생은 바람을 잡는 것과 같습니다. 우리는 티끌이고 먼지입니다. 하나님이 복을 주실 때에야 비로소 우리는 정말 존귀해지는 존재입니다. 하나님께로 돌아가야 합니다. 우리는 패역한 이 시대에 하나님의 말씀을 붙들고 세속적인 가치관을 거슬러 가야 합니다.

일전에 교사인 성도 한 분이 이런 이야기를 들려준 적 있습니다. "부모들이 한 번씩 학교에 찾아와서는 자기 아이 성적은 좀 올려주고 다른 아이 성적은 깎아달라고 부탁합니다. 자기 아이 성적을 올려달라고 할 때만 해도 화가 살짝 났지만 참았습니다. 그런데 다른 아이의 성적을 깎으라고 할 때는 폭발했습니다. 이것이 무슨 교육입니까? 부모가 나서서 자식에게 이게 무슨 못할 짓입니까? 정말 나라가 어떻게 되려고 이 모양입니까!"

멀리서 일어나고 있는 일이 아닙니다. 바로 우리가 살고 있는 사회 안에서, 우리 곁에 있는 이웃에게 일어나는 일입니다. 눈이 어두워질 대로 어두워져서 하나님의 말씀이 아닌 거짓을 선택하는 사람들은 자기 행실의 실체를 보지 못합니다. 그래서 자식을 위한다고 하면서 자기 자식을 죽이고 자기도 죽이고 세상을 다 죽이는 일을 합니다. 믿음의 삶이 촉구되는 시대입니다.

하나님의 말씀을 소중히 여기라!

앞서 살펴본 창세기 3장 1-7절에는 3회에 걸쳐 하나님의 말씀을 인용한 대목이 나옵니다. 2회는 마귀가 했고 1회는 여자가 했습니다. 안타깝게도 어느 누구도 제대로 인용하지 않았습니다. 자기의 욕망과 악한 계획에 따라 말씀을 비틀어 사용할 뿐, 하나님을 사랑하는 마음으로 그 말씀을 귀하게 받거나 그 말씀을 어떤 형태로든 살아내려고 하지 않았습니다.

오늘날 우리는 풍요가 주는 빈곤의 시대를 살아가고 있습니다. 주일에 교회에 간다는 이유로 매 맞고 뺨 맞은 사람이 있습니까? 혹 한둘 있을지 모르지만 거의 없을 것입니다. 손만 뻗으면 얼마든 적은 돈으로 귀한 성경책을 살 수 있습니다. 텔레비전을 틀거나 인터넷에 접속하면 설교가 줄줄 쏟아져 나옵니다. 언제든 교회에 갈 수 있고 언제든 하나님의 말씀을 듣거나 읽을 수 있습니다.

하지만 하나님의 말씀을 진짜 읽고 있습니까? 하나님의 말씀을 소중하게 가슴으로 받아서 순종하고, 하나님과의 친밀한 관계 가운데 머물며 그분의 말씀을 붙들고 그 말씀을 살아내고자 대가를 지불하고 있습니까? 창세기 3장은 오늘날에도 그대로 반복되고 있는, 바로 우리의 이야기입니다.

생명의 말씀을 값지게 받아서 사랑이 담긴 순종으로 하나님을 영화롭게 하고 하나님께 충성을 다하는 삶을 살아갑시다. 그분이 주시는 복을 의지합시다. 그럴 때 비로소 우리의 인생은 진정 존귀하고 영화로워집니다. 기껍고 아름다운 참된 순종이 우리 안에 풍성해지기를 간절히 바랍니다.

회종부 목사의
우리의
죄,
하나님의
구원

"뱀이 여자에게 이르되 너희가 결코 죽지 아니하리라 너희가 그것을 먹는 날에는 너희 눈이 밝아져 하나님과 같이 되어 선악을 알 줄 하나님이 아심이니라 여자가 그 나무를 본즉 먹음직도 하고 보암직도 하고 지혜롭게 할 만큼 탐스럽기도 한 나무인지라 여자가 그 열매를 따먹고 자기와 함께 있는 남편에게도 주매 그도 먹은지라 이에 그들의 눈이 밝아져 자기들이 벗은 줄을 알고 무화과나무 잎을 엮어 치마로 삼았더라 그들이 그 날 바람이 불 때 동산에 거니시는 여호와 하나님의 소리를 듣고 아담과 그의 아내가 여호와 하나님의 낯을 피하여 동산 나무 사이에 숨은지라 여호와 하나님이 아담을 부르시며 그에게 이르시되 네가 어디 있느냐"(창 3:4-9).

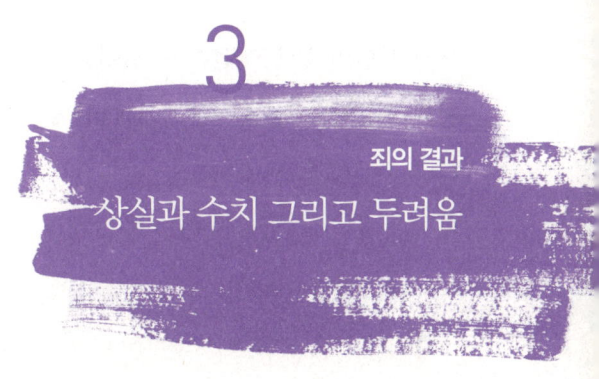

3

죄의 결과
상실과 수치 그리고 두려움

선악과를 따먹은 이후

지금까지 아담과 하와가 선악과를 따먹은 대목을 살펴봤습니다. 중요한 본문이기에 잠시 정리하고자 합니다. 아담과 하와가 선악과를 따먹었다는 말씀에 내포되어 있는 중요한 내용은 아마도 3가지 정도로 요약할 수 있을 것입니다.

첫째, 그들은 하나님의 언약 대신 마귀의 거짓된 유혹의 말을 선택했습니다. 둘째, 사랑과 자비, 선하심 등 하나님의 성품을 성경이 말하는 대로 믿지 않고 불신했습니다. 셋째, 결정적으로 하나님께 등을 돌리고 스스로 하나님 되기를 선택했습니다. 하나님과의 바른 관계 안에서 그분에게 순종할 때 참된 존귀와 영광을 얻을 수 있는데 말입니다.

이러한 과정을 통해 사람의 삶 속에는 죄가 들어왔습니다. 죄가 들어오자 사람의 삶에 어떤 일이 일어났습니까? 창세기 3장 후반부, 그중에서도 7-8절을 중심으로 죄가 어떤 결과를 가져왔는지 살펴보려고 합니다.

"이에 그들의 눈이 밝아져 자기들이 벗은 줄을 알고 무화과나무 잎을 엮어 치마로 삼았더라"(창 3:7).

성경은 분명히 아담과 하와가 선악과를 먹을 때 눈이 밝아졌다고 말합니다. 마귀가 유혹하며 했던 말이 이뤄진 것처럼 보입니다. 우리가 미혹과 죄를 이기기 쉽지 않은 이유는 보암직하고 먹음직할 뿐만 아니라 실제로 그렇게 될 것처럼 보이기 때문입니다. 마귀의 말대로 아담과 하와의 눈은 정말 밝아졌습니다.

그런데 눈이 밝아진 그들이 무엇을 봤습니까? 마귀가 약속한 대로 눈은 밝아졌지만 하나님과 같이 된 게 아니라 자신들이 벌거벗었음을 발견했습니다. 눈이 밝아져서 이전보다 더 많이 보긴 보는데 하나님이 보시는 것처럼 보는 것이 아니라 수치와 상실을 봤습니다. 상실과 상실에서 비롯된 수치를 알게 되었다는 의미입니다.

마귀는 이와 똑같은 방식으로 우리를 유혹합니다. 마귀가 그럴듯한 약속을 내걸며 유혹할 때 우리가 마귀 편에 서기를 선택한다면 어떻게 됩니까? 눈이 진짜 밝아지는 것 같은데 놀랍게도 죄와 악이 보입니다. 새로운 것을 볼 줄 알았는데 놀랍게도 우리 안에 있는 수치와 상실을 발견합니다. 그러면서 동시에 하나님과 함께 누리던 풍요와 부귀와 존귀가 사라지고 소외와 불신과 질고가 찾아왔음을 깨닫게 됩니다.

앞 장에서 언급했듯이 죄란 하나님과의 언약을 깨뜨리는 것, 하나님의 성품을 불신하는 것 그리고 하나님을 등지는 것입니다. 죄를 선택하면 죄가 약속한 것처럼 눈이 밝아질 것 같지만 희한하게도 봐야 할 것을 보는 게 아니라 죄와 악, 상실과 수치, 질고와 아픔을 보게 됩니다. 죄는 잠시의 쾌락을 약속할 뿐 반드시 이 같은 결과를 가져옵니다.

선과 악을 알게 하는 나무의 열매를 따먹은 후 아담과 하와는 무엇을 잃었을까요? 사람은 본래 하나님의 형상을 따라 지어졌습니다. 범죄한 이후 그 형상의 상당 부분은 무너지고 상실되었지만 완전히 없어진 건 아닙니다. 하나님의 형상에 따라 지어진 사람 안에는 영광이 있습니다. 우리는 이를 신약성경에서 추론해볼 수 있습니다. 구원받았다는 것은 무엇입니까? 죄를 용서받고, 하나님의 자녀가 되고, 하나님의 유산을 전부 상속받게 되었다는 것을 의미합니다.

더불어 성경은 "우리가 다 수건을 벗은 얼굴로 거울을 보는 것 같이 주의 영광을 보매 그와 같은 형상으로 변화하여 영광에서 영광에 이르니 곧 주의 영으로 말미암음이니라"(고후 3:18)고 증거합니다. 예수를 믿어서 그분을 주님으로 만나면 주님의 영광을 보면서 우리도 영광에서 영광으로 변하게 된다는 것입니다. 빌립보서 3장은 이렇게 표현합니다.

"그는 만물을 자기에게 복종하게 하실 수 있는 자의 역사로 우리의 낮은 몸을 자기 영광의 몸의 형체와 같이 변하게 하시리라"(빌 3:21).

이 말씀은 예수님을 믿어서 구원의 영광 안으로 들어가면 죽음과 질고에 굴복할 수밖에 없던 우리의 낮고 천한 몸이 하나님 영광의 몸을 입게 된다는 의미입니다. 우리의 몸에 그분의 영광이 묻어나게 된다는 뜻입니다. 아담과 하와는 죄를 짓고 영광을 상실했습니다. 하나님의 형상에 들어 있던 영광스러움을 잃어버렸습니다.

영광을 상실한 사람들은 끊임없이 무언가를 성취하고 소유해도 거듭되는 허무와 수치심을 피하지 못합니다. 좀처럼 만족을 누리지 못하고 상실감에서 헤어나지 못합니다. 아담 이후 모든 인생은 바로 이 수치심과 상실감을 직면하게 되었습니다. 왜 그럴까요? 하나님의 형상 안에 있던 영광을 잃어버렸기 때문입니다.

수치와 상실을 덮으려는 인간의 노력

죄가 우리에게 가져다준 두 번째 결과는 무엇일까요? 수치와 상실을 가리기 위해 인간 스스로가 자기 나름의 방법을 강구하게 되었다는 것입니다. 수치와 상실을 인식했다면 먼저 어떻게 했어야 합니까? 수치와 상실의 원인이 되었던, 즉 하나님의 말씀을 깨뜨리고 하나님께 등 돌리고 하나님의 성품을 불신했던 지점으로 돌아가야 하지 않습니까? 그런데 사람들은 너무나 어리석게도 나뭇잎으로 가리기에 급급합니다. 이 땅에 있는 인생들의 삶의 방식을 요약적으로 보여주는 모습입니다.

우리는 모두 영광의 흔적을 갖고 있습니다. 하나님의 형상이 깨뜨려지기는 했지만 완전히 없어진 것은 아니기에 우리 안에는 아담과 하와와 마찬가지로 하나님 형상의 흔적이 남아 있습니다. 우리의 마음이 목마름과 상실감을 끝없이 경험하는 이유입니다.

이 땅의 수많은 사람들은 수치와 상실을 가리기 위해 각자의 나뭇잎을 동원합니다. 스스로의 힘으로, 자기 방식으로 무화과나무 잎을 내서 가립니다. 그렇게 힘써 추구하는 나뭇잎은 무엇입니까? 오늘날 방식으로 바꿔 말하면 성공입니다. 성공이 무엇입니까? 돈 많이 벌어 원하는 일을 마음껏 하면서 사는 것 아닙니까? 사람들이 왜 돈을 좋아할까요? 돈이 주는 편리함을 누리고 싶어서이기도 하지만 궁극적인 이유는 돈으로 수치를 가릴 수 있다고 생각하기 때문입니다. 사람들은 할 수만 있다면 돈으로 수치를 가리고 상실을 만회하고 싶어 합니다.

분수에 넘치는 큰 차나 외제차를 타고 다니는 것도 마찬가지입니다. 우리는 좋은 차를 나뭇잎으로 삼지 말아야 합니다. 좋은 차를 타고 다니면서 이 사회가 나를 다르게 대할 것이라고 기대하지 말라는 뜻입니다. 성공을 겉으로 드러내 보임으로써 자기 삶의 실체를 가리고 영혼의 상실을 채우려고 하지 말아야 합니다. 그렇게 해본들 안 됩니다.

조국 사회가 제일 좋아하는 것은 명예 같습니다. 명예에다 겸손까지 더해지면 최고입니다. 그런 분들은 '나는 절대로 내가 부자라고 말 안 했어. 옷도 수수하게 입고 차도 적당하게 타고 다니면서 전혀 티 안 냈어'라고 생각합니다. 그러다가 누군가 알아주면 정말 기뻐합니다. 누구나 남들이 알아주고 박수해주고 인정해주는 명예로운 인생을 살고 싶어 합니다.

그 이유가 무엇입니까? 자신의 수치가 가려진다고 생각하기 때문입니다. 사람들로부터 찬사와 인정을 받으면 자신의 결핍과 수치의 문제가 치유되는 양 착각하는 것입니다. 죄 아래 태어난 우리 안에는 수치와 상실, 상함 등이 존재합니다. 이것들은 자꾸 가려야만 하는 무언가가 아니라 우리에게 궁극적인 본향이 어디인지 가르쳐주는 매우 중요한 것입니다.

그런데 우리는 자꾸 세상 것들로 가리려 합니다. 그러다 보니 방향을 잃어버립니다. 삶의 진실한 가치와 본질, 영광을 잃어갑니다. 감추려고만 해서는 안 됩니다. 그러면 우리를 부르시는 하나님의 음성에 반응하지 못하게 됩니다. 인생은 한마디로 요약하면 '수치와 상실을 나뭇잎으로 가리려는 수고'와 같습니다.

인생을 살다보면 느끼겠지만 어디 다 가려집니까? 원하는 돈 많이 번다고 만족이 됩니까? 대부분 사람들은 원하는 만큼 못 벌고 죽습니다. '돈이 더 있으면 진짜 좋을 텐데' 하고 생각하다가 죽습니다. 돈이 어느 정도 있고, 명예도 있고, 배우자도 잘 만나 자식들 번듯하게 잘 키우고, 이혼이 흔한 조국 땅에서 떡두꺼비 같은 손자와 손녀를 잘 보며 사는 분에게 "만족스럽고 행복하십니까?"라고 물어보십시오. 남들이 보면 다 부러워할 만한 자리인데도 마음의 중심이 채워지지 않는 것을 똑같이 느끼고 있을 것입니다. 아무리 남들이 "인생은 저렇게 살아야 해"라고 박수를 치며 말해준다 해도 가슴 한가운데는 '이게 아닌데' 하는 상실과 수치가 그대로 있습니다.

나뭇잎으로 가려지지 않습니다. 설혹 가려지는 것 같아도 바깥으로는 보이지 않을 뿐 내면은 여전히 깨진 상태에 머물러 있고 내면의 중심에는 여전히 상실과 수치가 있습니다. 깨지고 상한 중심이 치료되고 내면의 변화가 일어나지 않으면 진정한 만족은 있을 수 없습니다.

저는 정말 죽었다 깨어나도 만날 수 없을 좋은 여자와 결혼했습니다. 하나님이 제게 딱 맞는 짝을 주셨다고 믿고 있습니다. 그렇지만 만족은 없습니다. 결손가정에서 컸기에 '좋은 가정을 꾸리면 생이 얼마나 행복할까?' 생각하며 젊은 시절을 보냈고 아내를 만났을 때는 '저 사람이 아니면 내 인생은 너무 불행할 것 같다'는 마음으로 하나님 앞에 절박하게 기도하면서 결혼해 가정을 꾸렸고, 30년 넘게 하나님의 은혜로 잘 살고 있습니다. 그렇지만 결혼이 내 문제를 해결하기에는 충분하지 않다는 사실을 늘 보게 됩니다.

인생을 살아가면서 정말 그렇지 않습니까? 세상이 말하는 성공, 모두가 부러워하는 성취를 거머쥐거나 탁월한 재능을 발휘해 사람들의 찬사를 받는 자리에 가면 우리의 인생이 정말 행복하고 만족스럽게 됩니까? 그렇지 않습니다. 우리는 하나님을 의존하도록 지어졌고 우리 안에는 하나님의 흔적이 남아 있기 때문에 하나님의 공급해주시는 복과 은혜를 의지하지 않고는 절대로 채워지지 않는 삶의 영역이 있습니다.

가인이 아벨을 죽이고 나서 한 일이 무엇입니까? 안전을 담보하기 위해 성을 쌓았습니다. 사람들과의 만남이 제한되기 시작하자 가인의 후손은 예술, 문화, 음악, 역사, 철학을 발전시켰습니다. 그로 인해 온 인류의 문명이 등장했습니다. 하나님을 등지고 하나님 없이 하나님인 것처럼 살고 싶어서, 자신의 안전을 스스로 담보하기 위해 사람이 만들어 낸 것이 문명과 문화인 것입니다.

사람들은 하나님 없이도 충분히 만족스러운 인생을 살 수 있다고 가르쳤습니다. 이를 위해 정치와 법, 제도, 종교 등을 만들었습니다. 그러나 불가능합니다. 가려지지 않습니다. 군부 독재 시대를 지나왔던 세대 사람들은 문민정부가 세워지기를 목마르게 기다렸습니다. 그러나 우리가 보듯이 정치는 대안이 안 됩니다. 정치 체계와 지도자가 바뀌어도 해결되지 않습니다. 무화과나무 잎으로 가리는 격입니다. 가려서 드러나지 않을 뿐이지 속은 똑같기 때문입니다. 사람들은 하나님 없이 스스로 문제를 해결하려고 하지만 스스로 안 됩니다. 하나님 앞에 와야 합니다.

죄의 결과_ 두려움과 죄책감

"그들이 그 날 바람이 불 때 동산에 거니시는 여호와 하나님의 소리를 듣고 아담과 그의 아내가 여호와 하나님의 낯을 피하여 동산 나무 사이에 숨은지라"(창 3:8).

범죄한 결과 아담과 하와는 하나님을 피해 숨었습니다. 무엇 때문에 숨었습니까? 창세기 3장 10절은 "내가 동산에서 하나님의 소리를 듣고 내가 벗었으므로 두려워하여 숨었나이다"라고 기록하며 그 이유를 밝힙니다. 이처럼 죄는 사람들의 마음에 두려움과 죄책감을 가져옵니다. 아무리 문제를 스스로 해결하려고 노력해도 사람은 마음에 있는 죄책감과 그 죄책감으로 인한 두려움을 이길 수 없습니다.

많은 사람들이 자신은 하나님을 믿지 않는다고 말합니다. 하나님이 정말 살아 계신다고 말해줘도 "상관없어. 어쨌건 난 안 믿을 거야"라고 당차게 답합니다. 하나님 없이 얼마든 살아낼 것처럼 큰소리를 뻥뻥 칩니다. 그러나 죄에 대한 인식과 그로 인한 두려움은 떨쳐내지 못합니다. 그것이 인간의 실존입니다.

그런데 더 비참한 것이 있습니다. 죄를 인식하고 그 죄책감에서 비롯된 두려움에 빠지는 것보다 더 큰 비극이 있다는 것입니다. 그것이 무엇입니까? 죄를 깨닫고 죄책감과 두려움을 느낄 때 사람들이 택하는 길은 피하고 숨는 것이라는 사실입니다. 이것이 인생의 가장 큰 비극과 슬픔입니다.

하나님은 사람 속에 흔적을 남겨놓고 사람들을 그분의 품으로 부르십니다. 사람들은 그 흔적들로 말미암아 죄를 인식하고 하나님 앞에서 죄책감을 느끼게 됩니다. 그런데 하나님에 대한 두려움이 생길 때마다 사람들이 하는 일은 무엇입니까? 피하고 숨습니다. 하나님께로 가려고 하지 않습니다.

그런데 한번 보십시오. 피해집니까? 나무 뒤에 하나님이 안 계십니까? 동산 전부가 하나님의 것입니다. 아담과 하와는 동산에서 쫓겨났지만 온 세상이 하나님의 것입니다. 하나님이 안 계신 곳이 없기에 하나님 앞에서 숨는 것은 불가능한 일입니다. 그럼에도 불구하고 사람들은 할 수만 있으면 피해 숨으려고 합니다.

지금 온 세계가 겪고 있는 슬픔 중 하나는 자살 폭탄 테러입니다. 도대체 무엇을 정당화하려는 것인지 모르지만 폭탄을 짊어지고 나가 자기도 죽고 남도 죽이는 데 자기 생명을 아낌없이 쏟아붓습니다. 이런 끔찍하고 비극적인 일이 세계 곳곳에서 자행되고 있습니다. 이처럼 사람들은 자폭을 감행할 만큼 모든 일을 주저하지 않고 합니다. 그런데 사람들이 유일하게 하지 않는 일이 있습니다. 바로 하나님에게로 돌아가는 것입니다.

자신이 생각하는 구원을 얻을 수 있다면 물불 가리지 않고 무슨 일이든 하지만 '참된' 구원을 주신다는 하나님 앞으로는 가려고 하지 않습니다. 부모들은 자식을 위해 아무것도 아까워하지 않습니다. 밤 12시가 넘어 학원이 끝나면 아이를 데리러 갑니다. 다음 날 새벽이면 아이를 등교시키려고 밥을 짓습니다. 이 모든 일을 불평 하나 없이 합니다.

그런데 주님께 드리는 헌신에 대해서는 인색합니다. 얼마나 고생하며 수고하는지를 누군가 알아주지 않으면 못 견뎌합니다. 다른 것은 다 하면서 하나님 앞에 돌아가는 일은 죽어도 안 하려 합니다. 이것이 인생의 제일 큰 비참과 불행입니다.

하나님께 돌아갔다고 생각하는 순간조차도 성경이 말하는 하나님이 아니라 자기가 원하는 하나님을 만듭니다. 자기 욕망을 마음껏 휘두르며 살 수 있도록 용인해주는 존재로 삼습니다. 하나님을 등지고 자기가 하나님처럼 되려고 했던 아담과 하와처럼, 하나님께로 돌아왔다고 여기는 순간조차도 하나님 앞에 서는 것이 아니라 내가 만든, 내 마음대로 조작할 수 있는 어떤 신 앞에 서고 싶어 할 뿐입니다.

기억하십시오. 사람은 하나님 없이 절대로 행복할 수 없도록 지어졌습니다. 그것이 우리의 존재입니다. 하나님 없이는 삶이 삶다울 수 없습니다. 하나님을 의지하고 하나님에게 순종하며 그분이 베푸시는 복과 은혜를 누리지 않고는 세상 그 무엇을 성취하고 소유한다 해도 진정한 만족을 느낄 수 없습니다.

주님에게로 가야 하는데, 사람들은 하나님을 오해하고 하나님에 대한 거짓말을 선택합니다. 구원과 복락을 주시는 유일한 분 하나님에게만은 돌아가지 않으려 합니다. 성경이 우리에게 가르치는 하나님은 어떤 분입니까? "수고하고 무거운 짐 진 자들아 다 내게로 오라 내가 너희를 쉬게 하리라"(마 11:28)고 말씀하며 우리를 초대하시는 분입니다. 하나님 없는 삶이 얼마나 고통스럽고 고단한지 그분은 다 아십니다.

이 말씀은 제가 매우 좋아하는 본문인데 만약 제가 성경을 번역하는 학자였다면 그 앞에 인칭대명사 '너희'를 넣었을 것입니다. 하나님은 아무도 구별하거나 차별하지 않으십니다. 돈이 많든, 지위가 높든, 인맥이 넓든 그중 무엇 하나도 중심에 놓지 않고 "수고하고 무거운 짐 진

자들아 다 내게로 오라 내가 너희를 쉬게 하리라"고 말씀하십니다. 땅에 사는 모든 인생, 하나님을 떠나 하나님 없이 살아가는 모든 인생을 향해 누구도 배제하지 않고 "다 내게로 오라"고 초대하십니다.

또한 이사야 55장 1-2절은 "오호라 너희 모든 목마른 자들아 물로 나아오라 돈 없는 자도 오라 너희는 와서 사 먹되 돈 없이, 값 없이 와서 포도주와 젖을 사라 너희가 어찌하여 양식이 아닌 것을 위하여 은을 달아 주며 배부르게 하지 못할 것을 위하여 수고하느냐 내게 듣고 들을지어다 그리하면 너희가 좋은 것을 먹을 것이며 너희 자신들이 기름진 것으로 즐거움을 얻으리라"고 말합니다.

하나님은 풍성한 자리로 우리를 초대하십니다. 폭탄을 짊어지고 뛰어들어야 한다고 말씀하지 않으십니다. 아무 자격도, 아무 조건도 요구하지 않으시고, 자기의 수치와 상실을 알게 되었다면 죄책감과 두려움을 갖고 하나님에게로 돌아오기만 하라고 초대하십니다. 그런데 사람들은 그것 하나를 안 하려고 합니다.

하나님의 마음을 가장 잘 드러내주는 비유가 탕자의 비유입니다. 탕자는 아버지의 마음을 너무 아프게 하고는 돈을 다 가져다가 허랑방탕하게 탕진했습니다. 비참한 자신의 모습을 깨닫고는 집에 돌아오기를 결단하며 탕자는 자기 자신에게 이렇게 말했습니다.

"내 아버지에게는 양식이 풍족한 품꾼이 얼마나 많은가 나는 여기서 주려 죽는구나 내가 일어나 아버지께 가서 이르기를 아버지 내가 하늘과 아버지게 죄를 지었사오니 지금부터는 아버지의 아들이라 일컬음을 감당하지 못하겠나이다 나를 품꾼의 하나로 보소서 하리라"(눅 15:17-19).

그러면서 아버지께로 돌아왔습니다. 언제 돌아올지도 모르는 아들을 얼마나 기다렸던지 아버지는 아들의 모습을 보자마자 그 먼 거리를 버선발로 뛰었습니다. 끌어안고, 입 맞추고, 좋은 옷을 입히고, 가락지를 아들 손가락에 끼웠습니다. 가락지는 가옥을 비롯한 모든 유산을 상속한다는 후계자의 증표입니다.

탕자의 비유에서 볼 수 있듯 사람은 하나님에게로 돌아가야 존귀와 참된 영광과 풍요와 의를 얻을 수 있습니다. 하나님에게로 돌아가서 하나님과 바른 관계 안에 머물러야 학문도 의미가 있고 예술과 음악도 의미가 있습니다. 사람의 영혼을 만지시는 하나님의 부드러운 음성을 담아내고 세상 어디에도 없는 하나님의 존영과 영광을 선율로 표현하는 그 일을 누가 할 수 있습니까?

바로 성도들입니다. 주님 앞에 서야 비로소 자기 자신을 찾으며 제대로 된 기능과 역할을 할 텐데 어리석게도 많은 사람들이 하나님께 가지 않고 세상 가치에 젖어 인생을 낭비하며 살아갑니다.

진정한 해결책, 하나님과의 만남

어떻게 살고 있습니까? 하나님을 만나셨습니까? 교회에 얼마나 오래 다녔는지를 묻는 것이 아닙니다. 하나님 아버지를 만난 적이 있습니까? 어려서부터 평생 동안 갖고 있던 수치와 상실, 죄책감, 두려움을 하나님과의 만남 안에서 해소한 경험이 있습니까? 그래서 내 안의 무언가를 가리지 않아도 영혼이 자유를 누리고 영광을 보고 있습니까? 이것이 바로 기독교입니다. 이렇게 믿어야 제대로 믿는 것입니다. "믿는다"고 말만 하면 믿는 게 아니라 눈이 열려 이렇게 주님을 사랑하고 알아가야 참 신앙이라고 할 수 있습니다.

한 사람, 한 사람의 영혼 속에 이처럼 귀한 은혜, 하나님 앞으로 돌아가는 영광스러운 복이 임하기를 원합니다. 더 나아가 세월이 갈수록 하나님을 더 깊이 만나고 하나님에게서 공급되는 존영을 더 깊이 알아갈 수 있기를 기도합니다.

화종부 목사의
우리의
죄,
하나님의
구원

―

"여자가 그 나무를 본즉 먹음직도 하고 보암직도 하고 지혜롭게 할 만큼 탐스럽기도 한 나무인지라 여자가 그 열매를 따먹고 자기와 함께 있는 남편에게도 주매 그도 먹은지라 이에 그들의 눈이 밝아져 자기들이 벗은 줄을 알고 무화과나무 잎을 엮어 치마로 삼았더라 그들이 그 날 바람이 불 때 동산에 거니시는 여호와 하나님의 소리를 듣고 아담과 그의 아내가 여호와 하나님의 낯을 피하여 동산 나무 사이에 숨은지라 여호와 하나님이 아담을 부르시며 그에게 이르시되 네가 어디 있느냐 이르되 내가 동산에서 하나님의 소리를 듣고 내가 벗었으므로 두려워하여 숨었나이다 이르시되 누가 너의 벗었음을 네게 알렸느냐 내가 네게 먹지 말라 명한 그 나무 열매를 네가 먹었느냐 아담이 이르되 하나님이 주셔서 나와 함께 있게 하신 여자 그가 그 나무 열매를 내게 주므로 내가 먹었나이다 여호와 하나님이 여자에게 이르시되 네가 어찌하여 이렇게 하였느냐 여자가 이르되 뱀이 나를 꾀므로 내가 먹었나이다"(창 3:6-13).

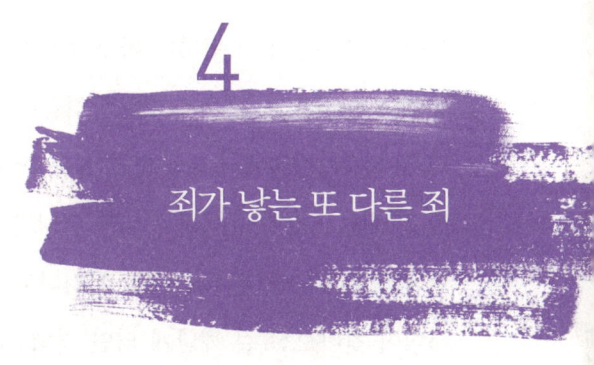

4 죄가 낳는 또 다른 죄

숨어 있는 우리를 먼저 찾으시는 하나님

창세기 3장을 살펴보면서 기독교의 가장 중요한 개념 중 하나인 죄에 대해 생각해봤습니다. 죄가 무엇입니까? 죄는 하나님의 말씀을 거절하는 것, 말씀을 깨뜨리는 것, 하나님의 성품을 불신하는 것입니다. 하나님의 하나님 되심을 부정하면서 스스로 하나님처럼 살려는 경향을 죄라고 할 수 있습니다.

죄가 사람의 삶 속에 들어오자 어떤 결과가 펼쳐졌습니까? 사람들은 하나님의 영광을 상실함으로써 생겨난 수치를 인식하기 시작했습니다. 하나님의 형상에 따라 지음받았지만 죄로 인해 자신을 감싸던 하나님의 영광이 사라진 것을 깨달으며 수치를 느끼게 된 것입니다. 아무런 고민거리가 없어 보이는 사람이라도 가까이 들여다보면 수치에 대한 인식이 있음을 보게 됩니다 아무리 많은 것을 소유하고 성취해도 수치에 대한 인식으로 끝없이 아픔을 겪습니다.

사람들은 상실에서 비롯된 수치를 어떻게 처리하고자 합니까? 우선 그 문제를 스스로 풀어내고 싶어 합니다. 그래서 나뭇잎으로 자신을 가립니다. 다 가려지지 않는데도 가리려고 애씁니다. 그렇게 애쓰다가 하나님이 찾아오신 걸 깨닫게 되면 죄책감과 두려움에 빠집니다. 열심히 수치를 가렸는데도 하나님이 인식되면 그 죄책감을 떨쳐내지 못해 두려움을 갖는 것입니다. 그래서 아담과 하와가 피하고 숨었습니다.

그런 그들에게 하나님은 어떻게 하셨습니까? 내버려두지 않고 먼저 찾아오셨습니다. 기독교가 힘주어 선포하는 메시지 중 하나는 "우리가 하나님을 찾기 전에 하나님이 먼저 우리를 찾아오셨다"는 것입니다. 우리는 죄를 인식하면서 하나님을 피하고 숨지만 하나님은 우리를 내버려두지 않고 우리보다 먼저 우리를 찾아와 만나주십니다.

"여호와 하나님이 아담을 부르시며 그에게 이르시되 네가 어디 있느냐"
(창 3:9).

하나님은 아담과 하와를 먼저 찾아오셨습니다. 죄를 깨닫고 두려움에 휩싸여 나무 뒤에 숨어버린 사람을 하나님이 먼저 찾으셨습니다. 이것이 기독교입니다. 기독교는 언제나 "사람이 무엇을 해야 하는가?"보다 "하나님이 우리를 위해 무슨 일을 하셨는가?"를 우선적으로 강조합니다. 우리는 하나님이 우리를 위해 먼저 행하신 일에 주목해야 합니다.

아담과 하와를 먼저 찾아오신 하나님은 "네가 어디 있느냐?"라고 물으셨습니다. 다들 알다시피 이 말은 "아담아, 네가 너무 잘 숨어서 아무리 찾아도 못 찾겠다"는 뜻이 아닙니다. 나무 뒤에 숨든 나무 사이에 숨든 하나님이 못 보실 리가 없습니다. 그런데도 하나님은 "네가 어디 있느냐?"라고 아담을 부르며 그를 초대하십니다. 어디로 초대하시는 것입니까? 각성된 영을 갖고, 열린 눈을 갖고 하나님을 선택해서 나오라고 말씀하신 것입니다.

이처럼 하나님은 먼저 찾아와 우리를 불러주십니다. 인격과 삶을 중심에 담아 하나님 앞에 나오도록 부르십니다.

"볼지어다 내가 문 밖에 서서 두드리노니 누구든지 내 음성을 듣고 문을 열면 내가 그에게로 들어가 그와 더불어 먹고 그는 나와 더불어 먹으리라"(계 3:20).

우리가 문을 열지 않으면 하나님이 못 들어오십니까? 부활하신 예수님은 제자들이 문을 걸어 잠근 채 모여 있던 집 안으로 통과해 들어오셨습니다(요 20:19). 하나님에게는 문 여는 것이 일도 아닙니다. 얼마든지 열고 들어가실 수 있는데도 하나님은 문 밖에 서서 두드리십니다. 이것이 기독교입니다.

간혹 부흥사들이나 간증자들의 이야기를 들어보면 "이 세상 좋다고 따라다니다가 하나님께 크게 맞고 돌아왔습니다"라는 말을 한 번씩 듣게 됩니다. 하나님은 오래 참으시지만 끝까지 돌이키지 않으면 매를 들어서라도 돌이키게 하십니다. 그것은 틀림없는 사실입니다. 그러나 그것을 보편적인 원리로 생각해서는 안 됩니다.

사람은 하나님의 형상을 따라 지어진 매우 존귀한 존재입니다. 사람과 같은 피조물은 이 땅 어디에도 없습니다. 그 영광과 존귀와 아름다움은 형용할 길이 없습니다. 그러므로 매를 대서 기필코 어떤 자리에 데려가시는 야만적인 방법이 하나님의 주된 방법이라고 생각할 수 없습니다.

하나님은 문 밖에 서서 두드리며 "네가 어디 있느냐?" 하고 물으시는 분입니다. 안 보여서가 아니라, 문을 열 수 없어서가 아니라 우리가 각성한 심령을 갖고 전인격적으로 하나님 앞에 나오기를 간절히 원하기 때문에 우리를 초대하고 기다리시는 것입니다.

아담의 응답, 무엇이 문제였는가?

하나님이 우리를 부르실 때는 전인격을 담아 그 부르심에 응하십시오. 그것이 복입니다. 자기 방식으로 문제를 해결하며 스스로를 구원하려고 하지 마십시오. 죄책감과 두려움에 사로잡혔다고 나무 뒤에 숨어서는 안 됩니다. 어리석게도 사람들은 하나님이 생명의 길을 열어주셨는데도 그 길만 빼고 모든 것을 하려고 합니다.

정말 연약한 인생입니다. 벌거벗은 그대로 하나님의 초대에 응하기만 하면 되는데, "네가 어디 있느냐?"라고 하나님이 부르실 때 전심으로 반응하고 나가기만 하면 되는데, 사람들은 온갖 대가를 지불하면서 자기만의 방식으로 뭔가를 하려고 합니다. 하나님의 초대에 인격을 담아 응하려 하지 않습니다.

사람은 자기 문제를 스스로 해결할 수 있는 존재가 아닙니다. 살면서 많이 느끼지 않습니까? 누군가의 도움이 없으면 살 수 없는 존재입니다. 배우자의 도움이 필요하고 자녀와 부모의 도움이 필요합니다. 서로를 의지하고 하나님의 공급을 함께 바라봐야 삶이 삶다워집니다. 그것이 우리네 인생입니다.

우리는 스스로 문제를 해결하려고 애쓰며 시간을 끌어서는 안 됩니다. '하나님이 우리를 부르시는구나. 우리 심령에 노크하시는구나'라고 느껴진다면 마음의 중심을 다해 "제가 여기 있습니다. 말씀하옵소서"라고 반응해야 합니다. 하나님이 먼저 찾아와 부르실 때 아담은 어떻게 반응했습니까?

> "이르되 내가 동산에서 하나님의 소리를 듣고 내가 벗었으므로 두려워하여 숨었나이다"(창 3:10).

아담의 대답이 맞습니까, 틀립니까? 맞는 것 같은데 틀렸습니다. 벗었으므로 두려워 숨었다는 아담의 말은 정직한 것 같습니다. 하지만 사실 그는 거짓을 말한 것입니다. 어떻게 해야 바른 반응이었을까요? 하나님은 문제의 핵심을 딱 가리키며 그리로 데려가셨습니다.

"이르시되 누가 너의 벗었음을 네게 알렸느냐 내가 네게 먹지 말라 명한 그 나무 열매를 네가 먹었느냐"(창 3:11).

하나님은 "누가 너의 벗었음을 네게 알렸느냐"고 하면서 "내가 네게 먹지 말라 명한 그 나무 열매를 네가 먹었느냐"라고 핵심을 짚어 물으셨습니다. 아담의 대답과 주님의 반응을 보면서 우리는 아담의 말이 정직한 것 같지만 부정직하고 맞는 대답인 것 같지만 잘못된 대답인 것을 유추할 수 있습니다.

죄를 축소했다

어떤 면에서 아담이 잘못된 대답을 했습니까? "벗었으므로 두려워 숨었습니다"라는 대답은 일부 사실이지만 핵심을 비껴난 것입니다. 지금 아담에게 있는 문제의 핵심은 '하나님이 하지 말라고 하신 일을 한 것'입니다. 하나님이 금지하신 일을 했기 때문에 수치와 두려움, 죄책감이 밀려온 것인데 아담은 문제의 핵심을 뒤로 싹 빼놓고 덜 중요한 것, 덜 부끄러운 것을 내밀며 "내가 벌거벗어서 부끄러워 숨었다"고 죄를 축소했습니다.

죄가 들어온 이후 아담의 후손인 우리도 늘 이렇습니다. 죄를 인정해야 할 자리에 서게 되면 언제나 상대적으로 작은 죄, 상대적으로 덜 부끄러운 죄, 상대적으로 주변적인 죄를 이야기하며 얼버무립니다. '그럴 수 있지' 할 만한 죄를 슬쩍 말하고서 진짜 죄는 뒤로 감춥니다. 그러다 보니 하나님과 인격적으로 만나지 못합니다. 늘 감추고 체면 차리느라 일정한 부분을 남겨놓습니다.

"네가 어디 있느냐"라고 부르시는 하나님 앞에서 벌거벗은 상태로 "하나님, 제가 하나님이 하지 말라고 하신 일을 했습니다"라고, 진짜 해야 할 말을 한 적 있습니까? 신앙생활을 한다고 고백하는 많은 사람들이 아담처럼 하나님께 반응합니다.

진짜는 다 뒤에 감춰놓고 상대적으로 덜 부끄러운 것, 덜 중요하고 덜 핵심적인 것, 체면이 덜 깎일 만한 것을 하나님 앞에 슬쩍 갖다놓습니다. 그런 우리에게 하나님은 손가락으로 딱 짚어서 "네 문제는 그것이 아니다. 벗어서 부끄러운 것이 문제가 아니란다. 내가 하지 말라는 일을 했구나"라고 말씀하십니다.

죄를 직시하지 않았다

아담의 대답에는 두 번째 문제가 있었습니다. 맞는 것 같지만 맞지 않았던 아담의 반응에서 또 하나의 문제는 무엇이었을까요? 하나님은 두려워해야 하는 원인을 직시하게 하셨습니다. 벌거벗었기에 두려운 것이 아니라 죄를 지었기에 두려워서 하나님 앞에 나아갈 수 없다고 말해야 함을 가르치셨습니다. 밧세바를 취한 다윗은 자신의 죄를 깨닫게 되자 시편 51편에서 이렇게 고백했습니다.

"내가 주께만 범죄하여 주의 목전에 악을 행하였사오니"(시 51:4).

"제가 사람을 죽였습니다, 제가 밧세바를 취했습니다"라고 말하지 않고 "제가 하나님께 죄를 지었습니다"라고 고백했습니다. 돌아온 탕자는 "내가 하늘과 아버지께 죄를 지었사오니"(눅 15:21)라고 고백했습니다. 이것이 죄 지은 인생의 마땅한 고백이어야 합니다. 하지만 지금 아담은 "하나님께 죄를 지었다, 하나님의 마음을 아프게 했다, 하나님을 대적했다"는 점을 언급하지 않고 "벌거벗었기에 부끄러워서 하나님 앞에 못 나가고 있다"라고 말합니다.

신앙이 무엇입니까? 하나님 앞에 자신의 윤리적인 허물, 도덕적인 실패, 인격적인 결함 등을 고백하는 것입니까? 아닙니다. 물론 윤리 도덕적인 차원의 잘못도 나쁜 것이지만 일차적으로는 하나님께 죄를 지었기에 자신이 악한 자라고 고백하는 것입니다. 하나님 앞에서 벌거숭이처럼 자신을 다 드러내놓고 이처럼 시인해본 적이 있습니까?

하나님은 나무 뒤에 숨은 아담을 찾을 수 없어서 "아담아, 네가 어디 있느냐?" 하고 물으신 것이 아닙니다. 문을 열어주지 않으면 못 들어가기 때문에 문 밖에서 두드리시는 게 아닙니다. 하나님은 우리가 우리의 인격과 중심을 담아 그분 앞으로 나아가 "하나님, 저는 악한 자입니다. 저는 다 망가지고 깨졌습니다"라고 진실한 고백을 쏟아놓기 원하십니다. 그러하기에 우리를 초대하고 기다리며 문을 두드리시는 것입니다.

하나님 앞에 일대일로 서서 "하나님, 하나님이 싫어하시는 일을 제가 했습니다"라고 고백하며 그분을 만난 적 있습니까? 아무리 놀라운 종교 체험을 했더라도 이런 일이 없다면 성도가 아닙니다. 100% 확신하며 말할 수 있습니다. 하나님을 그렇게 만난 적 없는 사람이라면 성도가 아닙니다.

벌거숭이인 채로 하나님 앞에 서서 우리의 끝없이 이기적이고 자기중심적인 자아와 수치, 두려움, 죄를 인정하면 어떻게 됩니까? 마귀는 우리 안에 있는 존엄과 아름다움이 절대로 회복되지 않을 것처럼 참소를 해대지만 우리가 모두 경험으로 알고 있듯 하나님은 그분 앞에 벌거벗은 우리를 가려주십니다. 그리고 우리는 비로소 참된 자유를 누리게 됩니다.

우리가 나뭇잎으로 가린다고 가려지는 게 아니라 하나님이 가려주셔야 진짜 가려지는 것입니다. 하나님 앞에 그렇게 서본 사람은 다른 사람을 대할 때에도 인격과 인격으로 만날 수 있습니다. 체면에 손상이 갈 만한 것은 말하지 않고 체면에 도움이 될 만한 것만 끄집어내어 만남을 갖는 게 아니라 인격과 인격이 만나 교통하는 복을 제대로 누립니다. 바로 이것이 성도들의 만남이요, 교회 공동체입니다.

교양 있게 서로 기분 좋은 이야기만 주고받다가 끝나는 모임이 아닙니다. 우리는 아무리 꾸미거나 감추려 해도 내면의 참 모습을 드러낼 수밖에 없습니다. 모태에서부터 죄인으로 태어났기 때문입니다. 하나님 앞에 있는 모습 그대로 서서 그분이 가려주시는 복을 누릴 때 비로소 우리는 참다운 삶을 살게 됩니다.

죄 아래 살아가는 인생의 삶의 방식, 남 탓

하나님은 벌거벗어서 부끄러워 숨었다고 말하는 아담에게 한 번 더 기회를 주셨습니다. "내가 네게 먹지 말라 명한 그 나무 열매를 네가 먹었느냐"(창 3:11)라고 반문하며 아담을 기다리신 것입니다. 그때라도 하나님께 "네, 먹지 말라고 하셨던 그 열매를 제가 먹었습니다"라고 고백했다면 얼마나 좋았을까요? 하지만 이미 다 알고 계신 하나님께 아담과 하와가 어떻게 반응했는지 보십시오.

"아담이 이르되 하나님이 주셔서 나와 함께 있게 하신 여자 그가 그 나무 열매를 내게 주므로 내가 먹었나이다 여호와 하나님이 여자에게 이르시되 네가 어찌하여 이렇게 하였느냐 여자가 이르되 뱀이 나를 꾀므로 내가 먹었나이다"(창 3:12-13).

"여자 그가 그 나무 열매를 내게 주므로 내가 먹었나이다!" 한마디로 남 탓을 했습니다. 영어 성경에는 "The woman you put here with me"라고 되어 있습니다. 하나님이 자신에게 턱 던져놓으신 여자, 언제 달라고 말씀드린 적도 없는데 하나님이 데려와서 나와 함께 살도록 만들어놓으신 여자가 자신을 꾀었기에 하나님이 금하신 열매를 먹게 되었다고 답합니다.

하나님은 다시 하와에게 물으셨습니다. "네가 어찌하여 이렇게 하였느냐?" 그러자 하와는 "뱀이 나를 꾀므로 내가 먹었나이다"라고 뱀 탓을 했습니다. 먹음직도 하고 보암직도 하고 지혜롭게 할 만큼 탐스럽기도 해서 먹었던 것인데도, 자기가 원해서가 아니라 뱀이 꾀어서 억지로 먹게 되었다고 이야기한 것입니다.

죄가 들어온 이후 세상을 살아가는 사람들의 삶의 방식은 바로 '남 탓'입니다. 주례를 할 때 신랑, 신부의 얼굴을 보면 천하를 다 가진 것만 같습니다. 어떤 불행이 와도 배우자와 함께라면 이겨낼 수 있다는 확신이 가득합니다. 하지만 모두들 경험해봤듯 그러다가 싸우면 어떻게 됩니까? "너 때문에!"라고 말하지 않습니까?

간혹 "내 탓입니다"라고 말하는 사람들이 있기는 합니다. 하지만 대부분은 건강한 발언이라기보다 정서적으로 장애를 겪는 이들이 자책하며 내뱉는 말인 경우가 많습니다. 오히려 "당신 탓이 아닙니다"라고 말해주고 싶은 사람들입니다. 정말 하나님 앞에 서서 "제가 하나님 앞에 죄를 지었습니다"라고 말하는, 건강한 '내 탓'이 오늘날 절실합니다.

많은 사람들이 나쁘게 말하면 안 듣고 좋게 말하면 듣습니다. 늘 상대를 탓합니다. "나는 들을 준비가 다 되어 있는데 당신이 나쁘게 말하니까 못 듣는 것이다. 그러니 당신이 먼저 바꿔라." 이것이 세상을 살아가는 사람들의 삶의 방식입니다. 남의 탓입니다.

아담이 "하나님이 주셔서 나와 함께 있게 하신 여자"라고 말할 때 그 '여자' 하와가 누구입니까? 아담에게 "뼈 중의 뼈요 살 중의 살"(창 2:23)입니다. 하나님이 하와를 빚어 아담에게로 이끌어 오실 때 아담은 첫눈에 알아봤습니다. '아, 내 짝이구나!' 그는 춤을 추며 "이는 내 뼈 중의 뼈요 살 중의 살이라" 하고 노래를 불렀습니다. 달리 말하면 하나님이 아담의 뼈와 살점을 떼어내 만드신 존재가 하와라는 것입니다.

하와가 몸에 들어오자 떨어져 나갔던 뼈와 살점이 그대로 다시 붙듯 자신의 몸과 하나 되었다는 그 고백이 들어 있는 표현인 것입니다. 정말 신비롭게도 배우자는 하나님이 내게 주셔서 '또 다른 나'가 되게 하신 존재입니다. 내 몸의 한 부분과 똑같습니다. 그래서 하나님이 "둘이 한 몸을 이룰지로다"(창 2:24)라고 말씀하신 것입니다.

그런데 죄가 들어오자 아담은 무엇이라고 말했습니까? "여자 그가"라고 말했습니다. 나의 또 다른 부분이 배우자인데 나 자신인 배우자를 탓하며 비난했습니다. 하나님이 기대하신 그림은 아마도 이러했을 것입니다. 아담이 "하나님, 제가 그 일을 했습니다. 잘못했습니다"라고 말하면 하와가 "아닙니다, 하나님. 제가 남편에게 먹으라고 줬어요. 제 잘못입니다"라면서 서로 감싸주는 모습 말입니다.

하나님은 오랫동안 기다리고 또 기다리며 기회를 주고 물으시는데도 사람들은 하나님 앞에서 할 수만 있으면 부정합니다. 그러다가 궁지에 몰려서 어떻게든 인정할 수밖에 없는 자리에 가면 남 탓을 합니다. 이것이 죄입니다. 우리 속에는 하나님을 끌어내리고 자기 자신을 하나님처럼 여기면서 하나님조차 판단하려는 죄 된 속성이 있습니다.

하나님을 불신하고 그분의 말씀을 깨뜨리는 데서 더 나아가 틈만 나면 남 탓을 하며 자기를 합리화합니다. 세상 사람들이 세상을 살아가는 방식입니다. 자기중심적이고 이기적입니다. 이런 세상에서 하나님은 우리에게 복음을 가르치십니다. 복음이 무엇입니까? "예수님이 세상에 오셔서 우리의 죄 짐을 대신 짊어지고 형벌을 받아 죽으심으로써 우리의 죄가 용서되었다"는 기쁜 소식입니다.

남에게 책임을 전가하고 자신을 보호해야 자신의 가치를 보존할 수 있다고 여기는 세상에서 하나님은 예수 그리스도의 대속의 신비와 비밀이 담긴 복음을 전하십니다. 죄는 우리가 지었는데… 형벌은 우리가 받아야 마땅한데… 하나님의 아들이 형벌을 받아 우리 대신 죽으셨기에 우리가 살아나게 되었다는 것입니다. 이처럼 너무나 다른 질서가 복음을 통해 우리의 삶에 들어오면서 우리 인생의 가치와 삶의 방식은 변화됩니다.

남 탓을 하고 남에게 문제를 찾아내던 우리가 구주의 대속의 은혜를 만난 뒤 경험하게 되는 중요한 삶의 방식은 무엇입니까? 남 탓이 아니라 '내 탓'이요, '내 허물'입니다. "배우자의 문제가 아닙니다. 부모의 탓이 아닙니다. 제가 살아온 환경의 탓이 아닙니다. 제가 잘못한 것입니다"라고 말하게 되는 것 아니겠습니까?

아담과 하와의 남 탓에 이어 창세기 4장에 가면 끔찍한 사건이 일어납니다. 가인이 아벨을 죽여버린 것입니다. 가인은 시기심과 질투심으로 끝없이 아벨을 비난하며 아벨 탓을 하다가 기회가 오자 아벨을 죽였습니다. 남을 탓하고 비난하다가 살인까지 하게 된 것입니다. 이것이 바로 우리가 살아가는 이 세상의 기본 질서 아닙니까? 창세기 4장 후반부를 보면 라멕이라는 가인의 후손이 등장합니다. 라멕은 아내들을 불러

놓고 이렇게 말했습니다.

"라멕의 아내들이여 내 말을 들으라 나의 상처로 말미암아 내가 사람을 죽였고 나의 상함으로 말미암아 소년을 죽였도다"(창 4:23).

내가 상처를 입으면 상대를 죽여버립니다. "상대가 내게 상처를 줬으니 나이가 어떠하든 상관없이 죽였다"는 이야기를 아내들에게 하고 있는 것입니다. 우리는 어떻습니까? 우리 역시 어리석게 남 탓을 일삼으며 이 땅을 살아가고 있지는 않습니까?

성도의 새로운 삶의 방식, 내 탓

"내가 아니라 저 여자 때문에 먹었습니다", "내가 아니라 뱀 때문에 먹었습니다." 우리는 원초적으로 남 탓이나 하고 핑계 대고 책임을 회피하려고만 하는 존재입니다. 그러나 예수 그리스도의 대속의 은혜를 아는 사람이라면 "제가 죄인입니다. 제가 잘못했습니다"라고 말할 뿐 아니라 한 걸음 나아가 남 탓과 책임 전가가 난무하는 이 세상 속에서 나와 피 한 방울 섞이지 않고 아무런 이해관계가 엮이지 않은 누군가의 고난을 보면서 "하나님, 제 죄입니다. 저 사람이 겪는 질고와 불행과 아픔은 그와 한 몸으로 연결된 제게도 기필코 영향을 미칠 것이므로 하나님, 제 죄와 허물을 용서해주십시오" 하고 중보기도를 할 수 있어야 합니다.

그 일이 가능한 사람은 성도밖에 없습니다. 우리 모두가 그런 눈을 갖고 하나님 앞에 서지 못하면 이 땅은 어디에도 소망과 위로가 없습니다. 성도인 우리가 불신자들과 똑같이 남 탓을 한다면 우리가 사는 이 세상에는 소망이 없습니다. 한 주간을 살면서 자신의 입에서 나온 말들을 한 번 살펴보십시오. "내 잘못입니다. 내가 잘못했습니다. 내 허물입니다. 내 죄입니다." 이런 말입니까? 아니면 "나는 안 하고 싶었는데 누구누구가 하자고 부추겼습니다", "누구 때문에 제가 그렇게 했습니다" 하며 남을 탓하거나 비난하는 말을 했습니까?

내게 작은 불편을 끼쳤다는 이유로 혹은 내 마음이 뒤틀어졌기에 온갖 방식으로 되갚아주려는 어리석은 세상 방식이 우리 안에 그대로 묻어 있지는 않은지 자기 자신을 돌아보시기 바랍니다.

하나님은 세상의 슬픔을 안고 하나님 앞에 기도하도록 우리를 왕 같은 제사장으로 세워놓으셨습니다. 그저 남 탓을 안 하는 정도에 만족하지 마십시오. 이웃의 아픔을 내 아픔으로 여기고 기도하지 않으면 이 땅은 새로워질 수 없습니다. 이처럼 신실한 하나님의 사람으로서 삶을 살아내는 우리가 되기를 바랍니다.

"이르시되 누가 너의 벗었음을 네게 알렸느냐 내가 네게 먹지 말라 명한 그 나무 열매를 네가 먹었느냐 아담이 이르되 하나님이 주셔서 나와 함께 있게 하신 여자 그가 그 나무 열매를 내게 주므로 내가 먹었나이다 여호와 하나님이 여자에게 이르시되 네가 어찌하여 이렇게 하였느냐 여자가 이르되 뱀이 나를 꾀므로 내가 먹었나이다 여호와 하나님이 뱀에게 이르시되 네가 이렇게 하였으니 네가 모든 가축과 들의 모든 짐승보다 더욱 저주를 받아 배로 다니고 살아 있는 동안 흙을 먹을지니라 내가 너로 여자와 원수가 되게 하고 네 후손도 여자의 후손과 원수가 되게 하리니 여자의 후손은 네 머리를 상하게 할 것이요 너는 그의 발꿈치를 상하게 할 것이니라 하시고 또 여자에게 이르시되 내가 네게 임신하는 고통을 크게 더하리니 네가 수고하고 자식을 낳을 것이며 너는 남편을 원하고 남편은 너를 다스릴 것이니라 하시고 아담에게 이르시되 네가 네 아내의 말을 듣고 내가 네게 먹지 말라 한 나무의 열매를 먹었은즉 땅은 너로 말미암아 저주를 받고 너는 네 평생에 수고하여야 그 소산을 먹으리라 땅이 네게 가시덤불과 엉겅퀴를 낼 것이라 네가 먹을 것은 밭의 채소인즉 네가 흙으로 돌아갈 때까지 얼굴에 땀을 흘려야 먹을 것을 먹으리니 네가 그것에서 취함을 입었음이라 너는 흙이니 흙으로 돌아갈 것이니라 하시니라" (창 3:11-19).

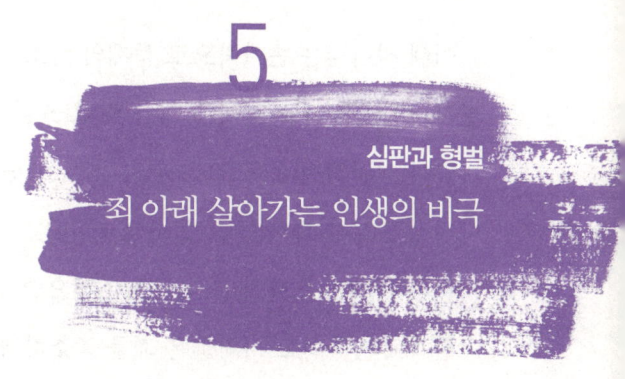

5 심판과 형벌
죄 아래 살아가는 인생의 비극

"네가 어디 있느냐"에 대한 인간의 마땅한 반응

하나님을 향해 죄를 지은 아담과 하와는 곧 수치와 정죄감과 죄책감을 느꼈습니다. 그런 그들이 한 일은 가리고 숨고 도망하는 일이었습니다. 가리고 숨고 도망한 아담과 하와를 향해 하나님은 "아담아, 네가 어디 있느냐" 하고 물으셨습니다. 그분의 품 안으로 초대하신 것입니다. 그런데 두 사람은 참 어리석게도 하나님의 초대에 바르게 응하지 못하고 자신들이 지은 죄를 축소하기에 급급했습니다.

정직하게 "하나님, 하나님이 하지 말라고 하신 일을 제가 했습니다"라고 말해야 하는데 "내가 벌거벗었으므로 부끄러워서 하나님 앞에 갈 수가 없습니다"라며 죄를 축소했습니다.

이때 하나님은 손가락으로 문제의 급소를 찌르면서 "내가 네게 먹지 말라 명한 그 나무 열매를 네가 먹었느냐" 하고 반문하십니다. 그러자 아담이 어떻게 반응했습니까? 아내 탓을 했습니다. 하나님이 하와에게 다시 물으시자 하와는 뱀 탓을 했습니다.

죄의 문제는 회개하고 토설하지 않으면 해결할 수 없는 주제입니다. 그럼에도 불구하고 사람들은 죄를 축소하거나 남 탓을 하며 자기를 보존하려고 합니다. 인생의 질고인 죄의 문제는 합리화하거나 축소하거나 남 탓을 한다고 해소되는 게 아닙니다. 그대로 남아 있을 뿐입니다. 우리는 죄를 하나님 앞에 가지고 나와서 "하나님, 제가 그 일을 했습니다. 제가 죄인입니다"라고 고백해야 합니다. 그래야만 죄의 문제를 다룰 수 있습니다.

인생은 너무나 어리석게도 죄를 축소합니다. 많은 죄 중에서 작은 부분만 들고 나옵니다. 따라서 핵심에서 늘 비껴가고 변두리에 있는 이야기만 하다가 끝냅니다. 아니면 남 탓을 하거나 환경 운운하면서 자기를 보존하려고 합니다. 하나님은 "네가 어디 있느냐" 하고 아담을 부르셨던 것처럼 우리를 부르고 초대하십니다. 지금 어디에 있습니까? 있는 모습 그대로 하나님 앞에 나가 "하나님, 제가 죄인입니다. 제가 악을 행했습니다"라고 자백하며, 기다리고 부르시는 하나님께 전 인격을 담아서 반응하고 있습니까?

안타깝게도 오늘날 많은 사람들이 하나님의 부르심을 받으면서도 죄를 축소하거나 남 탓을 하거나 심지어 기독교라는 이름 뒤에 숨어서 거짓을 행합니다. 오랫동안 교회를 다닌 것은 이루 말할 수 없이 귀한 일입니다. 그러나 하나님 앞에 아무것도 가린 것 없이 서서 "제가 죄인입니다"라고 말한 다음에 자신을 부르고 기다리시는 주님을 만나지 않는다면 아무리 교회를 오래 다녔어도 의미가 없습니다.

우리는 부르고 기다리시는 하나님께 반응해야 합니다. 오래 참고 부르시는 그분의 음성에 반응해야 우리 삶에 진짜 복이 임합니다. 하나님은 여러 번 인내하며 기다리고 초대하셨지만 아담과 하와는 하나님이 기대하시는 회개로 나오지 못했습니다. 그러자 하나님은 그들을 심판하며 형벌을 선언하셨습니다.

하나님은 우리를 향해 오래 참으십니다. 거듭 기회를 주시고 우리를 부르며 기다리십니다. 그러나 끝까지 회개하지 않으면 심판을 면할 수 없습니다. 세상 돌아가는 것을 보면 때로 불의하고 악한 자들이 마땅한 벌을 받기는커녕 의로운 자처럼 여겨지는 것 같습니다. 선하고 바른 자들이 억울하게 누명을 쓰고 질고를 당하기도 합니다. 그래서 사람들은 하나님의 공정한 심판이라는 개념을 잘 받아들이려고 하지 않습니다.

그러나 기억하십시오. 하나님은 반드시 의로운 심판을 하십니다. 그분은 오래 참고 기다리며 우리를 부르시지만 우리가 그 음성에 반응하지 않으면 반드시 심판하십니다. 하나님이 분명히 심판하신다는 살아 있는 표시가 무엇입니까? 역사를 통해 끊임없이 임했던 하나님의 심판이 오늘날 우리에게도 여전히 임하고 있음을 말해주는 산 증거가 무엇입니까?

사람들이 지금도 변함없이 죽고 있다는 것입니다. 성경은 죽음을 가리켜 '태어나고 자라고 죽는' 정상적인 삶의 한 과정이라고 가르치지 않습니다. 사람은 영원을 위한 존재입니다. 죽음은 자연스러운 과정이 아니라 죄에 대한 형벌로 사람의 삶에 주어진 것입니다.

모든 사람이 사망 앞에 굴복하고 있습니다. 하나님은 아담을 부르셨던 것처럼 변함없이 우리를 부르시며 우리가 우리의 죄를 그대로 가지고 나아가 "하나님, 제가 죄인입니다. 제가 악을 행했습니다"라고 회개하며 은혜의 자리로 나아가기를 기다리십니다. 하나님의 오래 참으심을 만홀히 여겨서는 안 됩니다. 하나님이 기회를 주며 충분히 기다리실 때 회개하고 돌이켜야 합니다. 형식적인 종교의 이름으로 자기 허물을 가리는 것은 아무 의미가 없습니다. 주님을 제대로 만나고 바르게 모셔야 진짜입니다.

뱀에게 주어진 형벌

"여호와 하나님이 뱀에게 이르시되 네가 이렇게 하였으니 네가 모든 가축과 들의 모든 짐승보다 더욱 저주를 받아 배로 다니고 살아 있는 동안 흙을 먹을지니라"(창 3:14).

하나님은 아담과 하와에게 심판을 선언하기에 앞서 유혹의 도구로 사용된 뱀에게 형벌을 내리셨습니다. 그런데 하나님은 뱀에게는 묻지 않으셨습니다. 아담과 하와에게는 묻고 기다리셨던 반면 뱀에게는 회개를 촉구하지 않고 곧바로 심판을 선언하셨습니다. 이처럼 사람은 하나님의 눈앞에 보배 같은 존재입니다. 하나님은 사람에게 거듭 기회를 주고 기다리고 초대하십니다. 사람을 향해서는 바로 심판을 명하시지 않습니다.

본문에 등장하는 뱀의 정체는 이중적입니다. 첫째는 짐승으로서의 뱀이고, 둘째는 아담과 하와를 유혹한 마귀입니다. 이 장에서는 짐승인 뱀에 대해서만 다루고 마귀로서의 뱀은 15절을 살피면서 알아보겠습니다.

뱀은 형벌을 받기 전 어떻게 다녔는지 모르겠지만 형벌을 받자 배로 땅을 기어 다니며 흙을 먹게 되었습니다. 여기서 '흙을 먹는다'는 말은 흙을 양식으로 삼게 되었다는 의미가 아니라 배를 땅에 붙이고 다녀야 하기에 흙이 입안으로 들어오게 되었다는 뜻입니다. 가장 지혜로운 창조물 중에 하나였던 뱀에게 낮음과 수치가 형벌로 주어졌습니다.

사람도 마찬가지입니다. 아무리 훌륭한 사람이라도 죄를 지으면 죄의 종이 되고 수치와 낮음을 겪게 됩니다. 신분과 지위가 우리를 존귀하게 하는 것이 아니라 죄에서 구별된 삶이 인간의 존영과 아름다움을 보존합니다.

여자에게 주어진 형벌

임신과 출산의 고통

"또 여자에게 이르시되 내가 네게 임신하는 고통을 크게 더하리니 네가 수고하고 자식을 낳을 것이며 너는 남편을 원하고 남편은 너를 다스릴 것이니라 하시고"(창 3:16).

뱀에게 형벌을 선언하신 하나님은 이제 여자를 향해 형벌을 내리십니다. 원래 하나님은 아담과 하와를 지으시고는 복을 주면서 "생육하고 번성하여 땅에 충만하라, 땅을 정복하라, 바다의 물고기와 하늘의 새와 땅에 움직이는 모든 생물을 다스리라"(창 1:28)고 말씀하셨습니다. 생육하고 번성하는 것은 하나님의 큰 축복이고 사람의 특권이었습니다.

우리 같이 허물 많은 인생이 하나님에게 생명을 받아 낳는 일이란 얼마나 큰 영광입니까! 정말 기적 같지 않습니까? 이처럼 출생은 여자가 땅에서 할 수 있는 최고의 기쁨이요 기여입니다.

그런데 하와가 죄를 지은 후 이러한 하나님의 축복에는 형벌의 요소가 들어왔습니다. 고통이 더해진 것입니다. 아이를 갖는 것 자체가 너무 어려울 뿐 아니라 아이를 가진 순간부터 10개월 동안 온갖 고통을 겪어야 합니다. 게다가 출산 과정은 또 얼마나 고통스럽습니까? 여자가 땅에서 경험할 수 있는 최고의 고통 중 하나입니다. 이것이 여자가 지은 죄에 대한 첫 번째 형벌입니다.

그러나 하나님은 형벌을 명하는 순간에도 자비를 멈추지 않으셨습니다. 출산은 형벌의 요소를 담고 있지만 여전히 하나님의 은혜와 복입니다. 요한복음 16장 21절에는 "여자가 해산하게 되면 그 때가 이르렀으므로 근심하나 아기를 낳으면 세상에 사람 난 기쁨으로 말미암아 그 고통을 다시 기억하지 아니하느니라"고 나옵니다. 아무리 고통이 극심해도 생명을 낳은 기쁨 때문에 그 질고를 잊게 된다는 것입니다.

게다가 여자가 아이를 계속 낳으면서 그 아이를 통해 누가 오셨습니까? 우리 구주가 세상에 오셨습니다. 약속된 구주가 출산의 과정을 거쳐 오신 것입니다. 그리고 구주가 이미 오신 오늘날에는 믿음의 자매들이 계속 자녀를 낳으면서 어떤 일이 생깁니까? 하나님의 아들들이 생겨납니다. 하나님이 내리신 형벌 아래서 사람뿐 아니라 자연도 다 병든 질서에 굴복하여 종노릇하며 탄식하고 있는데 하나님의 아들들이 나타나면서 영광의 자유가 주어집니다.

출산은 틀림없이 형벌의 요소를 담고 있지만 동시에 축복의 약속도 그 안에 있습니다. 그러므로 출산을 주저하지 마십시오. 경건한 자녀를 낳는 것은 성도가 사회를 섬기는 중요한 첫걸음입니다. 출산의 질고와 아픔을 믿음으로 순종하며 잘 감당해주십시오. 비록 출산 과정에는 고통이 있지만 하나님은 고통에서 끝내지 않으시고 영광의 소망을 새롭게 하는 복을 신실한 자매들에게 주실 것입니다.

남편을 원하는 것

하나님이 여자에게 내리신 두 번째 형벌과 심판이 있습니다. 하나님은 하와에게 "너는 남편을 원하고 남편은 너를 다스릴 것이니라"고 말씀하셨습니다. 하나님이 여자에게 주신 형벌 중 하나는 '남편을 원하는 것'입니다. 여기서 '원하다'라는 단어는 아주 강한 의미를 담고 있습니다. 다시 표현하면 '남편을 강렬하게 사모하고 원한다'는 뜻입니다.

그런데 이 단어가 함축하는 바가 무엇입니까? 여자는 남편을 원하고 원하지만 그 갈망이 충족되지 않아 속앓이를 하게 된다는 것입니다. 아내가 남편에게 가장 원하는 것은 바로 말이 통하는 것입니다. 그런데 놀랍게 안 통합니다. 못 알아들을 단어가 하나도 없는데, 어려서부터 함께 사용하던 한국말로 대화하는데 신기하게도 못 알아듣습니다. 그렇다 보니 속앓이를 하는 것입니다.

남편의 관심은 오직 아내를 다스리는 데만 있습니다. 서로 통하지가 않습니다. 남편을 간절히 원하는 마음이 충족되지 않습니다. 아내는 남편에게 있어서 정말 귀한 하나님의 선물입니다. 그런 아내가 원하는 것은 남편에게 보호받고 사랑받고 존귀하게 되는 것입니다. 그런데 남편은 아내를 정말 귀하게 여기려고 하지를 않습니다.

데이트할 때까지만 그렇게 하지, 결혼해서 짝이 되면 그때부터 남자들의 소원은 딱 두 가지입니다. 맛있는 반찬으로 밥 제때 잘해주고, 남편의 말에 옳다 그르다 하지 않은 채 그저 바라보며 좋아라 해주는 것입니다. 아내를 진정 사랑하고 보호하기 위해 자기를 희생하겠다는 마음은 별로 없이 말입니다.

아내가 남편에게 가장 원하는 것 중 하나는 '하나 됨'입니다. 서로 높낮이를 따지거나 손익을 계산하지 않고 부부로서 주님 안에서 바르게 교제하고 하나가 되는 것입니다. 그런데 남편은 그런 데 별로 관심이 없습니다. 아내는 결혼과 동시에 삶의 중심을 옮기며 남편과 함께 살 준비를 하지만 남편은 대부분 하던 일을 그대로 할 뿐입니다. 그래서 아내는 남편을 간절히 원하면서 해갈되지 않는 갈증과 질고를 겪게 됩니다.

소중한 아내들에게 부탁합니다. 남편이 설혹 갈망을 충족해주지 못하더라도 남편을 비난하거나 배제하면서 혹은 자녀에게 온 에너지를 쏟아가면서 스스로 충족하려고 하지 마십시오. 하나님은 아내에게 남편을 원하는 형벌을 주셨습니다. 남편이 온전한 사람으로 빚어지기까지 인내하며 기다리는 역할을 아내에게 주신 것입니다.

남편이 아내의 머리 됨을 기억하십시오. 하나님은 아내의 갈망을 속앓이로 끝내지 않으시고 남편을 통해 결국 만족할 수 있도록 복을 주실 것입니다. 하나님은 이처럼 남편을 원하지만 만족을 얻지 못하고 속앓이를 하는 아내들을 위해 아들 하나님을 보내셨습니다. 주님이 이 땅에 오신 후 성경은 우리에게 말합니다.

"둘이 한 몸을 이룰지로다"(창 2:24).

죄의 형벌에서 비롯된 차별과 차이가 존재하지만 부부는 이를 넘어 하나가 되었습니다. 베드로전서 3장 7절은 "남편들아 이와 같이 지식을 따라 너희 아내와 동거하고 그를 더 연약한 그릇이요 또 생명의 은혜를 함께 이어받을 자로 알아 귀히 여기라 이는 너희 기도가 막히지 아니하게 하려 함이라"고 말합니다. 아내가 강렬하게 원하는 것이 무엇인지, 아내의 여성 됨이 어떤 것인지, 아내의 질고와 아픔이 무엇인지를 알고 그 지식에 따라 아내와 동거하라는 것입니다.

또한 에베소서 5장 25절은 남편들에게 다음과 같이 권고합니다. "남편들아 아내 사랑하기를 그리스도께서 교회를 사랑하시고 그 교회를 위하여 자신을 주심 같이 하라"(엡 5:25). 아내를 사랑하고 존귀하게 여기며 보호하되, 예수께서 교회를 위해 자신을 주심 같이 자기를 희생하고 깨뜨리라는 말씀입니다. 하나님이 주신 형벌로 인해 아내들은 상처와 아픔, 눈물이 있을 것입니다.

하지만 그것이 전부가 아닙니다. 하나님은 신실하고 겸손한 마음으로 질고를 받아내며 하나님을 기다리는 믿음의 딸들에게 어리석어 보이는 남편일지라도 그를 통해 소원이 성취되는 복을 공급하십니다. 영광스러운 회복의 은혜를 부어주실 것입니다.

남자에게 주어진 형벌

"아담에게 이르시되 네가 네 아내의 말을 듣고 내가 네게 먹지 말라 한 나무의 열매를 먹었은즉 땅은 너로 말미암아 저주를 받고 너는 네 평생에 수고하여야 그 소산을 먹으리라"(창 3:17).

남자에게 주어진 형벌은 땅이 저주를 받은 것입니다. 그 결과 남자는 평생 수고해야 소산을 먹을 수 있게 되었습니다. "얼굴에 땀을 흘려야"(창 3:19) 먹을 것을 먹게 된 것입니다. 이전까지 아담과 하와는 나무 열매를 따먹고 살았습니다. 땀을 흘리고 노동을 하긴 했지만 그것은 형벌이나 고통, 고생이라기보다 하나님의 창조 세계를 더 확장하고, 하나님의 아름다움을 더 드러내고, 이웃을 복되게 하는 매우 귀한 일이었습니다. 그런데 죄를 범한 이후 일에 형벌의 요소가 들어오면서 죽도록 땀 흘리고 일해야 겨우 먹고살 수 있는 삶이 열렸습니다.

남편의 꿈이 무엇입니까? 빨리 일 그만두고 편안하게 쉬는 것입니다. 그런데 일을 그만두면 무엇이라고 말합니까? "일할 때가 좋았다"고 합니다. 참 허망합니다. 우리가 사는 이 시대는 조금 일하고 돈 많이 벌어서 노후를 안락하게 보내는 것이 인생의 행복이라고 가르칩니다. 하지만 그런 행복을 누릴 수 있는 사람이 얼마나 있습니까? 땀 흘리고 애써야 겨우 먹고사는 것이 인생의 실존이 되었습니다. 얼굴에 땀이 흐르지 않으면 먹고살지 못하도록 하나님이 질서를 세우셨습니다. 일 속으로 형벌의 요소가 들어온 것입니다.

아내들에게 부탁합니다. 남편이 열심히 일하고 월급 받아 왔는데 "조금만 더 가져와요"라고 하지 마십시오. 그런 날 없습니다. 죽도록 일해서 겨우 먹고살아가는 것이 세상 질서입니다. 하나님이 죄지은 인생들에게 그런 형벌을 세워놓으셨습니다.

오늘날 땀 흘려 애써도 결과가 제대로 나옵니까? 가시와 엉겅퀴가 피어서 땀 흘린 만큼의 결과물이 보이지 않습니다. 남편들은 '어떻게 하면 일 조금 하고 돈 많이 버나? 펑펑 놀면서 먹고살 수 있는 날이 언제 오려나?' 하면서 꾀부리지 말고, 땀 흘려 수고하며 살게 하신 하나님의 질서에 겸손한 마음으로 순종해야 합니다.

　하나님의 은혜가 우리에게 임해 우리 안에 새로운 생명의 영광과 회복이 일어날 때 비로소 일은 하나님을 영화롭게 하고 이웃을 섬기는 도구로 다시금 자리를 찾게 됩니다. 그저 먹고살기 위한 혹은 땅을 사놓기 위한 도구로 전락하지 않게 됩니다. 아내들이 임신과 출산의 고통을 넘어서고 남편과의 관계 회복을 경험하게 되는 것처럼, 남편들 역시 일은 하나님을 영화롭게 하고 이웃을 섬기는 매우 귀한 복의 통로임을 깨달으면서 기쁨으로 일에 참여하고 복을 누리게 될 것입니다. 일 하나하나가 살아 꿈틀거리면서 의미와 가치를 회복하고, 일로 사람을 섬기며 유익하게 하는 축복이 일어날 것입니다.

　우리가 살아가는 이 세상에서는 아무리 땀 흘리고 많은 씨를 뿌려도 가시와 엉겅퀴 때문에 제대로 거둬들일 수가 없습니다. 아무리 좋은 농약을 개발해도, 아무리 좋은 제도와 시스템을 도입해도 땀 흘린 만큼 결과를 얻어내지 못합니다. 그런 세상에서 하나님은 우리에게 "사람이 무엇으로 심든지 그대로 거두리라"(갈 6:7)고 말씀하십니다. 하나님 앞에서 믿음으로 땀 흘리고 수고하고 눈물 흘린 것은 하나도 다른 곳에 가지 않습니다. 하나님이 뿌린 대로, 심은 대로 다 열매로 갚아주겠다고 약속하셨습니다.

　비록 형벌의 요소가 여전히 남아 있는 이 땅 가운데 살지만 우리는 세상 사람들이 말하는 방식대로 살지 않고, 뿌린 대로 거두게 하시는 그리고 우리의 땀과 눈물 한 방울도 버리지 않으시는 하나님의 새로운 질서를 신뢰하며 이 땅에서부터 다른 질서를 경험할 수 있습니다. 그렇게 살도록 하나님은 오늘도 우리를 초대하십니다.

영생의 영광을 이 땅에서부터 누리라

"네가 흙으로 돌아갈 때까지"(창 3:19).

우리는 흙이니 마지막에 흙으로 돌아갑니다. 땅을 사는 인생의 제일 큰 질고는 그렇게 노력하고 땀을 흘렸는데도 흙으로 돌아간다는 것입니다. 마지막이 흙이요, 티끌이요, 먼지입니다. 땅에 있는 모든 일은 손에 쥐었다 싶은 순간에 바람처럼 빠져나갑니다. 떼돈 벌어서 원하는 일을 마음껏 하고, 원하는 음식을 실컷 먹고, 가고 싶은 곳에 언제든 갈 수 있다면 행복할 것 같지만 잠시 행복할 뿐 마지막은 흙입니다. 뭇사람에게 존경받고 인정받는 삶을 살면 정말 보람될 것 같지만 마지막은 흙입니다.

청년들에게 부탁합니다. 어르신들을 보면서 '나도 조만간 저분들처럼 피부가 거칠거칠해지고, 주름이 깊이 패고, 이마가 벗어지고, 허리가 굽어질 날이 속히 올 것이다'라는 사실을 잊지 말고 받아들이십시오. 젊은 상태로 오래가지 않습니다. 금방 흙으로 돌아가고 맙니다.

저는 10대와 20대 시절을 대통령 한번 해보겠다고 철없이 몸부림치면서 보냈습니다. 어디를 봐도 그럴 만한 그릇이 아닌데 정말 해보고 싶어서 날뛰었습니다. 20대와 30대 때는 좋은 목사가 되려고 몸부림쳤습니다. 그런데 시간이 흐르면 흐를수록 '얼마나 작은 일을 하다가 인생을 마쳐야 하는가'가 너무 선명하게 보입니다. 나이 50대 중반을 넘어서고 있는 지금은 '아, 인생은 이렇게 아무것도 아니구나'라는 생각을 문득문득 하게 됩니다.

우리는 누구든지 예외 없이 죽으면 흙으로 돌아가게 될 먼지요, 티끌입니다. 그런 우리를 위해서 하나님 아버지는 아들 하나님을 이 땅에 보내셨습니다. 그 아들 하나님은 우리에게 "나는 부활이요 생명이니 나를 믿는 자는 죽어도 살겠고 무릇 살아서 나를 믿는 자는 영원히 죽지 아니하리니"(요 11:25-26)라고 말씀하십니다.

그리고 이어서 "이것을 네가 믿느냐"라고 물으십니다. 자녀를 낳고 부부로 함께 살아가고 일터에서 힘겹게 일하는 등 구석구석 형벌의 요소가 스며든, 고통스러운 일상을 살아가는 우리에게 말입니다. 또한 주님은 모든 사람이 흙으로 돌아가는 이 땅 한가운데를 뚫고 영생을 말씀하셨습니다.

"하나님이 세상을 이처럼 사랑하사 독생자를 주셨으니 이는 그를 믿는 자마다 멸망하지 않고 영생을 얻게 하려 하심이라"(요 3:16).

누구 하나 예외 없이 부패하여 흙으로 돌아가는 이 땅에서 영원히 죽지 않고 변하지 않는 참된 생명 안으로 들어오라고 주님이 우리를 초대하시는 것입니다. 하나님이 아들 하나님을 통해 우리에게 베푸신 긍휼로 인해 티끌 같은 우리는 아무 공로도, 아무 자격도 없이 오직 믿음으로 하나님의 영생에 초대되었습니다.

"아담아, 네가 어디 있느냐?" 하나님은 지금도 우리를 부르십니다. 지금 어디에 있습니까? 여전히 눈물 가득한 땅에 살지만 이 땅 한가운데 하나님의 새로운 질서가 세워지고 그 영광이 임할 것을 믿으십니까? 이 땅의 질고를 믿음으로 받아들이면서 그 영광이 땅에서부터 시작된다는 것을 알고 참여하며 누리고 있습니까?

—

"내가 너로 여자와 원수가 되게 하고 네 후손도 여자의 후손과 원수가 되게 하리니 여자의 후손은 네 머리를 상하게 할 것이요 너는 그의 발꿈치를 상하게 할 것이니라 하시고"(창 3:15).

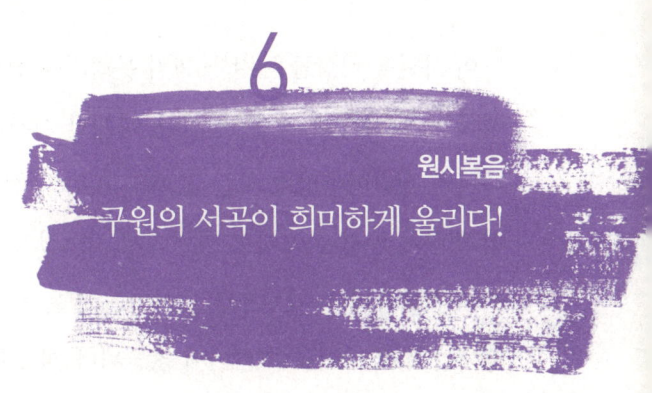

원시복음
구원의 서곡이 희미하게 울리다!

죄는 땅에 있는 모든 것의 심판을 초래했다

아담과 하와의 범죄로 온 천지 만물이 하나님의 심판 아래에 놓이고 땅에 있는 모든 동식물도 함께 저주를 받았습니다. 이 땅은 파괴되고 변질되고 부패하다가 마지막에는 죽음에 이르러 다 흙으로 돌아갑니다. 죽음 앞에 굴복하는 것, 이것이 하나님의 심판입니다.

땅 위에 있는 모든 동식물은 하나님의 심판과 형벌을 피할 길이 없습니다. 성경은 모든 사람의 가장 큰 불행이 하나님의 심판이라고 말합니다. 사람들이 흔히 생각하듯이 돈이 좀 없는 것, 남들보다 조금 못사는 것이 불행이 아닙니다. 하나님의 형벌 아래 놓여 있는 것이야말로 인생의 질고와 불행의 핵심입니다.

이 사실을 사람들은 잘 느끼지 못하기에 믿으려고 하지 않습니다. 단지 종교 이야기라고 치부합니다. 하지만 이것은 명백한 사실입니다. 하나님의 심판이야말로 모든 불행과 비참의 뿌리입니다. 사람은 하나님의 형상에 따라 존귀하고 영화롭게 지어졌지만 죄로 인해 결국 낙원에서 쫓겨났습니다. 낙원으로 돌아가는 길은 불 칼에 의해 막혀버렸고 이 땅에는 질고와 아픔이 끊이지 않습니다. 때로 어떤 사람들은 아무런 걱정 없이 행복해 보이지만 가까이 들여다보십시오. 행복하게 보이는 삶일지라도 그 가운데는 아픔과 불행이 일정 부분 존재합니다. 하나님이 심판으로 주신 형벌입니다.

인생에서 누리는 큰 복 중 하나는 아내와 남편이 서로를 마음껏 사랑하고 존경하고 섬기는 것입니다. 하지만 이 땅에서는 아무리 가까운 부부 사이라도 원하는 만큼 만족할 수 없습니다. 아내가 아무리 남편을 사모해도 남편이 그 마음을 만족시키지 못합니다. 가슴앓이가 어느 정도 늘 있습니다. 형벌의 요소가 들어 있기 때문입니다.

여자가 세상을 살아가면서 경험할 수 있는 제일 큰 복 중 하나는 자녀를 품에 안는 일인데 그 안에도 형벌의 요소가 있습니다. 임신과 출산은 최고의 행복이면서 동시에 수고와 고통이기도 합니다.

그러므로 우리는 받아들여야 합니다. 인생은 원하는 만큼 무언가를 이루고 복되게 여기며 살아갈 수 있는 구조가 아닙니다. 심판과 형벌의 요소가 들어와 있기에 최상의 순간에도 불행과 질고가 공존합니다. 세상이 말하듯 좋은 것에 또 좋은 것이 더해지지만 않습니다. 절대로 그렇지 않습니다. 심판이 있기 때문입니다. 이것이 불가피하다는 사실을 우리는 받아들여야 합니다.

남자들의 세계에서 일은 그들을 기쁘게 하는 핵심 요소 중 하나입니다. 일을 놓는 것은 남자에게 큰 상실입니다. 그런데 남자의 가장 큰 복락 중 하나인 일에도 형벌의 요소가 들어 있습니다. 아무리 땀을 흘려 일해도 일한 만큼의 열매를 거두지 못하고 생존에 몸부림치며 살아야 한다는 것입니다. 바로 이것이 남자의 삶에 들어온 불행과 질고입니다.

심판을 선언하며 동시에 구원을 약속하시다

이 땅을 살아가는 동안 우리는 자아를 마음껏 실현하며 살아갈 수가 없습니다. 삶에는 형벌의 요소인 질고와 아픔이 어느 정도 존재하기 때문입니다. 이런 이유로 인생은 정말 긍휼히 여겨야 할 대상입니다. 하나님은 죄를 지어 두려움에 숨어 있던 아담을 포기하지 않고 찾아오셨습니다. 아담이 끝없이 핑계를 대고 핵심을 비껴나 주변적인 이야기를 늘어놓으며 자기를 합리화했지만 하나님은 기다리고 질문하며 끊임없이 기회를 주셨습니다.

이처럼 하나님은 심판을 선언하는 현장에서도 그분의 성품을 그대로 드러내십니다. 우리의 삶에는 죄로 인한 형벌, 즉 불행과 질고가 있지만 그것이 전부는 아닙니다. 끝이 아닙니다. 하나님은 심판을 선언하시면서 동시에 긍휼과 자비와 은혜로 개입하며 그분의 부유한 사랑을 쉬지 않고 드러내십니다.

이 땅에서 사는 동안 우리는 일정한 정도의 질고를 겪지만 그것은 아무리 노력해도 벗어날 수 없는 무언가가 아니라 우리에게 더 크고 영화로운 완성에 대한 그림을 보여주시려는 하나님 은혜로의 또 다른 초대입니다. 하나님은 자비롭고 긍휼이 많으며 사랑을 풍성하게 베푸시는 분입니다. 주님은 죄로 인해 심판을 선언하시면서도 동시에 자비와 긍휼을 함께 약속하셨습니다.

창세기 3장 15절, 원시복음

창세기 3장은 인간의 죄와 타락이라는 고통스러운 사건을 기록하고 있는 동시에 놀라운 구원, 하나님의 언약, 자비, 긍휼, 용서, 사랑을 담고 있습니다. 성경은 하나님이 죄를 절대로 간과하지 못하시고, 죄와 충돌하시며, 모든 죄는 반드시 하나님의 심판과 형벌을 부른다는 사실을 아주 분명하게 선언합니다. 하지만 그와 동시에 누구든지 깨닫고 돌이키는 자에게는 하나님의 긍휼과 자비와 용서와 구원이 동시에 주어진다고 선언합니다.

놀랍게도 창세기 3장을 보면 죄로 말미암아 하나님의 심판이 선언되는 흐름 한가운데 구원의 약속이 주어집니다. 그래서 많은 학자들이 창세기 3장 15절을 가리켜 '원시복음'이라고 부릅니다. 복음이 가장 먼저 원시적인 형태로 나타났다는 뜻입니다. 신약성경이 가르치는 것만큼 충분하게, 풍성하게, 부유하게 그 성격과 특성이 드러나지는 않지만 복음의 중요한 요소들이 다 묻어 있는 원시적인 상태의 복음이 창세기 3장 15절인 것입니다.

목회자로서 성경을 연구하며 제일 힘들었던 부분이 선지서입니다. 선지서에 기록된 말씀을 보면 하나님은 참고 참고 또 참다가 결국 심판과 형벌을 선언하십니다. 그런데 형벌을 선언하고는 바로 연이어 용서와 회복과 부흥과 번성을 말씀하십니다. 저는 도무지 두 개를 붙여낼 수가 없었습니다. 사람들이 무언가 깨닫고 회개했다는 대목 하나 없이 바로 회복에 대한 약속이 주어지기 때문입니다. 하나님이 그처럼 오래 기다렸다가 심판을 선언하고는 그새를 못 참아 구원과 회복을 예언하실 때면 저는 이해할 수가 없었습니다.

하지만 이것이 바로 아버지의 마음 아닐까요? 자식들을 키워본 부모들은 다 알겠지만 자식을 때리면 때린 만큼 부모의 가슴이 미어집니다. 혹시라도 아이가 부모의 마음을 못 알아줘 엉뚱한 데로 튀지나 않을까 걱정합니다. 부모 마음에 어쩔 수 없어서 매를 든 것인데 초달을 하고 나면 안 했을 때보다 더 괴롭습니다. 하나님 우리 아버지도 마찬가지입니다. 그분은 우리에게 심판을 명하면서 동시에 구원을 약속하셨습니다.

창세기 3장은 이런 면에서 정말 귀한 은혜의 장입니다. 죄를 미워하시는 하나님이 심판을 선언하면서 동시에 긍휼과 자비로 용서를 작정하시는, 그야말로 복음을 품고 있는 말씀이기 때문입니다.

본문 어디에도 아담과 하와가 회개하고 돌이키거나 약간 근신하는 모습을 보였다는 표현이 없지만 하나님은 그분의 의지를 원시복음의 형태로 밝히셨습니다. 아담과 하와가 형벌과 심판 중에도 좌절하지 않고 은혜의 약속을 붙들며 믿음으로 살아내도록 언약을 주신 것입니다.

성경은 "복음과 기독교가 우리에게 이러저러한 일을 해야 한다고 말하기 전에 하나님이 우리를 얼마나 긍휼히 여기시는지, 우리를 위해 무슨 일을 하셨는지 말하고 싶어 한다"고 이야기합니다. 하나님 아버지는 아무 소망 없는 우리를 내버려두지 않으시고, 불붙는 것 같은 마음으로 우리를 향해 구원과 은혜의 문을 열고 계십니다. 이것이 성경의 큰 주제입니다.

여자의 후손과 뱀의 후손의 끝없는 대립

이처럼 귀한 원시복음은 어떻게 시작됩니까? 창세기 3장 15절은 "내가 너로 여자와 원수가 되게 하고 네 후손도 여자의 후손과 원수가 되게 하리니"라고 말합니다. 창세기 3장부터 구주가 이 땅에 오실 때까지, 혹은 조금 더 확장하면 구주가 다시 이 땅에 우리를 데리러 오실 때까지 이 세상에는 하나의 질서가 끊임없이 이어집니다.

그것은 바로 여자와 뱀이 원수가 되고, 여자의 후손과 뱀의 후손이 원수가 되는 것입니다. 이처럼 끝없는 대립과 분쟁이 이 땅의 핵심 질서 중 하나입니다.

아니나 다를까 창세기 4장에는 가인이 동생 아벨을 죽인 사건이 나옵니다. 여자의 후손과 뱀의 후손이 원수지간이라는 사실이 여지없이 드러난 것입니다. 가인은 아무 잘못도 없는 아우를 쳐서 죽였습니다. 교회와 성도들이 이 땅을 살면서 고난과 핍박, 조롱과 손가락질을 당하는 이유가 무엇입니까? 사실 이유가 없습니다. 존재론적으로 볼 때 교회와 성도들은 이 땅의 대적을 면하여 살 수 없는 존재입니다.

따라서 이 땅을 살면서 고난 없는 삶을 기대하면 안 됩니다. 우리는 늘 사람에게서 버림받을 각오, 조롱당할 각오, 손가락질 당할 각오를 해야 합니다. 내가 아무런 원인을 제공하지 않아도 부정적이고 조롱 섞인 반응을 보이는 사람들이 우리 주변에 있다는 사실을 잊어서는 안 됩니다.

아담과 하와 이후 가인과 아벨의 사건을 비롯해 모든 사람의 관계에서 볼 수 있듯이, 여자의 후손과 뱀의 후손은 원수가 되었습니다. 여기서 '여자의 후손'은 포괄적으로 '예수를 믿어 하나님의 백성이 된 자들'이라 말할 수 있고 '뱀의 후손'은 '끝없이 의지적으로 하나님을 대적하고 거스르는 악한 자의 무리'를 가리킵니다.

뱀의 후손은 때로 정치권력으로, 때로는 철학으로, 때로는 세속적인 사고와 가치관으로 나타납니다. 오늘날 자본주의 사회에서는 가치관의 싸움이 너무나 치열합니다. "가치를 어디에 두는가?", "가치가 무엇이라고 생각하는가?"라는 주제는 상대적으로 평화로운 시기 같아 보이는 현대의 성도가 싸워야 할 핵심적인 싸움 중 하나입니다. 여자의 후손과 뱀의 후손은 끝없는 원수일 수밖에 없음을 잊어서는 안 됩니다.

세상과의 갈등은 성도의 운명

지난 30년 동안 조국 교회는 "예수 잘 믿고 세상에서 잘되고 본을 보이면 세상이 교회를 주목할 것이다"라고 가르쳤습니다. 그러나 성경은 그렇게 가르치지 않습니다. 성경은 뱀의 후손과 여자의 후손 사이에 끝없는 싸움과 대립이 있다고 말합니다. 그러한 일은 역사 안에서 늘 반복적으로 일어났습니다. 교회는 핏덩어리 시기부터 정부 권력의 핍박을 받았고 이단들이 진리를 흔들어대는 가운데서도 처절한 싸움을 치르며 존재해왔습니다. 선교의 역사는 한마디로 '피의 역사'입니다. 선교지마다 너무나 많은 피 흘림이 있었습니다.

제가 대학부 사역자로 섬길 때 눈에 띄는 청년이 몇 명 있었습니다. 그중에 한 명이 중국 선교사로 갔습니다. 그런데 공동체에서 최고로 엄선한 것처럼 보이던 훌륭한 그 청년, 주님을 위해 열심히 일할 것 같았던 그 아이가 사역지에서 제대로 꽃도 못 피우고 암을 얻어서 돌아왔습니다. 그리고 2년 투병하다가 주님 품에 안겼습니다. 그때 제 마음이 얼마나 짠하고 아팠는지 모릅니다. 그러면서 저는 선교가 피의 역사라는 사실을 또 한 번 깨달았습니다. 많이 죽고 피를 흘려야 그때 비로소 그 땅이 비옥해지고 열매가 맺힌다는 사실 말입니다.

예수를 제대로 믿는 우리의 삶은 세상과 끝없이 대립하고 갈등할 수밖에 없습니다. 이 사실을 잊지 마십시오. 우리는 평화의 때에 물놀이를 하도록 부름 받은 사람들이 아니라 전쟁의 때에 전투하도록 부름 받은 전투 병력입니다. 자꾸 싸우기를 멈추고 칼을 칼집에 꽂으려 하기 때문에 오늘날 조국 교회에 문제가 너무 많은 것입니다. 어려움 없고 문제가 없기만을 기대합니다. 그렇지 않습니다. 우리는 존재적으로 예수를 믿는 자들이기 때문에 우리를 핍박하고 대적하는 자들을 자주 만날 수밖에 없습니다.

복음의 첫 번째 주제_ 여자의 후손

한 가지 더 주목할 것이 있습니다. 믿는 자와 믿지 않는 자 사이에는 끝없는 아픔과 갈등이 일지만 그 안에서 언약이 주어진다는 사실입니다.

> "여자의 후손은 네 머리를 상하게 할 것이요 너는 그의 발꿈치를 상하게 할 것이니라 하시고"(창 3:15).

여자의 후손과 뱀의 후손 사이의 끝없는 대립과 갈등을 종식시키는 한 인물이 등장하는데, 그 역시 여자의 후손입니다. 한 인격입니다. 이 표현이 아주 특별한 이유가 무엇입니까?

구약과 신약을 통틀어 모든 시대의 성경 기자들은 '아들이든 딸이든 무조건 남자의 후손'이라는 사고방식이 있었습니다. 그래서 족보를 보면 전부 남자 이름만 나옵니다. 여자들의 이름이 간혹 거론되는 특수한 경우도 있지만 남자가 족보의 핵심입니다. 그런데 창세기 3장, 즉 모세오경을 여는 첫 번째 책이자 모든 족보가 남자 중심으로 기록된 이 책에 '여자의 후손'이 언급됩니다. 원시복음은 우리의 시선을 한 인격으로 향하게 합니다.

믿는 자와 믿지 않는 자 사이에는 끝없는 분쟁과 다툼, 아픔이 일어나지만 이것이 종식되는 한 지점이 있습니다. 바로 한 인격이 오시는 때입니다. '여자의 후손'이라고 불리는 한 인격이 오시면 끝없는 분쟁과 대립과 원수 됨이 사랑으로, 희생으로, 죽음으로, 섬김으로 승화되는 새로운 시대가 열립니다.

물론 구주가 오신 이후에도 교회는 여전히 수많은 핍박 가운데 있었고 여전히 원수들로 말미암은 고난과 눈물과 질고를 겪어왔습니다. 하지만 성도들은 자신을 대적하는 자에게 되갚지 않기 위해 오른뺨을 치면 왼뺨을 돌려대며 이 대립을 종식시키기 시작했습니다. 성도와 교회가 새로운 질서를 이 땅에 가지고 들어온 것입니다.

우리가 살아가는 세상을 한번 보십시오. 전부 대립과 갈등입니다. 그런 세상 속에 한 인격인 여자의 후손이 오셨습니다. 대립과 갈등은 여전히 반복되지만 그분 안에서 그 양상이 달라졌습니다. 종 됨과 희생과 죽음을 통해 화평을 이뤄가는 새 질서가 만들어진 것입니다.

십자군 전쟁이 비난받는 이유가 이것입니다. 성도들은 그런 방식의 전쟁을 하지 않습니다. 성도들은 자기가 죽고 희생하고 종이 되는 전쟁을 합니다. 핍박하는 자들에게 절대로 맞대응해 싸우지 않습니다. 이에 대해 신약성경은 법원에 고소하지 말라고 표현합니다.

"너희 중에 누가 다른 이와 더불어 다툼이 있는데 구태여 불의한 자들 앞에서 고발하고 성도 앞에서 하지 아니하느냐"(고전 6:1).

불신자들 앞에서 성도의 문제를 고소하지 말라는 뜻입니다. 이어서 3절에는 "우리가 천사를 판단할 것을 너희가 알지 못하느냐 그러하거든 하물며 세상 일이랴"라고 반문합니다. 성도가 세상을 살아가는 질서와 구조는 다르다는 것입니다.

복음은 한 인격에게 모든 초점을 맞추고 있습니다. 가령 갈라디아서 4장 4-5절은 "때가 차매 하나님이 그 아들을 보내사 여자에게서 나게 하시고 율법 아래에 나게 하신 것은 율법 아래에 있는 자들을 속량하시고 우리로 아들의 명분을 얻게 하려 하심이라"고 말씀합니다. 여기서 '여자에게서 나신 자'가 바로 원시복음이 말하는 한 인격이요, 복음 안에 있는 한 인물입니다.

신약시대에 예수님은 "너희가 성경에서 영생을 얻는 줄 생각하고 성경을 연구하거니와 이 성경이 곧 내게 대하여 증언하는 것이니라"(요 5:39)고 말씀하셨습니다. 또한 누가복음 24장 44절에서는 "너희에게 말한 바 곧 모세의 율법과 선지자의 글과 시편에 나를 가리켜 기록된 모든 것이 이루어져야 하리라 한 말이 이것이라"고 말씀하셨습니다.

이 장의 본문인 창세기 3장을 비롯해 모세오경에 나오는 제사 제도와 수많은 율법, 선지자들의 예언, 시편의 기도들에 담긴 예수에 대한 이야기가 이뤄져야 한다고 말씀하신 것입니다. 이처럼 '한 인격'이 복음의 핵심이요, 성경의 핵심입니다. 그가 누구입니까? 바로 여자의 후손입니다.

복음의 두 번째 주제_ 구원 사건

두 번째로 원시복음이 보여주는 중요한 주제가 있습니다. "한 인격이 오시면 어떤 일이 일어나는가?"입니다. "여자의 후손은 네 머리를 상하게 할 것이요 너는 그의 발꿈치를 상하게 할 것이니라"(창 3:15). 여자의 후손인 그분은 마귀의 공격으로 발꿈치가 상하는 작은 상처를 입겠지만 결국에는 마귀의 머리를 상하게 하며 마귀의 세력을 완전히 괴멸하고 최후의 승리자가 되실 것입니다.

성경은 이처럼 발꿈치와 머리 상한 것을 대조하면서, 그리스도가 우리를 위해 여자의 후손으로 이 땅에 와서 하신 일을 설명합니다. 때로 여자의 후손은 상처를 입고 실패하신 것처럼 보이기도 할 것입니다. 하지만 그분은 하나님의 지혜로 마귀의 머리를 상하게 하며 마귀의 일을 멸하시고 마귀에 사로잡힌 자, 죄와 세상과 사망과 욕망에 종이 된 자를 자유롭게 하실 것입니다.

이처럼 성경이 말하는 구원, 기독교가 말하는 복음은 여자의 후손이 마귀의 머리를 깨뜨린 사건에 근거합니다. 이러한 사건이 그리스도 안에서 일어났기 때문에 우리는 성도가 되고 구원을 얻게 됩니다. 우리는 연약하여 오늘도 실패를 경험하지만 사탄의 머리를 깨뜨려 그 힘을 괴

멸하신 주님의 승리를 기억해야 합니다.

마귀는 너무나 교활해서 사람이 이겨낼 수 없습니다. 사람의 힘으로 감당할 수 없습니다. 그래서 성부 하나님은 성자 하나님을 이 땅에 보내어 마귀의 능력을 깨뜨리고 우리를 구원하셨습니다. 마귀는 십자가에서 예수님을 끝장냈다고 생각했을 것입니다. 실제로 예수님이 십자가에서 피 흘려 죽고 무덤에 장사되셨을 때 모든 것이 끝난 것만 같았습니다.

하지만 마귀가 이겼다고 생각한 순간 예수님은 무덤을 열고 부활함으로써 마귀의 권세를 결정적으로 깨뜨리셨습니다. 마귀는 더 이상 아무 할 말이 없습니다. 아들 하나님이 대신 죽으셨기 때문입니다. 예수님은 인간의 몸을 입고 이 땅에서 33년간 살면서 우리 인간이 죄로 인해 겪어야 했던 불행과 질고와 아픔을 다 경험하셨고 나아가 우리가 그 아래 굴복하지 않도록 우리 대신 죽으셨습니다.

성도가 된 이후에도 우리에게는 여전히 아픔과 불행이 있습니다. 고된 삶이 있습니다. 그러나 우리는 굴복하거나 길들여지지 않습니다. 부활하여 마귀의 권세를 깨뜨리고 머리를 상하게 하신 구주의 승리 안에서 우리 또한 이길 줄 알기 때문입니다. 성경은 주님이 우리 대신 십자가에서 고난을 받음으로써 우리에게 하늘로 향하는 문을 열어주셨고, 마귀가 더 이상 죄와 율법과 정욕과 세상의 어떤 권세와 능력으로도 우리를 붙들어둘 수 없도록 우리를 자유롭게 하셨다고 이야기합니다.

종교개혁자 마르틴 루터에게 가장 소중한 개념은 자유였습니다. 구원으로 인한 양심의 자유, 진리로 인해 가톨릭의 속박에서 벗어나는 자유, 인간의 어리석고 미련한 종교성 안에 갇히지 않고 구주의 참된 승리에 참여함으로써 얻게 되는 자유, 세상과 욕망과 사망을 이기는 자유! 이러한 자유가 바로 루터로 하여금 평생을 바쳐 수많은 수고와 아픔을 감당하게 했던, 그의 인생을 지탱해준 중요한 개념이었습니다.

원시복음의 은혜를 누리라

복음과 기독교는 단지 행복하고 만족스러운 느낌을 주거나 혹은 어떻게든 잘될 것이라고 격려해주는 차원의 무언가가 아닙니다. 복음 안에 있는 행복과 기쁨과 격려는 성경이 말한 대로 속에서 솟아나는 기쁨이요, 살아 있는 소망, 영원히 마르지 않는 샘과 같은 위로입니다. 성경은 우리에게 말합니다.

"평강의 하나님께서 속히 사탄을 너희 발 아래에서 상하게 하시리라"(롬 16:20).

"아담 안에서 모든 사람이 죽은 것 같이 그리스도 안에서 모든 사람이 삶을 얻으리라"(고전 15:22).

"그도 또한 같은 모양으로 혈과 육을 함께 지니심은 죽음을 통하여 죽음의 세력을 잡은 자 곧 마귀를 멸하시며"(히 2:14).

"이스라엘과 이방인들에게서 내가 너를 구원하여 그들에게 보내어 그 눈을 뜨게 하여 어둠에서 빛으로, 사탄의 권세에서 하나님께로 돌아오게 하고 죄 사함과 나를 믿어 거룩하게 된 무리 가운데서 기업을 얻게 하리라 하더이다"(행 26:17-18).

여자의 후손인 구주께서 성령으로 마리아에게 잉태되어 이 땅에 오셨고 우리를 위해 십자가에 달려 돌아가심으로써 마귀의 머리를 깨뜨리고 우리를 자유롭게 하여 구원의 은혜 안으로 초대하신 줄 믿습니까? 기독교를 그저 하나의 종교로 여기며 교회에 다니는 것이 아니라 이 귀한 진리를 붙들고 있습니까? 우리의 몸에 아직 남아 있는 죄의 습관들과 세속의 가치관이라는 거센 풍랑을 거슬러가면서 하나님이 우리 안에 시작하신 구원의 아름다움을 인격과 말, 생각에 담아 살아가고 있습니까?

또한 나 하나를 넘어서 사랑하는 이웃에게까지 그 아름다움이 전해지는 삶을 살아가고 있습니까? 더 이상 종의 자리에 있지 않고 부요와 영광과 승리에 참여하는 기쁨이 무엇인지 깨달아가며 신앙생활을 하고 있습니까? 아니면 무언가 열심히는 하는데 늘 눌려 있고 주님 앞에 서면 부끄럽거나 죄송하기만 합니까? 저도 정말 부끄럽고 죄송할 때가 많습니다. 그렇지만 자식이지 않습니까?

하나님의 자녀인 우리는 부끄럽고 죄송한 데서 끝나면 안 됩니다. 구주의 공로로 우리에게 밝히 보여주신 아버지의 마음을 믿어야 합니다.

그 믿음으로 하나님 앞에 담력을 갖고 서서 이김을 선포해야 합니다. 마귀의 권세 아래 굴복하지 않고, 세상의 정신에 지지 않고, 죄의 종이 되지 않고, 잠시 있다가 사라질 세상 것에 마음을 빼앗기지 않으면서 예수 믿는 사람의 존영을 회복해야 합니다.

화종부 목사의
우리의
죄,
하나님의
구원

—

"네가 흙으로 돌아갈 때까지 얼굴에 땀을 흘려야 먹을 것을 먹으리니 네가 그것에서 취함을 입었음이라 너는 흙이니 흙으로 돌아갈 것이니라 하시니라 아담이 그의 아내의 이름을 하와라 불렀으니 그는 모든 산 자의 어머니가 됨이더라 여호와 하나님이 아담과 그의 아내를 위하여 가죽옷을 지어 입히시니라 여호와 하나님이 이르시되 보라 이 사람이 선악을 아는 일에 우리 중 하나 같이 되었으니 그가 그의 손을 들어 생명 나무 열매도 따먹고 영생할까 하노라 하시고 여호와 하나님이 에덴 동산에서 그를 내보내어 그의 근원이 된 땅을 갈게 하시니라 이같이 하나님이 그 사람을 쫓아내시고 에덴 동산 동쪽에 그룹들과 두루 도는 불 칼을 두어 생명 나무의 길을 지키게 하시니라"(창 3:19–24).

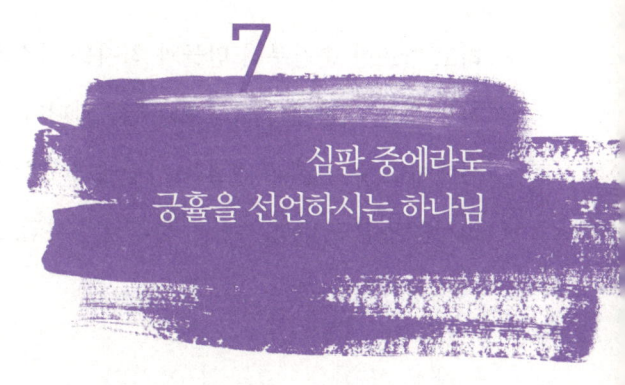

7 심판 중에라도 긍휼을 선언하시는 하나님

사람, 하나님의 형상을 담은 존귀한 존재

사람은 끝까지 하나님 앞에서 죄를 자복하며 돌이키지 않았고 이에 하나님은 죄에 대한 형벌을 선언하셨습니다. 즉 "너는 흙이니 흙으로 돌아갈 것이니라"(창 3:19)고 말씀하신 것입니다. 창세기 2장 1절에서 볼 수 있듯이 사람은 흙으로 만들어졌습니다. 더 정확한 단어로 바꾸면 티끌과 먼지입니다. 하나님은 티끌과 먼지로 사람을 만드신 다음 그 코에 생기를 불어넣어 영을 가진 존재로 창조하셨으며 그 안에 하나님의 형상을 심어두셨습니다.

이러한 이유로 사람은 다른 어떤 피조물과도 구별됩니다. 사람을 제외한 온 우주만물에는 하나님의 형상이 없지만 사람만큼은 하나님이 아주 특별하게 지으시고 지극한 존귀와 영광으로 옷 입히셨습니다. 그리고 창조한 순간부터 만물과 천지를 다스리는 자로 삼으셨습니다. 천사는 많은 부분에서 사람보다 월등합니다. 하지만 하나님은 그러한 천사에게도 주지 않은 영광을 사람에게 주셨습니다. 천사는 하나님이 부리시는 일꾼인 반면 사람은 하나님과 사귐, 교통의 대상입니다.

생은 흙이요, 티끌과 먼지다

그런 사람이 죄를 지었습니다. 죄가 무엇입니까? 첫째, 하나님의 말씀을 어기는 것입니다. 둘째, 하나님의 성품을 의심하고 회의하는 것입니다. 첫째와 둘째가 합쳐진 가장 결정적인 죄의 모습은 바로 하나님의 자리에 스스로 이르려고 하는 교만의 악입니다.

아담과 하와의 가장 큰 문제가 무엇이었습니까? 아담과 하와는 자신이 흙에 불과한 피조물이요 하나님은 창조주임을 인정해야 했습니다. 천사와 비교할 수 없이 연약한 인생임에도 하나님의 사랑과 자비와 긍휼로 지극한 존귀를 얻게 되었으며 천사에게도 주어지지 않은, 형용할 수 없는 아름다움을 받았다는 사실을 인정해야 했습니다. 그것이 그들의 본분과 도리였습니다. 그런데 참 어리석게도 아담과 하와는 하나님처럼 되려고 했습니다. 창조주 하나님을 인정하지 않은 채 자기가 원하는 대로 생각하고 판단하고 결정하고 행하면서 스스로 충분한 존재로 살아가려 했습니다. 그것이 죄의 핵심입니다.

우리도 똑같은 죄를 아담과 함께 지었습니다. 우리는 아담 안에 속해서 아담의 죄를 함께 경험하고 이 땅에 왔기에, 이 땅에 태어난 순간부터 아담과 똑같은 죄의 흔적을 갖고 살아갑니다. 하나님 없는 완전한 삶, 하나님을 인정하지 않는 완전한 자기 존재를 이상으로 생각하며 삽니다.

사람들은 자신이 허물 많은 불완전한 존재임을 다 인정합니다. 여러 장점이 있지만 괴팍한 성격이 있다고 이야기하면 어느 정도 동의합니다. 사람들은 자신이 좀 모자란다는 사실을 기꺼이 인정할 준비가 되어 있습니다. 그런데 한 가지만은 끝까지 인정하지 않으려고 합니다. 자신이 하나님의 긍휼과 사랑을 필요로 하는 피조물이며, 피조물인 자신의 신분과 위치를 인정하고 살아야만 정말 사람다워질 수 있다는 사실은 절대로 받아들이지 않습니다.

사람들은 웬만한 건 다 믿을 준비가 되어 있습니다. 가령 '과학적'이라고 하면 마음을 기울여서 받아들이려고 애를 씁니다. 그런데 '성경적'이라고 하면 그저 미신적이고 종교적인 개념으로 받아들일 뿐 '과학적'이라는 말만큼 사실적이고 구체적으로 느껴져 하지 않습니다.

그러나 과학도 성경만큼이나 전제된 진리에 근거하지 않으면 성립하지 않습니다. 과학도 결정적인 자리에 가면 신앙처럼 어떤 신념에 근거한 체계로 되어 있습니다. 그러니 "과학은 믿을 만한데 성경이나 하나님은 믿을 만하지 못하다"고 말하는 사람들은 참 어리석은 것입니다. 그것은 죄의 핵심을 모태에서부터 그대로 가지고 태어난 어리석은 인생의 경향입니다.

익숙한 죄의 습관을 쫓아 하나님 없는 삶, 하나님을 부정하는 삶, 스스로를 하나님이라 여기며 하나님의 말씀을 부정하는 삶, 하나님의 성품을 의심하고 하나님 없이 스스로 완전할 수 있다고 여기는 삶이 바로 죄가 우리 안에 만들어내는 경향성입니다. 하나님 없이 완전한 세상, 하나님 없이 완전한 자기 자신이 가능한 것처럼 여기는 것이 죄의 핵심적인 경향입니다.

모든 죄의 핵심은 교만이다

하나님이 없으면 사람은 흙이고 티끌이고 먼지입니다. 우리는 원래 그렇게 지어졌습니다. 하나님의 형상을 간직해야, 하나님의 긍휼과 자비가 함께해야, 하나님과의 살아 있는 관계 안에서 생명 나무로부터 끝없이 생명을 공급받아야 사람은 정말 사람다워지며 존귀하고 영화롭게 됩니다.

속아서는 안 됩니다. 하나님을 부정하거나 하나님 없이 스스로 선다고 영화롭게 되는 것이 아닙니다. 하나님 없이 사람은 완전할 수 없습니다. 하나님이 코에 생기를 불어넣으셔야만 사람이 생령이 됩니다. 하나님이 넘치는 긍휼과 자비로, 천사에게도 주시지 않은 존귀와 영광을 사람에게 주셨기에 사람은 존귀한 대상입니다.

그런데 어리석게도 사람들은 하나님 없는 영광을 찾습니다. 하나님 없이도 스스로 완전할 수 있고 무엇이든지 할 수 있다고 생각합니다. 바로 그것이 모든 죄의 핵심인 교만입니다. 모태에서부터 죄를 가지고 태어났기에 우리는 인식하든 인식하지 못하든 인생에서 교만이라는 가장 중요한 문제를 안게 되었습니다.

죄가 만들어낸 가장 중요한 경향성이 교만입니다. 교만 때문에 사람은 하나님 없는 완전을 꿈꾸고 하나님이 배제된 자기중심성을 갖습니다. 사람들은 끝없이 하나님보다 자기 스스로를 믿으며 자신이 크고 중요한 존재라고 여깁니다. 그것이 바로 교만입니다. 우리는 자신이 흙이요 티끌이고 먼지라는 사실을 잊어서는 안 됩니다.

나이를 먹는 것이 정말 기쁘고 좋을 때가 있습니다. 의욕이 넘치던 20대와 30대를 지나 50세를 넘고 60세가 다 되어가니까 나 자신이 티끌이요 흙이라는 사실을 깨닫게 되는 것입니다. 하나님이 계셔야, 하나님과의 살아 있는 관계 안에 들어가야, 하나님의 긍휼과 사랑이 삶 가운데 밀려와야 우리는 영원히 쇠하지 않는 참된 존귀와 영광과 아름다움을 회복할 수 있습니다.

사람은 얼마나 연약한지, 자기 삶에 결정적인 소중한 아내와 남편 하나 제대로 사랑할 줄 모르는 존재가 아닙니까? 하나님 없는 완전이 우리의 인생에 가능합니까? 부모로서 자식을 제대로 길러보려고 얼마나 애쓰며 달려왔습니까? 고비마다 최선을 다했고 뭐라도 더 할 일이 없을까 마음을 쏟았지만 돌아보면 부끄러운 것뿐입니다. 할 말이 없습니다. 우리 자신이 너무나 불안전하고 미완성이라는 사실을 인정하지 않을 수 없습니다.

그럼에도 불구하고 우리는 하나님 없이 살려고 합니다. 말씀 앞에 자기의 생각과 경험을 굴복시키기보다는 스스로 하나님인 것처럼 살려고 합니다. 오히려 자기의 경험과 판단을 가지고 하나님의 성품을 의심하는 일을 멈추려고 하지 않습니다.

자신이 피조물임을 인정하고, 창조주이자 왕이신 하나님 앞에 겸손히 복종하는 삶을 살아야 진정한 영광과 존영을 회복할 수 있는데 그 자리로 들어가려고 하지 않습니다. 흙이고 티끌인 인생이 스스로 하나님처럼 여기는 교만을 가리켜 성경은 무엇이라고 말합니까? 바울은 교회 안에 있는 여러 직분에 대해 이야기하면서 이렇게 말했습니다.

"새로 입교한 자도 말지니 교만하여져서 마귀를 정죄하는 그 정죄에 빠질까 함이요"(딤전 3:6).

교만은 마귀의 죄입니다. 마귀가 마귀 된 이유는 교만 때문입니다. 자기 스스로를 믿고 중요하게 생각하는 교만이야말로 마귀의 죄인데, 아담과 하와는 마귀의 유혹과 꾐에 넘어가 똑같은 일을 반복했습니다. 그리고 아담 안에서 똑같은 죄를 지은 우리에게도 교만의 경향이 켜켜이 묻어 있습니다.

하나님을 인정한다는 순간조차도 변질된 하나님을 믿고, 교회에 나오면서도 성경과 관계없는 하나님을 믿습니다. 성경과 무관한 신을 우상으로 만들어놓고 "신은 이런 존재여야 한다"라고 말하며 자기 마음대로 신을 규정하고 조작합니다. 교만과 악입니다.

대학 시절 성경을 한참 많이 읽을 때, 늘 못처럼 제 마음에 박혀 불편하게 느껴지던 본문이 있었습니다. "사람의 마음의 교만은 멸망의 선봉이요 겸손은 존귀의 길잡이니라"(잠 18:12), "사람이 교만하면 낮아지게 되겠고 마음이 겸손하면 영예를 얻으리라"(잠 29:23), "자랑하는 자는 주 안에서 자랑할지니라"(고후 10:17) 등의 말씀이었습니다.

당시만 해도 권위를 들이받기 좋아했기에, 어지간히 훌륭한 사람을 봐도 양에 안 차고 세상에 무서울 것이 전혀 없었습니다. 교만에 관련된 성경 구절을 읽을 때면 왠지 체제 순응적인 사람을 만드는 것 같아 참 힘들었습니다. 성경은 즐겨 읽었지만 '기독교는 왜 이럴까' 하며 언짢아하곤 했습니다.

그런데 나이를 조금씩 먹어가고 삶을 살아갈수록 고개를 숙이지 않을 수가 없습니다. 인간은 티끌과 먼지, 흙과 같은 존재임을 깨닫게 되기 때문입니다. 인생은 바람 같습니다. 무언가 좀 한 것 같은데 돌아보면 아무것도 남은 게 없습니다.

그러므로 우리는 마음을 높은 데 두어서는 안 됩니다. 세상 사람들은 "못할 일이 뭐가 있나?"라고 의기양양해하지만 우리는 티끌이고 흙이기에 못할 일이 수두룩합니다. 전능하신 하나님, 살아 계신 하나님 앞에 무릎을 꿇고 우리의 중심을 굴복시켜야 합니다. 우리의 판단, 우리의 경험, 우리의 논리를 진리의 말씀 앞에 굴복시켜야 합니다. 교만은 우리를 멸망으로 이끌어갈 뿐입니다.

구원, 거저 얻은 은혜

"너희는 그 은혜에 의하여 믿음으로 말미암아 구원을 받았으니 이것은 너희에게서 난 것이 아니요 하나님의 선물이라 행위에서 난 것이 아니니 이는 누구든지 자랑하지 못하게 함이라"(엡 2:8-9).

"형제들아 너희를 부르심을 보라 육체를 따라 지혜로운 자가 많지 아니하며 능한 자가 많지 아니하며 문벌 좋은 자가 많지 아니하도다 그러나 하나님께서 세상의 미련한 것들을 택하사 지혜 있는 자들을 부끄럽게 하려 하시고 세상의 약한 것들을 택하사 강한 것들을 부끄럽게 하려 하시며 하나님께서 세상의 천한 것들과 멸시 받는 것들과 없는 것들을 택하사 있는 것들을 폐하려 하시나니 이는 아무 육체도 하나님 앞에서 자랑하지 못하게 하려 하심이라"(고전 1:26-29).

주님이 베푸신 구원은 세상의 정신과 완전히 다릅니다. 세상은 언제라도 끄집어내서 자랑할 것들을 쌓아둡니다. 그러나 자비와 긍휼이 넘치고 은혜와 사랑이 풍성한 하나님은 우리에게 '오직 주 외에는 자랑할 것 없는' 구원을 베푸셨습니다. 자기 자신을 높이거나 신뢰할 만한 구석이 전혀 없는 겸손한 구원으로 우리를 초대하신 것입니다.

스스로를 믿는 사람이 있습니까? 자기의 경험을 붙들고 자랑하는 사람이 있습니까? 그렇다면 그는 세상의 정신을 좇을 뿐 아직도 주님을 믿는 것이 무언지 모르는 사람입니다. 우리는 티끌이요, 흙입니다. 하나님이 베푸시는 은혜가 있을 때만 우리는 존귀하고 영화로워집니다. 세상의 정신에 휩쓸려서는 안 됩니다.

창세기 3장에 비친 소망의 한줄기 빛

아내의 이름을 '하와'라 불렀다

하나님의 심판과 분노가 선언되고 있는 이 마음 아픈 창세기 3장에 한줄기 소망의 빛이 비쳤습니다. 신약성경만큼 풍성한 복음이 드러나 있지는 않지만 복음의 핵심 요소인 한 인격과 그분이 하신 일이 그대로 묻어 있습니다. 실낱같은 희망과 기적 같은 소망의 씨앗이 보입니다.

> "아담이 그의 아내의 이름을 하와라 불렀으니 그는 모든 산 자의 어머니가 됨이더라"(창 3:20).

아담이 아내의 이름을 '하와'라고 부르는 대목에서 우리는 어떤 소망을 볼 수 있을까요? 우선 '하와'라는 이름의 뜻을 살펴보면 됩니다. 성경을 보면 '하와' 옆에 숫자 1이 있고 하와를 '생명'으로 번역해놓은 난외주가 달려 있습니다. 하나님이 "너는 흙이니 흙으로 돌아갈 것이니라"(창 3:19)고 말씀하시자 아담은 하나님이 내리신 모든 심판을 그대로 받아들였습니다.

가인처럼 "내 죄벌이 지기가 너무 무거우니이다"(창 4:13)라고 불평하지 않고 늦었지만 이제라도 하나님 말씀에 복종하겠다며 아내의 이름을 하와, 즉 생명이라고 지었습니다. 심판과 형벌을 면할 길이 없는 처지였지만 주님이 주신 언약이 여자의 후손 안에 있는 줄 알고 심판 중에도 긍휼을 잃지 않으시는 하나님을 신뢰하면서 믿음의 작은 고백을 아내의 이름에 담은 것입니다. 이처럼 하나님을 신뢰하는 아담의 소망 한 자락이 드러나 보이는 부분이 창세기 3장 후반부입니다.

가죽옷을 지어 입히셨다

하나님은 심판을 선언하는 중에도 믿음으로 깨우치고 돌이키는 자에게 긍휼과 자비를 베푸십니다. 그 사실을 어디에서 확인할 수 있습니까? 우리는 21절에서 하나님이 하신 일을 주목해야 합니다.

"여호와 하나님이 아담과 그의 아내를 위하여 가죽옷을 지어 입히시니라" (창 3:21).

이전까지 아담과 하와는 무화과나무 잎을 엮어 옷을 입고 있었습니다. 나뭇잎으로 엮은 옷은 아무리 잘 가려도 조금 있으면 다 드러납니다. 사람은 매우 존귀하고 영화롭고 아름다운 존재로 창조되었지만 죄가 들어오자 본래의 영광과 존귀가 깨지고 그 틈새로 수치와 두려움이 비집고 들어왔습니다.

그때 사람들이 한 일이 무엇입니까? 나뭇잎으로 가리는 것입니다. 나뭇잎으로 가리면 감출 수 있을 것 같고 잠시 안도의 숨을 쉴 수 있습니다. 하지만 시간이 흐르면서 나뭇잎은 시들고 속이 드러납니다. 사람만 흙으로 돌아가는 것이 아니라 가린 잎도 함께 흙으로 돌아갑니다. 그럼에도 세상은 돈, 명예, 신분, 지위, 업적 등으로 우리의 수치와 두려움을 가릴 수 있다고 가르칩니다. 거짓입니다!

저는 목회자로 살면서 저보다 재능과 능력이 월등한 사람, 사회적인 신분이 높은 사람, 돈이 많은 사람을 종종 만날 수 있었습니다. 목사로서 그런 분들을 섬기며 깨닫게 된 것은 인간의 수치와 두려움, 눈물, 고통이 해갈되지 않는다는 사실입니다. 돈 많이 벌어서 좋은 차를 타면 수치심이 해소될 거라고 생각하지만 그렇지 않습니다. 잠시의 위로가 주어질 뿐입니다. 좋은 차라도 시간이 흐르면 다 낡아집니다.

나이를 먹으면 아파트 평수가 넓은 것이 그렇게 불행일 수 없습니다. 언제 다 청소합니까? 잠시 보탬이 되는 것 같습니다. 남들이 볼 때 체면이 서는 것 같습니다. 그러나 시들고 마르는 날이 옵니다. 흰머리가 찾아오고 주름이 지면 아무도 이길 수가 없습니다.

주님이 이러한 인생의 수치와 질고를 다 아십니다. 흙으로 돌아가는 것이 정당한 형벌인데도, 하나님은 긍휼과 자비가 많으셔서 우리의 나뭇잎을 떼어내고 가죽옷을 지어 입혀 친히 수치를 가려주셨습니다. 사람의 생각과 얼마나 다릅니까? 사람들은 이 땅에 살면서 최선을 다하면 수치를 스스로 가릴 수 있다고 믿습니다. 평생 "돈!", "명예!", "학벌!", "능력!", "지식!"을 외치면서 살아갑니다.

하지만 그런 것들은 잠시 지나면 마르고 시듭니다. 돈을 아무리 많이 가져도, 사람들에게 아무리 큰 인정을 받아도 수치는 가려지지 않습니다. 우리의 문제는 최선의 노력으로 해결할 수 없습니다. 하나님이 친히 다가와 가죽옷을 입혀주셔야만 참되게 다뤄지고 해결됩니다.

이 본문을 묵상하는데 구주가 십자가에 달려 돌아가실 때 한쪽에 서서 구주의 죽음에 아랑곳없이 "겉옷을 누가 가질까?" 하며 제비 뽑고 있던 군인들이 생각났습니다. 그들을 측은한 마음으로 바라보며 옷까지 전부 벗어주고 가신 구주가 생각이 났습니다. 구주가 세상에 오셨는데도 세상은 제비뽑기를 하면서 옷으로 자기 수치를 가리는 데 여념이 없었습니다. 하지만 우리 구주는 그런 그들을 어리석다 꾸짖지 않고 옷을 전부 벗어주셨습니다.

하나님의 아들이요, 하나님인 그분은 영광과 존귀를 다 벗어놓고 낮고 천한 인간의 몸으로 십자가에 달려 돌아가셨습니다. 옷이 전부 벗겨지는 수치도 감당하셨습니다. 그 모든 고통과 수치를 우리 대신 당하신 것입니다.

그리스도로 옷 입으라

그런데 왜 가죽옷입니까? 사람들은 자신의 문제를 바라보면서 '돈만 조금 있으면 되고, 명예가 조금만 있으면 되고, 부모가 조금만 좋으면 되고, 가정이 조금만 달라지면 된다'고 생각합니다. 하지만 하나님의 눈에는 인생의 문제가 어떻게 보입니까? 나뭇잎을 최대한 많이 꺾어서 가린다고 가려지는 것이 아니라 누군가는 죽어서 대신 피를 흘려야 가려지는 수치입니다. 성경은 인생의 문제가 그만큼 크고 심각한 것이라고 선언합니다.

구약시대에는 수많은 제물이 죄인들을 대신해 피를 흘렸습니다. 신약시대에 와서는 구주가 친히 대속의 제물이 되셨습니다. 우리의 죄는 주님이 하늘의 영광을 다 내려놓고 사람의 몸으로 오셔서 우리를 대신해 십자가에 달려 돌아가시고 옷을 전부 벗어주셔야만 제대로 다뤄질 수 있는 문제입니다.

오늘 무엇으로 옷 입고 있습니까? 온갖 명품 브랜드로 자신을 치장하고 있습니까? 명예, 돈, 인정, 성공의 옷을 입고 있습니까? 아니면 주님에게만 합당하지만 우리에게 대신 입혀주신 하나님 아들의 영광스러운 옷을 입고 있습니까? 바울은 로마서에서 이렇게 권면합니다.

> "밤이 깊고 낮이 가까웠으니 그러므로 우리가 어둠의 일을 벗고 빛의 갑옷을 입자 낮에와 같이 단정히 행하고 방탕하거나 술 취하지 말며 음란하거나 호색하지 말며 다투거나 시기하지 말고 오직 주 예수 그리스도로 옷 입고 정욕을 위하여 육신의 일을 도모하지 말라"(롬 3:12-14).

하나님은 나뭇잎으로 수치를 가리려고 온갖 것을 추구하다가 종국에는 술과 정욕, 음란, 다툼으로 인생을 허비하는 이 시대를 향해 이제는 예수로 옷 입고 살라고 말씀하십니다.

예수님을 영접하고 구원의 확신을 얻은 무렵, 저는 하나님의 은혜를 풍성하게 누리고 있었음에도 말씀에 무지했기에 수련회에서 강사들의 설교나 구원 초청을 접할 때면 마음이 무너지고 흔들리곤 했습니다. 그래서 성경을 읽기 시작했습니다. 그러던 어느 날, 요한일서에서 다음과 같은 말씀을 읽었습니다.

> "또 증거는 이것이니 하나님이 우리에게 영생을 주신 것과 이 생명이 그의 아들 안에 있는 그것이니라 아들이 있는 자에게는 생명이 있고 하나님의 아들이 없는 자에게는 생명이 없느니라"(요일 5:11-12).

저는 마음속으로 하나님께 질문했습니다. "하나님, 제게 영생을 주셨다고 했는데 제 속에 하나님의 아들이 계십니까?" 그러자 얼마 지나지 않아 정말 물밀듯이 '아들이 있구나!' 하는 확신이 들어오면서 정죄로부터 자유를 누렸습니다.

내 속에 하나님의 아들이 있습니까? 예수로 옷 입었습니까? 틀림없이 예수로 옷을 입긴 했는데 세상이 말하는 다른 옷을 자꾸 걸치고 있습니까? 예수 하나면 충분하지 않습니까? 그분 안에 다 있고 모든 것을 가진 것보다 더 많은 것이 그분 안에 있는데 왜 자꾸 다른 것에 마음을 빼앗기고 삽니까? 성경은 "빛의 갑옷을 입자 … 오직 주 예수 그리스도로 옷 입고"(롬 13:12, 14)라고 우리에게 말합니다. 하나님 앞에 무릎 꿇는 것이 무엇인지 알고, 하나님 안에 있는 존귀와 영광이 무엇인지 아는 복된 구원의 삶이 우리 모두에게 있기를 바랍니다.

―

"아담이 그의 아내의 이름을 하와라 불렀으니 그는 모든 산 자의 어머니가 됨이더라 여호와 하나님이 아담과 그의 아내를 위하여 가죽옷을 지어 입히시니라 여호와 하나님이 이르시되 보라 이 사람이 선악을 아는 일에 우리 중 하나 같이 되었으니 그가 그의 손을 들어 생명 나무 열매도 따먹고 영생할까 하노라 하시고 여호와 하나님이 에덴 동산에서 그를 내보내어 그의 근원이 된 땅을 갈게 하시니라 이같이 하나님이 그 사람을 쫓아내시고 에덴 동산 동쪽에 그룹들과 두루 도는 불 칼을 두어 생명 나무의 길을 지키게 하시니라"(창 3:20-24).

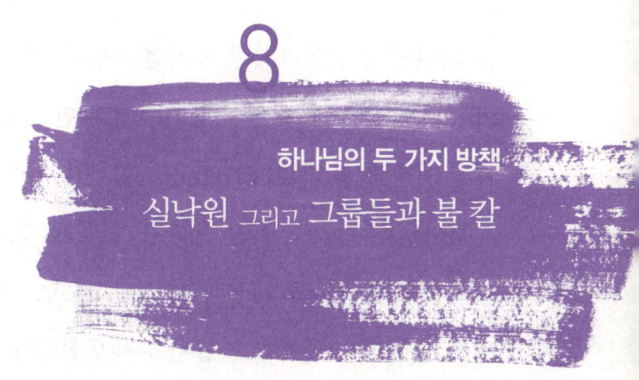

8

하나님의 두 가지 방책
실낙원 그리고 그룹들과 불 칼

마귀의 유혹,
그럴 듯하지만 결국 거짓!

창세기 3장 20-24절은 우리가 잘 알고 있는 '실낙원', 즉 낙원에서 쫓겨난 이야기를 담고 있습니다. 뱀은 하와에게 "하나님이 금지하신 일을 행하면 눈이 밝아져서 하나님 같이 되고 선악을 알게 될 것이다. 하나님이 그걸 알기에 금하신 것이다. 동산 중앙에 있는 나무의 열매를 먹어도 아무 일이 없을 것이다. 오히려 더 좋은 일이 있을 것이다"라고 말하며 유혹했습니다.

그리고 하와가 열매를 먹자 정말 눈이 밝아졌습니다. "보라 이 사람이 선악을 아는 일에 우리 중 하나 같이 되었으니"(창 3:22)라는 하나님의 말씀에도 이 사실이 나타나 있습니다. 마귀가 유혹했던 것처럼 그리고 하나님이 말씀하셨던 것처럼 아담과 하와는 눈이 밝아지고 선악을 아는 지식을 갖게 되었지만 가만히 보면 그들의 지식은 하나님이 갖고 계신 지식과 좀 다르다는 점을 깨닫게 됩니다.

하나님은 선악을 아는 지식을 어떻게 갖고 계십니까? 하나님은 그 지식에서 독립되어 계십니다. 객관적으로 떨어져 바깥에서 선악을 분별하고 선악을 통제하고 질서를 세우십니다. 반면에 죄를 지은 아담과 하와가 갖고 있는 선과 악에 대한 지식은 하나님과 다릅니다. "선악과를 먹으면 하나님처럼 된다"고 유혹한 마귀의 말처럼 실제로 눈이 밝아졌지만 무엇이 보였습니까?

자기의 죄악 됨을 봤습니다. 그리고 동시에 수치와 두려움, 죄책감을 느끼게 되었습니다. 객관적으로 악을 바깥에 놓고 보는 것이 아니라, 선과 악 중 선을 선택하는 것이 아니라 악에 치우치고, 악을 좋아하고, 악을 우선적으로 선택하고, 악에 붙들려 종노릇하고, 악에 끌려다니는 악에 대한 지식을 갖게 되었습니다.

마귀는 언제나 좋은 것을 약속합니다. 하지만 실제로 말씀을 어기고 마귀의 말대로 행해보면 어떻습니까? 비슷한 것 같은데 다릅니다. 이것이 바로 인생의 어리석음이요, 악함입니다. 정말 그럴 듯해서 유혹에 넘어가는데 죄악을 행하면 희한하게 죄의 종이 됩니다.

우리는 국가 대표급 죄인들이다

저는 오랫동안 청년들을 지도하면서 간혹 한 번씩 이러한 하소연을 듣곤 했습니다. "저는 부모님께 끌려다니면서 신앙생활을 했어요. 믿지 않는 친구들은 원하는 일을 마음껏 하면서 자유롭게 사는 것 같아요. 너무 부러워요." 그렇지 않습니다. 청년들에게는 예수 믿는 것이 무엇인지를 빨리 아는 것보다 더 중요한 일이 없습니다.

물론 예수님을 믿지 않는 친구들이 우리가 상상할 수 없는 말을 하고 생각을 하고 행동을 할 때 그것이 자유로워 보일 수 있습니다. 하지만 성경은 그렇게 말하지 않습니다. 그들은 죄가 요구하고 이끌고 명령하는 대로 따라하는 죄의 종일 뿐입니다. 죄를 이기고 죄를 거슬러 가며 참된 자유를 누리는 힘은 성도들에게만 가능합니다.

이 시대의 어리석음은 각기 자기를 주장하고 자기가 원하는 대로 하고 싶어 한다는 것입니다. 층간 소음 때문에 분노하다가 살인까지 저지르는 것이 오늘 우리가 사는 시대입니다. 사람들은 더불어 살아가기보다 자기가 원하는 일을 마음껏 하는 것이 자유라고 생각하지만 아닙니다. 욕망의 종이 되고 탐심의 종이 되어 죄에 기울고 죄를 더 좋아하는 죄의 종이 되는 것일 뿐입니다.

더러 상대적으로 죄를 덜 짓는 사람들이 있는데, 그들은 자신이 도덕적으로 다른 사람보다 낫다고 생각하기 쉽습니다. 하지만 하나님 앞에 서 보면 아무것도 아닙니다. 왜 죄를 덜 짓습니까? 체면 때문 아닙니까? 아무도 보지 않는 곳에서는 더하면 더하지, 덜하지는 않을 것입니다. 우리는 죄에 관한 한 국가 대표급입니다. 절대로 남에게 지지 않는 존재들입니다. 우리는 누구나 부패한 본성, 죄에 치우치는 본성을 가지고 있습니다.

우리는 선과 악을 아는 것 같지만 사실 악에 지배당하고 악에 이끌리고 악을 좋아합니다. 그것이 바로 우리가 모태로부터 갖고 태어난 본성입니다. 그러므로 성도가 되고 나서도 이러한 악한 본성을 깊이 경험하면서 바울처럼 깊은 탄식과 아픔을 느끼곤 합니다.

위대한 하나님의 사람인 바울조차 "내 속 곧 내 육신에 선한 것이 거하지 아니하는 줄을 아노니 원함은 내게 있으나 선을 행하는 것은 없노라"(롬 7:18)고 고백했습니다. 그리고 이어지는 24절에서는 "오호라 나는 곤고한 사람이로다 이 사망의 몸에서 누가 나를 건져내랴" 하며 탄식했습니다.

우리가 예수님의 귀한 말씀을 듣고 결단하고 삶의 자리에 나아가면 세상이 우리를 방해합니다. 그런데 믿음으로 사는 것을 방해하는 또 다른 요인이 우리 안에 있습니다. 죄를 선호하고 죄에 치우쳐서 오랜 세월 죄의 습관을 따라 살아온 우리의 본성입니다. 또 다른 법이 우리 속에 있어서 우리를 죄의 법 아래로 몰아갑니다. 그래서 성도들은 이 땅을 살아가면서 "오호라 나는 곤고한 사람이로다 이 사망의 몸에서 누가 나를 건져내랴" 하고 깊이 탄식하는 것입니다.

우리의 삶을
죄의 무기가 아닌, 의의 무기로

저는 "가능하면 팔순 넘기지 말고 가자"고 이야기하곤 합니다. 한 번씩 그 말을 할 때마다 어르신들께 죄송한 마음이 듭니다. 누가 그때를 정할 수 있겠습니까? 그런데 시대가 하도 "건강하게 백수한다"고 말하기에 성도로서 한 번씩 문제의식을 갖자는 의미에서 하는 말입니다.

성도는 육신을 입고 살아가는 인생의 고단함과 질고를 깊이 알기 때문에, 세상 사람들이 생각하는 것처럼 그저 오래 살면 좋다고 여기지 않습니다. 생각해보십시오. 우리는 말씀대로 살기를 사모하지만 죄를 선호하는 법이 우리 속에 여전히 있기에 말씀을 제대로 살아내지 못합니다. 하나님을 원하는 만큼 충분히 사랑하고 제대로 섬기지 못해 깊이 탄식합니다. 바로 이러한 탄식으로 인해 우리는 세상과 다른 방식으로 삶의 방식과 가치를 품게 됩니다.

단지 오래 살기만 원하는 것이 아니라, 육신의 장막이 무너져서 더 온전히 주님을 사랑하고 섬길 수 있는 그날이 오기를 목마르게 사모하게 되는 것입니다. 그러므로 백수를 자랑하는 시대에 일찍 주님의 부르심을 받는 것이 얼마나 큰 영광이고 복인지 알아야 정말 예수 믿는 사람이라고 할 수 있습니다.

죄로 기울어지는 본성 때문에 가슴을 찢어내듯 탄식한 적이 있습니까? 행실은 말할 것도 없이 생각에서부터 부패와 악이 하늘을 찌르기에 하나님께 너무나 죄송해서 마음 아파한 적이 있습니까? "오호라 나는 곤고한 사람이로다 이 사망의 몸에서 누가 나를 건져내랴" 하고 탄식하며 이 짧은 인생길을 살아가고 있습니까?

과거의 습관을 좇아 사람을 해코지하고 이웃의 마음을 아프게 하는 죄를 위한 흉기로 자신의 삶을 드리고 있지 않습니까? 주님이 우리에게 주신 구속의 자유를 가지고 죄를 이기는 삶을 살아가고 있습니까? 흉기처럼 사용되었던 우리의 삶이 하나님과 이웃을 위한 거룩한 의의 무기로 사용되도록 우리의 생을 내어드리고 있습니까?

비록 우리는 죄를 짓곤 하지만 거룩을 향한 열정을 품어야 합니다. 죄에서 우리를 자유롭게 하신 하나님의 구원의 아름다움과 성결과 거룩이 연약한 우리의 몸에까지 묻어나 우리의 삶이 거룩한 의의 무기로 드려지기를 사모해야 합니다.

실패가 없는 것이 아닙니다. 목사인 저도 넘어질 때가 많습니다. 그러나 지기만 하지는 않습니다. 죄에 치우치는 경향으로부터 자유를 얻어 죄를 거슬러가고 죄와 피를 흘리며 싸워 이기는 것이 하나님의 백성, 하나님의 사람들입니다. 그저 남들보다 조금 더 도덕적이고 조금 더 착하면 되는 게 아닙니다. 우리에게 주어진 자유가 무엇인지 알고, 우리의 삶을 죄의 무기가 아닌 의의 거룩한 무기로 내어드리기 시작해야 합니다.

범죄한 인간을 위한
하나님의 두 가지 방책

선악을 아는 지식이 생기자 악에 치우치기 시작하는 사람들을 보며 삼위 하나님은 고민하셨습니다. "여호와 하나님이 이르시되 보라 이 사람이 선악을 아는 일에 우리 중 하나 같이 되었으니 그가 그의 손을 들어 생명 나무 열매도 따먹고 영생할까 하노라 하시고"(창 3:22). 죄에 치우친 상태에서 생명 나무 열매를 따먹고 죄 아래서 영원토록 살면 어떻게 됩니까? 그것은 바로 영원한 멸망과 저주를 의미합니다.

주님은 어리석은 인생들이 죄악 가운데서 생명 나무 열매를 따먹고 영원히 살기를 도모할 줄 알고 마음 아파하셨습니다. 악의 지배를 받아 왜곡과 아픔이 가득한 인생 가운데 들어왔는데도 사람들은 그 악한 삶에서 돌이키지 않고 악이 있는 영생을 추구합니다. 여전히 생명 나무 열매를 따먹으려고 도모하는 사람들에게 하나님은 두 가지 방책을 내셨습니다.

동산에서 내쫓으시다

첫 번째로 하나님은 사람을 생명 나무 열매가 있는 동산에서 내쫓으셨습니다. "여호와 하나님이 에덴 동산에서 그를 내보내어 그의 근원이 된 땅을 갈게 하시니라"(창 3:23). 죄가 있는 상태로 생명 나무 열매를 먹고 영원히 거하지 못하도록 방법을 마련하신 것입니다.

죄를 짓기 전에 아담과 하와는 하나님의 품 안에서 그분의 자비와 긍휼을 마음껏 누렸습니다. 땀 흘리고 수고하지 않아도 동산 곳곳에서 온 갖 풍성한 부요를 얻었습니다. 하나님의 형상을 품고 있었기에 그 존재 가 아름답고 존귀했으며 하늘로부터 온 평안과 자유와 행복과 지복이 사람들의 분깃이었습니다.

그런데 죄가 들어왔습니다. 그들은 동산에서 내쫓겼습니다. 이제는 죽도록 땀 흘려 수고해야 겨우 먹고살 수 있고 그렇게 살다가 흙으로 돌아가게 되었습니다. 땅에서 사는 사람들을 잘 보십시오. 무슨 차를 타고, 무슨 음식을 먹고, 어떤 집에서 살고, 어떤 옷을 입고, 어느 신분 과 지위를 가지고, 어떤 명예를 누리는가에 인생의 모든 가치와 의미를 둡니다.

하지만 그렇게 살면서 많이 성취하고 소유한다 해도 행복하지 않습 니다. 왜 그럴까요? 동산에서 쫓겨났기 때문입니다. 인생에서 제일 큰 질고와 불행은 만복의 근원인 하나님과 함께 거하던 동산에서 거절당 하고 쫓겨난 것입니다. 사람들은 선천적으로 거절감에 대한 뿌리 깊은 상처가 있습니다. 누군가와 원수 되고 싶다면 면전에서 거절하는 것만 큼 좋은 방법이 없습니다. 거절당하는 것이 왜 그렇게 고통스럽습니까? 하나님의 동산에서 쫓겨난 거절의 아픔이 우리 안에 본성처럼 흐르기 때문입니다.

'동산에서 쫓겨났다'는 것은 '일하지 않아도 먹고살 수 있는 땅을 떠 나게 되었다'는 정도의 의미가 아닙니다. 혹은 '지복의 세상을 누리다 가 가시와 엉겅퀴가 있는 세상으로 쫓겨났다'는 정도도 아닙니다. 가장 중요한 건 '만복의 근원인 하나님 아버지의 면전에서 쫓겨났다'는 사실입니다. 하나님께 거절당한 것, 바로 이것이 인생의 모든 불행의 핵심입니다.

하지만 사람들은 이 핵심으로 돌아오지 않고 하나님 없는 나머지 것으로 행복을 추구하려 합니다. 그래서 일하지 않아도 되는 세상을 만들고 싶어 합니다. 사람들에게 인정과 존경을 받음으로써 자신의 영광과 가치를 회복하려 합니다. 모든 인생이 그러한 삶을 추구하기에 서로 상대를 끌어내리는 데 여념이 없습니다. 하나같이 부패한 죄인들입니다.

하나님의 면전에서 거절당하자 사람들은 더 이상 하나님의 품에 거할 수 없게 되었습니다. 세월이 흘러 하나님과 점점 더 멀어지자 하나님 없는 삶을 익숙하고 당연하게 여겼습니다. 우리의 인생은 가장 중요한 것을 잃어버렸기 때문에 다른 온갖 것으로도 행복해지지 않습니다.

많은 젊은이들이 '이상적인 배우자를 만나면 행복할 거야'라고 생각하지만 그런 배우자를 만나도 별수 없습니다. 물론 위로가 아주 없는 것은 아닙니다. 그러나 동산에서 쫓겨난 우리는 아버지의 얼굴을 원하는 대로 누릴 수가 없습니다. 주의 은혜의 품에 아무 거리낌 없이, 수치와 거절에 대한 두려움 없이 다가가 그분을 마음껏 누릴 수 있는 복락을 잃었기 때문에 가장 원하는 사람을 얻어도 행복하지 않습니다.

저는 세상이 다 알아주는 유명한 자리까지 가보지 않아서 잘 모르지만 아마 그 자리에 가도 별수 없을 것이라 생각합니다. 아무리 유명하고 훌륭한 사람이라 해도 예수를 믿지 않으면 인생이 행복할 수 없다는 것을 묻지 않아도 압니다. 아버지의 품을 떠났기 때문에, 아버지께 거절 당했기 때문에, 동산에서 쫓겨났기 때문에 우리의 인생은 그곳으로 돌아갈 때까지 참된 쉼과 복락과 기쁨을 제대로 알고 누리지 못합니다. 잠시 기쁨을 누릴 수 있어도 그것이 참되거나 영원하지 않습니다.

구주는 우리에게 오셔서 "나를 믿는 자는 성경에 이름과 같이 그 배에서 생수의 강이 흘러나오리라"(요 7:38)고 약속하셨습니다. 이 약속을 붙들 때 우리는 비록 동산에서 쫓겨나 이 세상에서 살아가지만 구주께 돌아가 그분과의 회복된 관계 안에서 그분의 품을 누리고 무엇과도 비교할 수 없는 본질적이고 참되고 영원한 기쁨과 복락을 누리게 될 것입니다.

슬픔이 사라지고 기쁨만 있다는 뜻은 아닙니다. 구주가 우리를 데리러 이 땅에 다시 오실 때까지 우리는 100% 기쁨만 누리지 못합니다. 눈물도 있고 좌절도 있고 질고도 겪어야 합니다. 수많은 인생살이의 아픔을 켜켜이 겪으며 이 땅을 살아야 하는 것은 어쩔 수 없는 일입니다. 하지만 하나님의 품이 회복되고, 하나님의 면전에서 그분의 이름을 부르며 그분을 마음껏 누릴 수 있는 은혜가 회복되면 구주가 말씀하신 것처럼 배에서 생수의 강이 흘러나옵니다.

구약성경의 시인은 이렇게 말했습니다. "주께서 내 마음에 두신 기쁨은 그들의 곡식과 새 포도주가 풍성할 때보다 더하니이다"(시 4:7). 오늘날 표현으로 바꾸면 주께서 내 마음에 두신 기쁨은 "어마어마한 돈을 벌어들인 기쁨, 사람들에게 찬사와 인정을 받는 데서 오는 기쁨, 명예와 성취를 거머쥐며 느끼는 기쁨과 비교할 수 없다"는 것입니다.

구약시대를 살았던 시인도 이렇게 고백했다면, 성령 하나님의 역사를 체험한 신약시대의 우리는 더더욱 당연히 이런 기쁨을 누려야 하지 않겠습니까? 우리 성도들은 도덕적으로 조금 더 착한 사람이 아닙니다. 우리는 배에서부터 흘러나오는 희락이 무엇인지, 행복이 무엇인지 아는 백성입니다. 소유와 찬사와 명예에 목말라하는 세상에 살면서도 그것에 길들여지지 않고 하나님이 주시는 성령과 은혜의 다스림을 받는 사람입니다. 여전히 슬픔과 눈물, 질고를 겪으면서도 삶에 관통하는 행복과 기쁨이 무엇인지 아는 사람입니다.

오늘날 조국 교회와 성도들에게 요구되는 것이 무엇입니까? 그저 남들보다 조금 착하게 사는 삶이 아니라 세상과의 차이를 선명하게 드러내는 삶입니다. 질고와 아픔이 많은 인생을 살아가면서도 대속의 은혜에서 비롯된 자유와 희락과 복락이 무엇인지를 알고 누리는 삶입니다. 이런 삶을 살아야 세상이 추구하는 돈과 명예에 마음을 빼앗기지 않을 수 있습니다. 시대를 거슬러 올바로 살아갈 수 있습니다. 하나님은 그러한 삶으로 우리를 부르십니다.

그룹들과 불 칼을 두어 생명 나무의 길을 지키시다

"이같이 하나님이 그 사람을 쫓아내시고 에덴 동산 동쪽에 그룹들과 두루 도는 불 칼을 두어 생명 나무의 길을 지키게 하시니라"(창 3:24).

선악을 알게 된 사람에게 하나님이 두 번째로 하신 일이 무엇입니까?

하나님은 사람이 죄를 지닌 채 생명 나무에 접근해서 열매를 따먹고 영생하지 못하도록, 즉 죄가 있는 상태로 비참하고 불행한 삶을 반복하지 않도록 에덴동산 동쪽에 그룹들을 두셨습니다. 그리고 두루 도는 불 칼을 두어서 생명 나무에 이르는 길을 지키게 하셨습니다.

'그룹'은 천사 중 상위 계층에 해당하는 천사를 의미합니다. '그룹'이라는 말은 성경에 약 90회 등장하는데 가령 구약시대에는 지성소에 놓인 언약궤와 그 채가 그룹들의 날개에 덮여 있었습니다. '그룹'이라는 단어가 가장 많이 등장하는 성경 중에 하나는 에스겔서입니다. 에스겔서를 보면 그룹들이 하나님의 보좌를 호위하는 모습을 볼 수 있습니다. 그러므로 그룹은 하나님의 임재의 영광과 권능을 보존하는 역할을 하는 상위 천사들로 해석하면 좋을 것 같습니다. 죄를 지은 사람은 이제 그룹들이 지키고 있는 생명 나무에 접근할 수 없게 되었습니다.

'불 칼'은 죄를 향한 하나님의 진노와 심판을 상징합니다. 누구든지 생명 나무로 가려면 불 칼을 통과해야 합니다. 하지만 죄가 있는 자들은 불 칼로 상징되는 하나님의 진노와 심판을 피할 길이 없습니다.

많은 사람들이 이 그림을 그냥 읽고 지나갑니다. 그러나 절대로 지나쳐서는 안 됩니다. 우리의 삶과 인류의 역사를 해석하는 가장 중요한 그림 중 하나이기 때문입니다. 인류의 역사는 한마디로 요약해서 '잃어버린 동산으로의 회귀', '생명 나무 열매에 대한 끝없는 소망'이라고 할 수 있습니다. 이것이 인류의 역사를 해석하는 중요한 잣대요, 이 땅을 사는 인생들의 지향점 중 하나입니다.

인간이 끝없이 성공에 목말라하며 잘살고 싶어 하는 이유가 무엇입니까? 동산에 대한 끝없는 그리움이 마음속에 새겨져 있기 때문입니다. 쫓겨난 동산으로 되돌아가고 싶은 것입니다. 인류는 비록 죄를 지었지만 생명 나무 열매를 먹어서 영원히 살고 싶다는 욕구를 내려놓지 못합니다.

역사에서 만나는 수많은 영웅과 제국의 목표는 한마디로 '잃어버린 동산의 재건'이었습니다. 거대 제국, 거대 도시가 끊임없이 생겨났던 이유는 잃어버린 동산을 인간의 방법으로 다시 만들려는 갈망 때문이었습니다.

십수 년 전에 중국 시안의 병마용을 방문한 적이 있습니다. 진시황의 무덤이 있는 곳으로 규모가 엄청났습니다. 주변에는 진시황의 시신을 보호한다는 수많은 병사의 토기가 사람 크기만 하게 세워져 있습니다. 진시황은 불로초를 간절히 원했습니다. 곧 생명 나무의 열매를 따먹고자 했던 것입니다.

성경에 나오는 바벨론, 앗수르, 헬라 제국, 로마 제국을 보십시오. 왜 다른 나라를 정복해서 자기 나라의 영토를 확장하려고 합니까? 좁게 보면 잘 먹고 잘 살려는 것이지만 보다 거시적인 관점에서 보면 잃어버린 에덴동산으로 복귀하고자 하는 소망이 있었던 것입니다.

한편 현대인들이 가장 크게 박수를 보내며 환호하는 것이 무엇입니까? 과학과 기술과 학문의 발전입니다. 믿는 사람이든 믿지 않는 사람이든 의술이 발전하고 과학기술이 진일보하면 기뻐하고 좋아합니다. 이유가 무엇입니까? 그것이 생명 나무 열매를 대체할 수 있다고 여기는 것입니다.

사람들은 죄로 인해 하나님께 내침을 당했습니다. 죄가 있는 한 불 칼을 통과해서 생명 나무 열매를 먹을 사람은 아무도 없습니다. 하나님께로 돌이켜 회개하고 하나님의 품에 안기는 것 외에는 방법이 없습니다. 그런데 그것만 아니면 무엇이든지 다 해보려고 합니다. 제국도 건설하고, 과학과 기술과 학문과 의술과 예술과 문학을 발전시켜서 삶을 풍성하게 만들고 싶어 합니다.

하지만 하나님 품으로 돌아갈 때까지 인생의 그 모든 도모는 헛될 수밖에 없습니다. 왜입니까? 그룹과 불 칼이 지키고 있기 때문입니다. 인류 역사는 한마디로 '동산 주변을 서성이다가 들어가지 못하고, 생명 나무 주변을 서성이다가 그 열매를 따먹지 못하는 것'의 반복이라고 할 수 있습니다.

예수님이 친히 열어주신 새롭고 산 길

다니엘 2장을 보면 제국들이 거대한 신상으로 등장합니다. "그 우상의 머리는 순금이요 가슴과 두 팔은 은이요 배와 넓적다리는 놋이요 그 종아리는 쇠요 그 발은 얼마는 쇠요 얼마는 진흙"(단 2:32-33)이었습니다. 크기가 엄청나고 금과 은으로 화려하게 장식된 이 아름다운 신상은 바벨론, 앗수르, 헬라, 로마 제국을 의미합니다.

그런데 그 역사의 거대한 흐름 한가운데로 손대지 아니한 돌(뜨인 돌,

개역한글)이 나왔습니다. 그 돌은 대리석처럼 잘 닦인 돌이 아니라 아무렇게나 있다가 하나 툭 떠서 온 돌이었습니다. 그 뜨인 돌은 제국들을 무너뜨려 티끌과 먼지로 만들어버리고 태산을 이뤄 온 세계에 가득하게 되었습니다.

이처럼 제국들은 길어봐야 500년, 짧으면 100년도 못 버티고 흥망성쇠를 거듭했습니다. 역사 안에 얼마나 많은 제국들이 그 이름을 드러냈습니까? 그러나 놀랍게도 뜨인 돌처럼 아무리 봐도 화려함이나 아름다움, 광대함이 없는, 아무도 주목하지 않는 교회는 2000년 넘게 온 세상에 흐르고 오늘날 조국 땅까지 왔습니다.

아담 이후 모든 사람은 끝없이 하나님 없는 에덴동산의 완성을 꿈꾸고, 하나님 없는 생명 나무에 접근하기를 갈망해왔습니다. 이것이 모든 인생의 허망한 노력과 수고의 결말입니다. 우리가 몸담고 사는 이 세상의 사람들은 여전히 광대하고 위대한 제국을 건설하고자 합니다. 무엇이든 힘으로 해결하려고 하는 이 시대에 교회와 성도들은 무엇을 선포합니까?

미련하고 어리석어 보이는 십자가에 못 박혀 죽으신 구주를 선언합니다. 그분은 어떤 메시아로 오셨습니까? 동산에서 쫓겨나고 생명 나무 열매에 접근할 수 없는 인생의 질고를 해결하기 위해 오신 메시아입니다. 그런데 십자가에 못 박혀 죽는 메시아로 오셨습니다. 거대한 제국을 좋아하고 힘이 센 영웅을 좋아하는 이 세상에 구주는 아무도 원하지 않는 모습으로 오셨습니다.

그런데 성경은 무엇이라고 선포합니까? "구주가 이 땅에 우리의 모습으로 오셔서 생명 나무 길을 막고 있는 불 칼에 우리 대신 맞아 돌아가셨다. 구주가 십자가 위에서 몸이 찢기실 때 지성소와 성소 사이를 막고 있던 휘장이 찢어진 것처럼, 불 칼에 맞아 찢어진 그분의 몸 사이로 새롭고 산 길이 열렸다. 따라서 구주의 대속의 은혜를 믿고 의지하는 모든 자에게는 하나님의 동산으로 돌아가는 길이 열리고 생명 나무 열매를 먹는 길이 열렸다."

세상은 그것이 무슨 길이냐며 미련하다고 조롱합니다. 하지만 미련하고 어리석어 보이는 그 길이 하나님의 권능이요, 하나님의 지혜입니다. 그 사실을 아는 자들은 구주를 믿고 환영하고 받아들입니다. 그리고 하나님은 그들에게 영원한 생명, 즉 생명 나무 열매를 약속하십니다.

세상은 '오직 하나의 길'을 이야기하는 교회와 성도들을 향해 벌 떼같이 일어나 '너무 교만하고 속이 좁다'며 조롱하고 손가락질합니다. 심지어 몽둥이로 때리고 총칼로 죽이면서 핍박합니다. 하지만 교회와 성도들이 목에 칼이 들어와도 포기할 수 없는 메시지는 "길은 하나밖에 없다"는 것입니다.

구주께서 말씀하신 대로 에덴동산으로 돌아가는 길, 생명 나무의 열매를 먹는 길은 하나밖에 없습니다. "다른 이로써는 구원을 받을 수 없나니 천하 사람 중에 구원을 받을 만한 다른 이름을 우리에게 주신 일이 없음이라 하였더라"(행 4:12).

또한 베드로전서 3장 18절은 "그리스도께서도 단번에 죄를 위하여 죽으사 의인으로서 불의한 자를 대신하셨으니 이는 우리를 하나님 앞으로 인도하려 하심이라"고 말합니다. 하나님 앞에서 쫓겨난 우리를 '하나님 앞으로 인도하기 위함'이라고 말하는 것입니다. 히브리서 기자는 우리에게 이렇게 권면합니다. "우리가 마음에 뿌림을 받아 악한 양심으로부터 벗어나고 몸은 맑은 물로 씻음을 받았으니 참 마음과 온전한 믿음으로 하나님께 나아가자"(히 10:22).

주님이 몸을 찢으심으로 길이 열렸습니다. 히브리서 기자는 우리에게 형식적인 종교가 아니라 참 마음과 온전한 믿음으로 하나님께 나아가자고 이야기합니다. 세상을 살아가는 데 위안과 도움을 주는 여러 종교 중 하나로 믿는 게 아니라 참 마음과 온전한 믿음을 가지고 예수님이 찢어놓으신 살을 통해 열린 생명의 길로 하나님께 나아가자고 촉구하는 것입니다.

그 길에 들어서 있습니까? 지금 걷고 있는 길이 그 길 맞습니까? 틀림없이 그 길에 들어섰는데 자꾸 다른 것에 목말라하지는 않습니까? 우리가 걷는 길에 비록 불완전한 형태일지라도 존영과 아름다움이 마르지 않는 샘처럼 끊임없이 흐르기 원합니다. 우리 모두가 세상 영혼들의 마른 목을 축이고 심령을 새롭게 하는 복된 은혜의 도구가 될 수 있기를 바랍니다.

PART 2 — 구원

하나님을 만난 인생

―

"달린 행악자 중 하나는 비방하여 이르되 네가 그리스도가 아니냐 너와 우리를 구원하라 하되 하나는 그 사람을 꾸짖어 이르되 네가 동일한 정죄를 받고서도 하나님을 두려워하지 아니하느냐 우리는 우리가 행한 일에 상당한 보응을 받는 것이니 이에 당연하거니와 이 사람이 행한 것은 옳지 않은 것이 없느니라 하고 이르되 예수여 당신의 나라에 임하실 때에 나를 기억하소서 하니 예수께서 이르시되 내가 진실로 네게 이르노니 오늘 네가 나와 함께 낙원에 있으리라 하시니라"(눅 23:39-43).

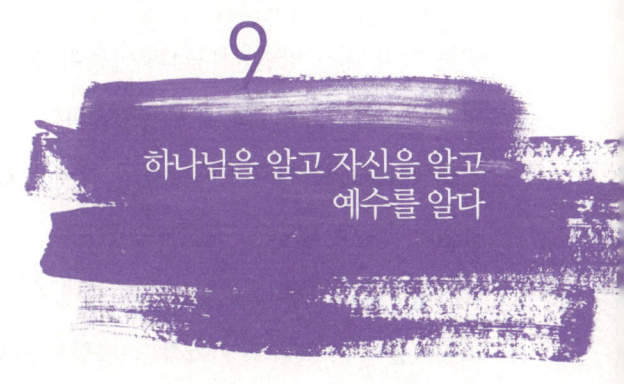

9
하나님을 알고 자신을 알고 예수를 알다

예수님의 낙원 회복 약속

앞 장에서는 창세기 3장을 마무리하며 사람이 낙원에서 쫓겨난 이야기를 나눴습니다. 그리고 신약에 들어와 누가복음 23장에서 주님은 한편 강도에게 "오늘 네가 나와 함께 낙원에 있으리라"(눅 23:43)라고 말씀하셨습니다. 주님은 범법자처럼 십자가에 달리신 그 자리에서 한편 강도에게 낙원을 약속하셨습니다. 창세기 3장에서 잃어버린 낙원을 회복해주겠다고 약속하신 것입니다.

누가복음 23장과 같은 사건을 다루고 있는 마태복음 27장의 전체 흐름을 살펴보면, 구주가 십자가에 달려 돌아가실 때 많은 사람들이 주변에서 그분을 비난하고 조롱했다는 사실을 알 수 있습니다. 지나가는 사람들마저 구주를 가리켜 자기 머리를 흔들며 "성전을 헐고 사흘에 짓는 자여 네가 만일 하나님의 아들이어든 자기를 구원하고 십자가에서 내려오라"(마 27:40) 하고 모욕했습니다.

대제사장들도 서기관, 장로들과 함께 똑같이 희롱하면서 "그가 남은 구원하였으되 자기는 구원할 수 없도다 그가 이스라엘의 왕이로다 지금 십자가에서 내려올지어다 그리하면 우리가 믿겠노라"(마 27:41-42)고 조롱했습니다. 그리고 이어지는 44절을 보면 "함께 십자가에 못 박힌 강도들도 이와 같이 욕하더라"고 기록되어 있습니다.

예수님은 십자가에 달려 돌아가시기까지 6시간 남짓 버티셨습니다. 그 모습을 예수님의 십자가 좌측과 우측에 있던 강도들은 모두 지켜봤습니다. 그런데 놀랍게도 둘 중 한 강도에게 은혜가 임했습니다. 영혼의 눈이 열려 주님을 인격적으로 만나는 복을 경험하게 된 것입니다. 그는 도무지 이해할 수 없던 인물, 그동안 만나왔던 그 어떤 인물과도 구별되고, 특별히 죄를 지은 자신과 비교할 때 너무나 다르고 독특해서 눈을 뗄 수 없었던 인물인 예수님을 주목하다가 은혜를 입어 구주를 영접하고 회심하는 경험에 이르렀습니다.

서구의 어떤 학자들은 이 한편 강도의 회심의 진정성을 부정합니다. 너무나 극단적인 상태이었기에, 즉 죽음을 목전에 두고 지푸라기라도 잡고 싶은 심정이었기에 주님을 불렀을 뿐 내면에 과연 진정한 신앙이 있었는지는 의심스럽다는 것입니다.

그러나 이런 식으로 본문을 해석하면 복음과 기독교의 특성이 무시되고 맙니다. 복음과 기독교는 다른 종교에는 없는 독특함(uniqueness)을 갖고 있기 때문입니다. 이 본문은 복음 안에서만 발견할 수 있는 독특한 차이를 매우 선명하게 보여주는 대표적인 말씀입니다.

한편 강도의 신앙고백은 진정성이 있는가?

한편 강도의 고백에는 그의 회심과 신앙이 참되다는 사실을 확인할 수 있는 여러 증거들이 있습니다. 우리와 똑같은 믿음의 요소를 이 한편 강도의 고백에서 발견할 수 있습니다.

> "달린 행악자 중 하나는 비방하여 이르되 네가 그리스도가 아니냐 너와 우리를 구원하라 하되 하나는 그 사람을 꾸짖어 이르되 네가 동일한 정죄를 받고서도 하나님을 두려워하지 아니하느냐"(눅 23:39-40).

하나님을 아는 지식이 열렸다

한편 강도의 신앙의 진정성을 보여주는 첫 번째 표현이 40절에 기록되어 있습니다. 그에게는 하나님을 아는 지식이 있었습니다. 참된 신앙은 하나님을 아는 지식을 열어줍니다. 어떤 하나님에 대한 지식입니까? 심판자 하나님, 모든 형벌보다 두려워해야 할 살아 계신 하나님에 대한 지식입니다.

세상 사람들은 '남들이 먹는 음식을 내가 못 먹으면 어떻게 할까? 남들이 입는 옷을 내가 못 입으면 어떻게 할까? 경쟁에서 이기지 못하면 어떻게 할까?'를 걱정하며 살아가지만 성경은 사람이 정말 두려워해야 하는 게 그런 것이 아니라고 말합니다.

주님은 "그러므로 염려하여 이르기를 무엇을 먹을까 무엇을 마실까 무엇을 입을까 하지 말라 … 너희 하늘 아버지께서 이 모든 것이 너희에게 있어야 할 줄을 아시느니라"(마 6:31-32)고 말씀하셨습니다. 우리가 두려워해야 하는 것은 먹을 것, 마실 것, 입을 것이 아니라 모든 사람이 하나도 예외없이 하나님의 심판대 앞에 서게 된다는 사실입니다. 이것이 가장 큰 두려움의 핵심입니다.

하나님을 믿고 하나님의 사랑을 아는 성도의 마음에는 하나님에 대한 경건한 두려움이 자리하고 있습니다. 어떤 인격을 지극히 사랑하면 경건한 두려움이 생깁니다. 한편 강도는 평생 죄를 지었습니다. 당시 최고의 형벌이라고 할 수 있는 십자가 형벌을 당할 정도였습니다. 하지만 감사하게도 마지막 순간에 영적인 지각이 열려 하나님이 경험되고 깨달아졌으며 그분을 두려워하는 마음도 품게 되었습니다. 옆에 있는 또 다른 강도와 달리 하나님의 심판대야말로 지금 자신이 달려 죽는 십자가에 비할 수 없이 무섭고 두려운 것이라는 사실을 인식했던 것입니다.

자기를 아는 지식이 열렸다

둘째로, 한편 강도에게는 하나님을 아는 지식만 열린 것이 아니라 자기를 아는 지식도 열렸습니다.

"우리는 우리가 행한 일에 상당한 보응을 받는 것이니 이에 당연하거니와 이 사람이 행한 것은 옳지 않은 것이 없느니라 하고"(눅 23:41).

모든 참된 신앙은 하나님을 아는 지식과 더불어 자기를 아는 지식을 열어줍니다. 그런데 정직하게 자기를 보기란 결코 쉬운 일이 아닙니다. 저는 목회를 30년 넘게 하면서 예수 잘 믿는다는 사람들을 수없이 만났지만 그들 중 진정으로 자기를 알고 자기를 향해 깊이 무너져 있는 사람들은 많지 않았습니다.

간증거리들도 많고 하나님의 은혜에 관한 이야기를 입에 달고 살아가는 사람들이지만 그 열매인 자기 인식, 즉 자기가 어떤 존재인지 아는 데서 오는 부드럽고 깨어진 마음을 가진 사람들은 별로 없었습니다.

죄인들의 가장 큰 문제가 무엇입니까? 죄인들은 절대로 자기가 전적으로 잘못했다고 인정하지 않습니다. 언제나 남 탓을 합니다. 그리고 앞서 아담과 하와에게서 본 것처럼, 너무나 분명한 죄를 짓고도 할 수만 있으면 피하고 싶어 합니다. "제 허물입니다. 저는 정말 제가 지은 죄에 대한 정당한 형벌을 받고 있습니다"라고 말하는 죄인은 거의 없습니다.

세상에서 가장 소중한 관계인 부부가 싸우는 이유는 늘 배우자 때문입니다. 자식도 마찬가지입니다. 눈에 넣어도 아프지 않을 귀한 자식이라 해도 나하고 부딪히면 그 아이가 문제입니다. 나는 이만하면 괜찮은 부모인데 희한한 아이가 태어난 것입니다. 부모는 "우리 두 사람 사이에서 어떻게 저런 아이가 나왔는지 모르겠다"라며 서로를 위로합니다.

인생들은 "내 잘못입니다"라고 말하지 않습니다. 할 수만 있으면 피하고, 남 탓을 하고, 상대를 비난하기를 주저하지 않습니다. 그런데 한편 강도는 "우리는 우리가 행한 일에 상당한 보응을 받는 것이니 이에 당연하거니와"(눅 23:41)라고 말했습니다.

창세기 4장에서 가인은 동생 아벨을 미워했습니다. 하나님이 죄를 다스리라고 경고하며 기회를 여러 번 주셨는데도 분을 참지 못하고 결국 동생을 죽이고 말았습니다. 그러고는 하나님이 형벌을 명하시자 "내 죄벌이 지기가 너무 무거우니이다"(창 4:13)라고 말했습니다.

어느 누구도 "내가 받는 형벌이 합당하다"고 말하지 않습니다. 가인처럼 늘 남 탓을 하고, 형벌이 중하다고 말하는 것이 보편적인 사람들의 모습입니다. 그런데 한편 강도는 "내가 죄를 지었고 형벌을 받는 것이 합당하다"고 고백했습니다. 그는 자기가 무너지고 깨어진 사람이었던 것입니다.

예수 믿는 사람은 자신이 남과 다르다고 생각하지 않습니다. 물론 저마다 독특한 개성을 가졌다는 면에서 우리는 모두 남과 다릅니다. 하지만 성도라면 자신이 남들보다 낫거나 훌륭하다고 평가하지 않습니다. 스스로를 보면서 자신이 얼마나 악한 죄인이며 부패한 본성을 가지고 있는지 잘 압니다. 자기를 제대로 보고 아는 사람이 바로 성도인 것입니다. 이 한편 강도는 자기를 잘 알고 있었습니다.

예수를 아는 지식이 열렸다

한편 강도의 고백이 진실하다는 사실을 알 수 있는 또 하나가 있습니다. 하나님을 아는 지식도 매우 중요하고 자기를 아는 지식도 중요합니다. 바른 기독교 신앙 안에는 이러한 요소들이 반드시 들어 있어야 합니다. 그러나 충분하지는 않습니다. 하나의 지식이 더해지지 않으면 여전히 바른 신앙이라고 볼 수 없습니다. 그 하나의 지식은 41절 하반절에서 찾을 수 있습니다.

"이 사람이 행한 것은 옳지 않은 것이 없느니라 하고"(눅 23:41).

그 지식은 바로 예수에 대한 지식입니다. 한편 강도에게는 예수에 대한 지식이 열렸습니다. 아무리 절대자인 하나님을 알고 자기를 알아도 예수를 아는 지식이 열리지 않으면 기독교가 아닙니다. 자기의 죄와 허물을 아무리 많이 보아도 그것만 갖고는 기독교라고 할 수 없습니다. 그것은 우리로 하여금 자학하고 자책하고 낙심하고 의기소침하게 할 뿐입니다.

하지만 예수를 아는 지식을 가질 때 우리는 자유와 씻음을 경험하고 주님이 주시는 존귀를 알게 됩니다. 자기를 아는 것만 가지고는 충분하지 않습니다. 절대자 하나님이 계시다는 사실을 아는 것으로도 부족합니다. 더불어 그리스도를 아는 지식도 함께 열려야만 하는 것입니다.

한편 강도에게는 그리스도를 아는 지식까지 열렸습니다. "이 사람이 행한 것은 옳지 않은 것이 없느니라"(눅 23:41)는 그의 고백에서 알 수 있듯이 그는 '예수님이 죄 없으신 분'이라는 사실을 깨달았습니다. 교리에 익숙한 분들은 대수롭지 않게 생각할지 모르지만 성경은 이 진리를 아는 것이 매우 중요하다고 강조합니다.

누가복음 23장 전반부에만 '예수님은 죄 없으신 분'이라는 말이 빌라도의 입을 빌려서 4회나 기록되어 있습니다. 동일한 사건을 다루고 있는 마태복음 27장에도 빌라도 아내의 입을 통해서 이 사실이 증거됩니다. 빌라도의 아내는 빌라도가 재판석에 앉아 있을 때 사람을 보내어 "저 옳은 사람에게 아무 상관도 하지 마옵소서"(마 27:19)라고 말했습니다. 이 말은 십자가에 달리신 예수님이 죄가 없는 옳은 분이라는 뜻입니다.

심지어 마태복음 27장에는 가룟 유다의 증언도 나옵니다. 예수님을 판 유다는 스스로 뉘우쳐 대제사장을 찾아가서 이렇게 말했습니다. "내가 무죄한 피를 팔고 죄를 범하였도다"(마 27:4). 이처럼 성경은 예수님에게 죄가 없다는 이야기를 얼마나 여러 가지 표현으로 하고 있는지 모릅니다.

히브리서 기자는 또 "우리에게 있는 대제사장은 우리의 연약함을 동정하지 못하실 이가 아니요 모든 일에 우리와 똑같이 시험을 받으신 이로되 죄는 없으시니라"(히 4:15)고 말하면서 죄 없음을 특별히 강조합니다. 예수님에게 죄가 없다는 사실이 왜 이처럼 중요합니까? 한편 강도가 "이 사람이 행한 것은 옳지 않은 것이 없느니라"고 말한 것에 우리는 왜 주목해야 합니까?

예수님은 죄인처럼 십자가에 달리셨지만 죄 없이 죽으신 것이었습니다. 지금 한편 강도는 자기의 죄를 대신 짊어지고 죽으시는 예수, 대속의 구주가 되시는 예수를 보고 있는 것입니다. 아무 죄가 없고, 옳지 않은 것이 없는 분께서 옳은 것이라고는 하나 없는, 평생 죄 지은 자기를 대신해 죽으시는 모습을 발견한 것입니다. 한편 강도에게는 예수의 대속의 은혜를 보는 눈이 열렸습니다.

교회에 수십 년 머물러 있어도, 교회에서 인정받는 중직자라 할지라도 한편 강도처럼 눈이 열리지 않으면 성도가 아닙니다. '죄 없는 예수님이 죄인인 나를 위해, 나를 대신해서, 내 죄 때문에 돌아가셨다'는 사실을 믿어야 진짜 기독교 신앙 안으로 들어가는 것입니다. 한편 강도는 놀랍게도 이 진리를 믿고 고백했습니다.

그리스도의 왕 되심을 고백했다

그런데 본문을 보면 놀랍게도, 한편 강도는 구주를 아는 눈 하나만 열린 것이 아닙니다. 42절에서 강도는 "예수여 당신의 나라에 임하실 때에 나를 기억하소서"라고 말했습니다. '예수의 나라', '예수가 소유하신 나라', '예수가 다스리고 통치하시는 나라'를 이야기했습니다.

지금 한편 강도는 예수를 왕으로 보게 된 것입니다. 십자가에 달려 있는 도무지 이해할 수 없는 인물, 모든 사람에게 조롱과 손가락질을 당하고 가장 가까운 제자들에게마저 버림받은 실패자 같은 분 안에서 왕 되심을 읽어냈습니다.

"예수를 믿는다"는 말 속에는 예수님이 나를 위해 죽으셨고, 예수님이 내 구주이시고, 예수님의 공로로 내가 구원받았다는 고백만 들어 있는 것이 아닙니다. "예수님은 나의 왕이십니다. 예수님은 나의 주인이요, 임금이십니다. 그분의 부르심을 신실하게 따르는 것이야말로 내 인생의 참된 본문임을 믿습니다"라는 고백이 포함되어 있는 것입니다.

이처럼 한편 강도는 사람들의 조롱을 한 몸에 받고, 자기 십자가 하나 제대로 지지 못해 넘어지기를 수차례 하다가 결국 구레네 사람 시몬의 도움을 받을 수밖에 없었던 형편없는 분을 향해서 왕이라고 고백했습니다.

재림 신앙을 고백했다

뿐만 아니라 한편 강도의 말("예수여 당신의 나라에 임하실 때에 나를 기억하소서")을 조금 더 집중해서 보면, 그가 재림 신앙을 고백하고 있다는 사실을 알 수 있습니다. 당시는 예수님이 십자가에 달려 고난받고 죽으시기 직전이었습니다. 그럼에도 불구하고 강도는 구주를 향해서 "당신은 지금 십자가에 달려 피를 쏟으시고 있지만 저는 당신의 나라가 올 것을 알고 있습니다. 그때 저를 기억해주십시오"라고 부탁을 드렸던 것입니다.

조국 교회의 아픔 중에 하나는 너무나 많은 성도가 믿는다고 말할 뿐 성도답게 살지 못하기 때문에 조국 사회로부터 끝없이 제대로 살도록 요구받고 있다는 것입니다. 그래서 많은 성도가 세상 사람과 다르게 살아보고자 몸부림치고 있습니다. 정말로 우리는 다르게 살고 제대로 살아야 합니다. 조국 사회가 기대하는 것처럼 예수 믿는 사람으로 살고 진리를 아는 사람으로 살아야 합니다.

우리는 자꾸만 잘 사는 일에만 관심을 갖습니다. 세상이 옳다고 믿는 일에만 마음을 빼앗깁니다. 그러나 어떻게 살아야 잘 사는 성도의 삶입니까? 주님의 재림이 목전에 와 있다는 사실을 인식해야 합니다. 주님이 문 열고 들어오시는 순간이 바로 코앞으로 다가왔다는 사실을 인식해야 우리는 아무도 보지 않는 삶의 자리에서 중심을 잡고 참된 정직과 거룩과 성결을 행할 수 있습니다.

수많은 사람들이 오늘을 잘 살아보려고 노력하지만 주님의 재림은 기다리지 않습니다. 주님의 재림을 확신하지 못합니다. 조국 교회 성도들을 보면 내일이 있다고 믿는 사람들의 삶이 아닌 것 같습니다. 어찌하든지 오늘만 살아남으려고 몸부림칩니다. 오늘을 가지고 모든 것을 평가하려는 경향을 너무도 자주 보게 됩니다. 주님의 나라가 임박하다는 사실을 너무도 많은 사람들이 잊어버리고 삽니다.

주님이 눈앞에 와 계시다는 사실이 믿어집니까? 이러한 인식이 우리의 삶을 더 경건하고 정직하고 참되도록 이끌어갑니까? 놀랍게도 한편 강도는 십자가에 달리신 구주를 보면서 주님의 나라를 붙들고 재림 신앙에 대한 고백을 쏟아놓았습니다.

같은 자리, 다른 결론

예수님 옆에서 함께 십자가에 못 박혔던 두 강도는 똑같은 강도들이었습니다. 두 사람 모두 6시간 동안 이해되지 않고 해석되지 않는 독특한 인물인 주님을 지켜봤습니다. 두 사람 모두 죽을 것 같은 질고와 고통을 겪으며 예수님 옆에 있었습니다. 그런데 놀랍게도 한 사람에게는 눈이 열리고 한 사람에게는 열리지 않았습니다. 예수님은 세상에 살아 계실 때 이렇게 말씀하셨습니다.

> "그 때에 두 사람이 밭에 있으매 한 사람은 데려가고 한 사람은 버려둠을 당할 것이요 두 여자가 맷돌질을 하고 있으매 한 사람은 데려가고 한 사람은 버려둠을 당할 것이니라"(마 24:40-41).

두 사람이 같은 교회에서 나란히 앉아 같은 말씀을 듣는데 한 사람은 눈이 열립니다. 왜 이런 차이가 생겨납니까? 동일한 조건과 상황 속에서 동일하게 구주를 옆에서 지켜보는데 왜 한 사람은 주님을 알아보고 다른 한 사람은 주님을 비방하고 있습니까?

"무엇이 차이를 만들어내는가?" 앞으로 이 문제를 요한복음 3장을 살펴보며 다각도로 고민해볼 것입니다. 본문인 누가복음 23장은 이 질문에 대한 답을 한마디로 '은혜'라고 말해줍니다. 한편 강도가 얼마나 특별한 사람인지 보십시오. 그는 열두 제자들보다 먼저 주님의 나라에 받아들여졌습니다.

구약시대가 끝나고 신약시대가 열리면서 "오늘 네가 나와 함께 낙원에 있으리라"(눅 23:43)는 말을 들은 사람은 그가 처음입니다. 극형에 처해질 만큼 중한 죄를 범했던 그가 십자가 한쪽 귀퉁이에서 구주를 발견하면서 주님으로부터 잃어버린 낙원의 회복에 대한 영광스러운 약속을 받았습니다. 열두 제자들에게조차 아직 명확하게 말씀되지 않은 이야기를 듣게 된 것입니다.

무엇이 이러한 차이를 만듭니까? 은혜의 기적입니다. 우리는 은혜로 예수님을 믿었고, 은혜로 지금까지 성도의 삶을 살아왔고, 죽는 순간까지도 은혜로 살아갑니다. 은혜가 아니면 우리는 하나님의 백성다울 수 있는 가능성이 전혀 없습니다. 은혜 없이 하나님의 백성으로서 영광을 누릴 수 있는 사람은 우리 중에 아무도 없습니다. 한편 강도처럼 우리에게 마땅한 것은 형벌뿐입니다. 따라서 구원은 기적입니다.

조국 교회에는 어리석게도 천국에 다녀왔다면서 '내가 본 천국'에 관해 이야기하는 사람들이 종종 있습니다. 희한하게도 그들이 똑같이 전해주는 메시지가 있습니다. 천국에 갔더니 아파트 평수가 다르더라는 것입니다. 저는 그들이 말하는 천국을 믿지 않습니다. 세계적인 석학이 이야기한다 해도 안 믿습니다. 천국은 그런 곳이 아닙니다.

물론 성경은 상급의 차이를 말하고 있습니다. 우리는 하나님 나라에서 상급의 차이가 틀림없이 존재하는 것을 보게 될 것입니다. 성경이 그렇게 가르치고 있기 때문입니다. 그러나 단순히 그들이 주장하는 것처럼 평수의 차이일 것이라고는 믿지 않습니다. 구주의 대속의 은혜보다 큰 것이 무엇이겠습니까? 우리의 누더기 같은 행위로 어떻게 평수를 결정할 수 있겠습니까? 예수를 믿고 난 다음에 무슨 덕이나 선을 행한다고 해서 우리가 하나님 앞에서 평수를 넓힐 수 있겠습니까?

저는 그런 천국을 믿을 수 없고 성도들에게 가르칠 수도 없습니다. 완전한 구주의 대속의 은혜! 바로 그 은혜 때문에 한편 강도는 완전한 구원의 자리에 손색없이 임하게 되었습니다. 하나님의 은혜의 기적, 하나님의 긍휼과 자비가 만들어낸 기적입니다.

대속의 은혜, 그 부요함과 풍성함에 대하여

본문은 우리에게 한 가지 더 귀한 메시지를 던집니다. 한편 강도에게 임했던 구주의 대속의 은혜는 어느 순간 우리 삶에 찾아온 기적 정도가 아니라 더 나아가 매우 부요하고 풍성한 은혜라는 사실입니다. 강도의 요청에 대한 예수님의 응답에서 우리는 그 은혜의 부요함을 발견할 수 있습니다.

언젠가가 아니라 오늘 당장!

42절에서 한편 강도는 예수님께 "당신의 나라에 임하실 때에 나를 기억하소서"라고 간구했습니다. 언제인지 몰라도 당신의 나라가 틀림없이 올 것인데 그때 자신을 한 번만 기억해달라고 부탁한 것입니다. 그런 강도의 요청에 주님은 "내가 진실로 네게 이르노니 오늘 네가 나와 함께 낙원에 있으리라"(눅 23:43)고 말씀하셨습니다. "참말을 하건대, 네가 구한 것은 언제인지 모르는 '그때'이지만 너는 기다릴 필요 없이 '오늘' 나와 함께 낙원에 있을 것이다"고 말씀하신 것입니다.

이것이 바로 기독교요, 복음이요, 복음 안에 있는 독특한 요소 중 하나입니다. 한편 강도처럼 평생을 살아온 사람일지라도 구주의 완전한 대속의 은혜만 있다면 조금 더 나아지고 조금 더 선해지고 조금 더 예수 믿는 사람 같아지고 조금 더 괜찮아지는 그때를 기다릴 것 없이 '오늘' 주님과 함께 낙원에 있을 것이라고 주님은 말씀하셨습니다.

혹시 "저는 예수 믿고 싶지만 준비가 덜 되었습니다. 정리해야 할 것들이 많으니 조금만 있다가 예수 믿겠습니다"라고 말하는 분이 있다면 주님이 하시는 말씀을 들어보십시오. 그때까지 기다릴 필요가 없습니다. 시간을 두고 변화를 경험한 다음에 예수를 영접할 자는 아무도 없습니다.

'오늘' 주님의 진리가 깨달아지고 믿어지면 '오늘' 주님을 영접한 순간부터 우리는 주님과 함께 낙원에 있게 되는 것입니다. 낙원은 죽어서 가는 곳이 아닙니다. 성경은 그날이 되어야만 낙원을 경험하고 누릴 수 있다고 말하지 않습니다. 한편 강도처럼 아무 공로 없고 일한 것이 없어도 주님을 인격적으로 모신 '오늘'부터 우리는 주님의 영광스러운 나라에 참여하게 됩니다.

기억만 해주시는 것이 아니라 받아주신다

또한 한편 강도가 원한 것은 주님이 자신을 잊지 않고 기억해주시는 것이었습니다. 주님을 만난 모든 진실한 성도들은 "주님의 나라가 임하거든 저를 생각만 해주십시오. 주님이 저를 한 번만 생각해주신다면 더 없는 위로와 힘이 되겠습니다"라고 고백했습니다. 다른 것은 구할 엄두도 내지 못합니다. 다른 뭔가를 요구할 자격이 없음을 너무나 잘 알기 때문입니다.

허랑방탕한 삶을 산 탕자는 아버지께 돌아와서는 "아버지 내가 하늘과 아버지께 죄를 지었사오니 지금부터는 아버지의 아들이라 일컬음을 감당하지 못하겠나이다"(눅 15:21)라고 말했습니다. 또한 한평생 주님을 위해 신실하게 살았던 사도 바울은 생애 마지막 순간에 무엇이라고 말했습니까? "미쁘다 모든 사람이 받을 만한 이 말이여 그리스도 예수께서 죄인을 구원하시려고 세상에 임하셨다 하였도다 죄인 중에 내가 괴수니라"(딤전 1:15). 그는 자신을 가리켜 죄인 중 괴수라고 고백했습니다.

이처럼 어느 시대든 주님을 만난 사람들은 하나 같이 "나를 생각만 해주십시오"라고 간구했습니다. 그러나 다른 것은 기대할 수도, 요구할 수조차 없는 연약한 우리를 향해 예수님은 무엇이라고 말씀하십니까? "오늘 네가 나와 함께 낙원에 있으리라!"

생각해주시는 정도가 아니라, 기억해주시는 정도가 아니라, 종들 중 하나나 죄인 중 괴수로 여기시는 것이 아니라 하나님 아들의 완전한 공로 안에서 하늘의 영광스런 보좌 앞으로 나아가기에 아무런 손색이 없는 자로 우리를 받아주십니다.

하나님 앞에서 우리의 모습을 보면 너무나 부끄러워서 끄집어 내놓을 것이 아무것도 없습니다. 그럼에도 하나님은 구주의 대속의 은혜 안에서 우리를 은혜로 바라보고 받아주십니다. 종들 중 하나로 여겨주셔도 과분하다고 생각하는 우리를 아들로 받아주시며 금가락지를 끼우고 옷을 벗어 입히고 잔치를 베푸십니다.

예수와 함께!

예수님은 한편 강도에게 "오늘 네가 나와 함께 낙원에 있으리라"고 말씀하셨습니다. 여기서 '낙원'은 어떤 곳입니까? 눈물이 없고, 고통과 탄식이 없고, 질고와 아픔이 사라진 곳입니다. 하지만 성경이 말하는 낙원의 핵심은 무엇일까요? 예수님과 함께 거하는 곳입니다.

슬픔과 질고가 없기 때문에 좋은 곳이 아니라, 예수님이 함께하시기 때문에 좋은 곳입니다. 일하지 않아도 되기 때문에 좋은 곳이 아니라 예수님이 그곳에 계시기 때문에 좋은 곳입니다. 우리의 모든 위로와 기쁨과 사랑의 원천인 예수님이 계시기에 그곳이 천국이요, 낙원인 것입니다.

모세가 율법을 받으러 시내산에 올라갔을 때 이스라엘 백성은 산 밑에서 금송아지 우상을 만들어 섬겼습니다. 그 타락한 모습을 보신 하나님은 가슴을 쓸어내리고 탄식하며 모세에게 말씀하셨습니다.

"너는 네가 애굽 땅에서 인도하여 낸 백성과 함께 여기를 떠나서 내가 아브라함과 이삭과 야곱에게 맹세하여 네 자손에게 주기로 한 그 땅으로 올라가라 … 나는 너희와 함께 올라가지 아니하리니"(출 33:1-3).

그러자 모세는 죄지은 이스라엘 백성이 머물던 진 밖에 회막을 치고 그곳에서 하나님께 "주께서 친히 가지 아니하시려거든 우리를 이 곳에서 올려 보내지 마옵소서"(출 33:15)라고 기도했습니다. "주님이 가시면 저도 갈 것입니다. 주님이 함께 가시지 않으면 가나안 땅은 의미가 없습니다"라고 이야기한 것입니다.

하나님은 우리와 함께하기 위해서 우리에게 낙원을 선물하셨습니다. 그러하기에 우리는 주님을 영접한 순간부터 낙원에 초대된 것입니다. 오늘날 우리는 100% 완성된 낙원에 들어간 것은 아니지만 낙원의 일부를 맛보는 삶을 살아가고 있습니다. 그 낙원의 맛은 슬픔과 질고가 많은 세상에 살고 있는 우리에게 그 고통을 이기고도 남을 힘을 공급해 줍니다. 그 낙원의 맛은 우리가 예수를 믿는 순간 우리 안에 임재하신 성령 하나님과 동행할 때 알 수 있습니다.

인생살이라는 것이 예수 믿는다고 실패와 아픔이 사라지는 게 아닙니다. 고통과 실패를 겪는 가운데서도 예수님이 우리와 함께하시기 때문에 배에서 생수의 강이 흘러나오는 삶을 살 수 있는 것입니다(요 7:38). 눈물이 있고 탄식이 있고 질고가 있는데도 성령이 임재하여 함께하시기 때문에 세상이 알지 못하는 기쁨과 평안 속에 거할 수 있는 것이 바로 성도인 우리의 삶입니다.

이런 예수님을 만났습니까? 그저 '신앙생활'이라는 이름만 붙인 채 종교적인 삶을 살아가고 있지는 않습니까? 정말 한편 강도처럼 예수님을 만났습니까? 본문에서 주님은 십자가에 달리신 채 한편 강도에게 "오늘 네가 나와 함께 낙원에 있으리라"고 말씀하셨지만 오늘날에는 부활 후 하나님 우편에 앉아 더 선명하게 우리를 낙원으로 초청하십니다. 이러한 구원의 복을 알고 있습니까? 하나님 나라에 참여하게 되는 복된 은혜가 우리 모두에게 임하기를 바랍니다.

—

"유월절에 예수께서 예루살렘에 계시니 많은 사람이 그의 행하시는 표적을 보고 그의 이름을 믿었으나 예수는 그의 몸을 그들에게 의탁하지 아니하셨으니 이는 친히 모든 사람을 아심이요 또 사람에 대하여 누구의 증언도 받으실 필요가 없었으니 이는 그가 친히 사람의 속에 있는 것을 아셨음이니라 그런데 바리새인 중에 니고데모라 하는 사람이 있으니 유대인의 지도자라 그가 밤에 예수께 와서 이르되 랍비여 우리가 당신은 하나님께로부터 오신 선생인 줄 아나이다 하나님이 함께 하시지 아니하시면 당신이 행하시는 이 표적을 아무도 할 수 없음이니이다 예수께서 대답하여 이르시되 진실로 진실로 네게 이르노니 사람이 거듭나지 아니하면 하나님의 나라를 볼 수 없느니라"(요 2:23-3:3).

10 사람이 거듭나지 아니하면

요한복음 3장의 신비를 푸는 열쇠, 니고데모는 누구인가?

요한복음 3장에는 니고데모라는 중요한 인물이 등장합니다. 니고데모가 어떤 사람인지를 눈여겨보면 요한복음 3장이 우리에게 주는 메시지를 선명하게 알 수 있습니다.

"바리새인 중에 니고데모라 하는 사람이 있으니 유대인의 지도자라"(요 3:1).

첫째로, 니고데모는 바리새인이었습니다. 우리는 흔히 바리새인이라고 하면 막연하게 부정적으로 생각하지만 당시 사회에서는 그렇지 않았습니다. 그들은 헬라 문화가 지배적이던 당시에 유대 문화를 소중하게 여기고 믿음의 선조들이 전승해준 전통에 따라 하나님을 바르게 믿어보려고 몸부림쳤던, 오늘날로 말하면 독실한 종교인이었습니다. 그런 면에서 니고데모는 매우 신앙적이고 신실한 종교적인 인물이었습니다.

둘째로, 니고데모는 율법을 많이 연구하여 가르치던 유대인의 선생이요, 지도자였습니다. 당시 유대 사회의 법체계는 두 가지 질서를 가지고 있었습니다. 먼저 중범죄나 사회의 일반 범죄는 로마의 법정이 판단했습니다. 그래서 예수님도 빌라도의 법정에서 재판을 받으셨습니다. 또 하나, 백성들 사이에서 일어나는 민사 문제나 종교 문제는 유대인들이 직접 재판을 했고 당시 재판을 집행하던 유대인의 기관을 가리켜 '산헤드린 법정'이라고 했습니다. 산헤드린 법정을 구성하고 있는 사람들은 모두 71명이었는데 그중 한 사람이 니고데모였습니다.

게다가 원문을 보면 10절에 나오는 '선생'이라는 단어 앞에 정관사가 붙어 있습니다. 여러 선생 중 하나가 아니라 선생 하면 머릿속에 떠오르는 전형적인 인물이 니고데모라는 것입니다. 이처럼 니고데모는 당시 유대 사회에서 최고의 자격과 탁월함과 신앙심을 갖춘 매우 두드러진 인물이었습니다.

셋째로, 니고데모는 다른 바리새인들과 다른 관점으로 예수님을 바라봤습니다. 당시 대부분의 종교 지도자들은 예수님이 초라한 나사렛 출신이라는 편견을 가지고 그분의 교훈이나 행동에서 허물을 찾아내려 애썼지만 그에 반해 니고데모는 열린 마음으로 예수님께 배우기 위해 나왔습니다.

그 자신도 출중한 선생이던 니고데모가 예수님께 나온 이유는 무엇일까요? 그는 예수 안에 자기에게는 없는 특별한 무언가가 있다는 사실을 깨달았습니다. 그래서 당시 많은 지도자들이 편견에 어두워 예수의 가르침과 행함을 옳게 보지 못하는 상황 가운데 있었지만 그는 열린 눈과 마음으로 촌구석 출신의 무명인 예수를 찾아갔던 것입니다.

니고데모는 장점이 참 많은 인물입니다. 겸손하고 열린 태도를 가지고 있었을 뿐 아니라 자기에게 없는 무언가가 채워지기를 사모하는 마음으로 예수께 나왔습니다. 한마디로 니고데모는 신령한 지식에 대한 목마름을 가진 사람이라고 추론해볼 수 있습니다.

넷째로, 니고데모는 예수님께 나온 사람입니다. 이 세상에는 얼마나 많은 사람들이 마음으로만 동의하고 입술로 고백하는 데 그치는지 모릅니다. 실제 행함으로 나아가는 경우는 거의 없습니다. 예배를 드릴 때는 양심에 찔림도 있고 깨달음도 있어서 '실천해봐야지' 하고 마음먹지만 정작 실천하는 사람들은 많지가 않습니다. 많은 사람들이 양심의 가책을 받은 것에 스스로 만족합니다. '오늘도 조금 찔렸다' 하고는 잊어버리고 지나갑니다. 그런데 니고데모는 문제의식을 마음에 담아두지만 않고 느끼는 대로 행했습니다.

진리는 모든 사람을 똑같이 대한다

물론 본문에서 볼 수 있듯이 니고데모는 완전한 사람은 아니었습니다. 그는 밤에 예수님을 찾아갔습니다. 왜 낮이 아니라 밤이었을까요? 여러 이유가 있겠지만 출중한 신분과 자격을 갖춘 사람으로서 다른 사람의 눈을 의식하지 않을 수 없었을 것입니다. 사람들이 예수님을 점점 미워하기 시작하던 시기라 그들이 편견을 가지고 대적하던 인물을 공공연하게 찾아가는 것은 공인으로서 쉬운 일이 아니었을 것입니다.

게다가 예수님을 만난 니고데모는 주님을 어떻게 불렀습니까? "하나님께로부터 오신 선생"(요 3:2)이라고 불렀습니다. 니고데모는 당시 바리새인들보다 훨씬 탁월한 관점으로 예수님을 보고 있었지만 오늘날 우리가 보는 것처럼 주님이 독생자요, 하나님인 동시에 사람이요, 세상과 만물의 유일한 구주요, 중보자라는 사실을 아직 모르고 있었습니다. 그런 면에서 니고데모는 틀림없이 한계가 있는 인물이었습니다.

그럼에도 불구하고 앞서 살펴봤듯이 니고데모는 사람들에게 두루두루 경외와 인정을 받을 만한 인물이었습니다. 이렇게 출중한 지도자 니고데모를 세상의 다른 종교나 권력은 어떻게 대했겠습니까? 이런 인물을 마다할 사람은 아무도 없습니다. 니고데모 같은 인물이 찾아오면 자신의 공동체를 빛나게 해준다면서 기뻐하고 좋아할 것입니다. 그런데 우리 구주와 기독교는 다릅니다. 놀랍게도 예수님은 우리가 흔히 생각하는 방식으로 이 인물을 맞아들이지 않으십니다. 그 이유를 알기 위해 니고데모를 소개하는 3장의 앞부분인 요한복음 2장 23-25절을 주목해 봅시다.

"죽은 자 가운데서 살아나신 후에야 제자들이 이 말씀하신 것을 기억하고 성경과 예수께서 하신 말씀을 믿었더라 유월절에 예수께서 예루살렘에 계시니 많은 사람이 그의 행하시는 표적을 보고 그의 이름을 믿었으나 예수는 그의 몸을 그들에게 의탁하지 아니하셨으니 이는 친히 모든 사람을 아심이요 또 사람에 대하여 누구의 증언도 받으실 필요가 없었으니 이는 그가 친히 사람의 속에 있는 것을 아셨음이니라"(요 2:23-25).

예수님이 예루살렘에 머물며 기적을 행하시자 많은 사람들이 예수님의 이름을 믿었습니다. 그런데 주님은 그들에게 자기의 몸을 의탁하지 않으셨습니다. 사람이 어떠하다는 것, 즉 기적이나 표적 같은 극적인 일을 체험하면 예수님의 이름을 쉽게 믿으려 한다는 것을 알고 계셨기 때문입니다. '이것이 정말 성경이 가르치는 진리에 합당한가?'를 분별한 후 믿어야 하는데 너무나 경솔하고 몰지각하게 놀라운 일이 일어나는 쪽으로 우르르 몰려다니는 사람의 속성을 아셨기 때문입니다. 그래서 주님은 그들에게 자신의 몸을 맡기지 않으셨습니다.

그런데 니고데모를 소개하는 요한복음 3장은 무슨 말로 시작합니까? 접속사 '그런데'입니다. 앞에 나오는 무리와 니고데모를 대조한 것입니다. 경솔하고 어리석게 무엇이든지 믿으려 하는 무리와 달리 니고데모는 경솔하거나 무지하지 않고 변별력 없는 사람도 아니었다는 이야기입니다. 그는 많이 배운 사람이었고 윤리적, 도덕적, 종교적으로 자질이 훌륭한 데다 영적인 목마름도 가지고 있었습니다. 2장 말미에 나온 무리와는 전혀 다른 인물입니다.

그런데 놀랍게도 성경은 2장 말미에 나오는 무리와 3장에 등장하는 출중한 인물 니고데모를 통해서 동일한 메시지를 전합니다. 이것이 바로 기독교요, 복음입니다. 여기서 우리는 사람을 바라보시는 구주의 시선을 알 수 있습니다. 그분은 세상의 윤리, 도덕, 종교의 관점으로 사람을 바라보시지 않습니다. 주님의 눈에는 미련해 보이는 무리나 니고데모나 동일합니다. 니고데모는 주님 앞에서 그분을 향한 찬사를 늘어놓기 시작합니다.

"그가 밤에 예수께 와서 이르되 랍비여 우리가 당신은 하나님께로부터 오신 선생인 줄 아나이다 하나님이 함께 하시지 아니하시면 당신이 행하시는 이 표적을 아무도 할 수 없음이니이다"(요 3:2).

많은 사람들이 예수님을 대적하고 편견의 눈으로 바라보며 흠잡으려할 때 니고데모는 예수님을 칭찬했습니다. 그런 니고데모에게 주님은 어떻게 하셨습니까? 니고데모가 말을 마치기도 전에 민망할 정도로 그의 말을 막으며 말씀하셨습니다.

"진실로 진실로 네게 이르노니 사람이 거듭나지 아니하면 하나님의 나라를 볼 수 없느니라"(요 3:3).

어디 나무랄 데 없이 훌륭하고 탁월해 보이는 인물을 향해 주님은 "니고데모야, 네게는 결정적이고 치명적이고 본질적인 근본 문제가 있다. 목마른 심정으로 내게 왔겠지만 이 문제를 해결하기 전에는 죽었다 깨어나도 하나님 나라를 볼 수 없단다!"라고 말씀하신 것입니다. 이것이 기독교입니다. 세상의 보편적인 종교들은 니고데모처럼 출중한 인물이 찾아오면 매우 기뻐합니다. 그런데 복음과 기독교와 주님은 그가 말을 마치기도 전에 그의 말을 가로채며 진리를 직면하게 합니다.

여기서 '하나님 나라를 볼 수 없다'는 말은 단지 눈으로 보지 못한다는 말이 아니라 하나님 나라를 깨닫지도, 알지도 못한다는 의미입니다. 심지어 예수님은 "하나님의 나라에 들어갈 수 없느니라"(요 3:5)고 말씀하셨습니다. 천국에 이르러 참여하거나 누리지 못한다는 뜻입니다.

약 20년 전 옥스퍼드에서 처음으로 담임 목회를 시작하던 때였습니다. 당시 제가 섬기던 성도님들은 대부분 모든 측면에서 저보다 훌륭한 사람들이었습니다. 공부도 많이 하고 사회적인 성취나 지위도 저보다 훨씬 탁월한 분들이었습니다. 그런데 하루는 그분들 앞에서 질책의 메시지를 전하는 설교를 해야 했습니다. 30대 중반이라는 어린 나이에 그처럼 훌륭한 분들을 꾸짖는 설교를 한다는 게 쉬운 일은 아니었습니다. 하지만 하나님의 말씀이었기에 메시지를 이어갔습니다.

당시 11명의 교수님들이 그 자리에 계셨는데 그중 9명의 교수님들이 예배를 마치고 나가면서 제게 이렇게 말씀하셨습니다. "목사님, 수십 년간 신앙생활을 하면서 이렇게 혼나보기는 처음입니다. 그렇지만 너무 감사합니다." 큰 위로가 되는 말이었습니다. 젊은 목사로서 그런 질책의 설교를 하기가 쉽지 않은데 고맙다는 인사를 받았기 때문입니다. 그러면서 한편으로는 아픔을 느꼈습니다. 그분들이 수십 년 동안 교회를 다니면서 한 번도 혼이 난 적 없었다는 사실 때문입니다.

조국 교회는 니고데모처럼 훌륭한 분이 교회에 오면 탁월한 재능만큼이나 신앙도 우뚝 서 있을 것이라고 생각해 그를 마치 다른 부류의 인물처럼 대하는 경향이 있습니다. 그렇지 않습니다. 아무리 훌륭한 사람이라 할지라도 죄인으로 이 땅에 태어납니다. 성경은 어리석고 맹목적이고 무지한 무리와 탁월하고 사려 깊은 니고데모가 다를 바 없음을 분명하게 말합니다. 둘 모두 치명적이고 결정적이고 본질적인 한계에 맞닥뜨리게 된다고 말합니다. 복음은 사람을 외모로 구별하지 않고 똑같은 잣대 앞에 세웁니다.

니고데모가 찾아왔을 때 주님은 누구에게 묻지 않고도 그 안에 있는 것을 정확하게 알아보셨습니다. 그리고 비록 그가 예수님을 향한 열린 마음과 간절함, 성숙한 인격을 가지고 찾아왔지만 본질적인 문제 하나를 제대로 해결해야 한다고 말씀하셨습니다. 이것이 기독교요, 복음입니다. 저는 조국 교회가 이 부분을 잃었기 때문에 교회로서의 존영을 잃어가고 있다고 생각합니다. 세상적으로 잘나가는 사람이면 교회 안에서도 그 수준의 신앙인이라고 생각합니다. 하지만 그렇지 않습니다. 누구든지 교회 안으로 들어오려면 니고데모와 동일한 과정을 반드시 거쳐야 합니다. 그렇지 않으면 그는 성도가 아닙니다.

니고데모는 무엇이 문제였는가?

그렇다면 주님이 말씀하신 니고데모의 결정적인 문제는 무엇입니까? 대체 문제가 무엇이기에 주님은 그처럼 탁월한 니고데모의 입을 막고 서둘러 문제의 핵심을 언급하신 것일까요?

"예수께서 대답하여 이르시되 진실로 진실로 네게 이르노니 사람이 거듭나지 아니하면 하나님의 나라를 볼 수 없느니라"(요 3:3).

니고데모는 열린 마음으로 예수님께 배우기 위해 한밤중 찾아왔던 신실한 종교인이었지만 결정적이고 본질적인 무언가가 결핍되어 있었습니다. 바로 생명이었습니다. 니고데모는 자신에게 그 생명이 필요하다는 사실을 잘 몰랐습니다.

신앙은 종교가 아닙니다. 기독교 신앙과 복음은 다양하게 진열된 종교 가운데 하나가 아니라 생명입니다. 니고데모는 오랜 종교 전통과 율법을 착실하게 지키던 출중한 종교인이었지만 맹목적이고 경솔한 무리와 양상만 달랐지 그들과 동일한 치명적인 약점을 가지고 있었습니다.

이것이 기독교요, 복음입니다. 사람을 세워놓고 "당신의 치명적인 문제는 생명이 없다는 것입니다"라고 말하는 것은 복음과 기독교밖에 없습니다. 주님은 니고데모에게 "네게는 훌륭하고 출중한 장점들이 많지만 생명이 없다는 게 네 문제의 가장 큰 핵심이다"라고 손가락으로 딱 집어서 말씀하셨습니다.

예수님은 바리새인과 서기관들을 향해 "요한이 의의 도로 너희에게 왔거늘 너희는 그를 믿지 아니하였으되 세리와 창녀는 믿었으며 너희는 이것을 보고도 끝내 뉘우쳐 믿지 아니하였도다"(요 21:32)라고 말씀하셨습니다. 창녀와 세리는 믿고 들어간 그 귀한 세계를 바리새인과 서기관들은 끝내 믿지 않아 들어가지 못했다는 것입니다.

우리 안에 생명이 있는가?

이러한 일이 예수님 시대에만 있었겠습니까? 우리가 사는 오늘도 이러한 일이 반복해서 일어납니다. 누가 봐도 종교적이고 누가 봐도 신실한데 생명이 없는 사람이 있습니다.

우리가 사는 이 시대의 조국 교회는 기준이 너무 낮아져 있습니다. 많은 크리스천 부모들이 자녀를 교회에만 데려오려 합니다. 청소년들이 워낙 교회에 오려고 하지 않으니 교회에만 와도 다행이라고 여기는 부모의 심정이 십분 이해가 됩니다. 하지만 기독교는 교회만 오면 되는 종교가 아닙니다. 거듭나서 생명이 있기 전에는 하나님 나라가 보이지 않습니다. 교회에 수십 년 다녀도, 설교를 수십 편 들어도 하나님 나라의 복된 은혜 안으로 들어가지 못합니다. 그런 사람은 교회 안에 있더라도 이방인과 다를 바 없습니다.

믿는 부모들은 자녀들이 거듭나서 믿음을 계승하는 복과 영광이 무엇인지 알도록 목마르게 사모하며 기도해야 합니다. 그저 교회에 나온다는 사실에 안도해서는 안 됩니다. 자녀들이 생명 안으로 들어와 복음을 듣고 눈이 열려 하나님 나라를 보도록 기도해야 합니다. 그때야 비로소 부모가 누리는 복이 어떤 것인지를 알고 왜 부모가 억지로라도 교회에 데려다 앉혀놓으려 했는지를 깨달아 기뻐할 수 있습니다.

생명이 있습니까? 교회를 몇 년 다녔는지를 묻는 것이 아닙니다. 교회 생활을 얼마나 충실하게 했는지를 묻고 싶은 것도 아닙니다. 얼마나 많은 사람들에게 찬사와 인정을 받고 있는지를 묻는 것도 아닙니다. 성경이 말하는 생명이 내 안에 있습니까? 기독교는 종교가 아닙니다. 기독교는 생명입니다.

은사와 체험이 생명의 증거는 아니다

니고데모는 주님께 호의를 보이고 주님께 나아왔다는 면에서는 훌륭하지만 자기 영혼의 상태를 알지 못한다는 결정적인 문제가 있었습니다. 종교 때문에 자기 영혼의 상태를 잊고 있었던 것입니다. 이런 면에서 종교는 복음의 최고 원수입니다. 종교에 익숙해지고 종교에 젖어서 복음을 만나지 못하는 사람만큼 불행한 사람은 없습니다.

생명이 결핍되어 있었음에도 니고데모는 교훈과 새로운 깨달음을 목말라하며 주님 앞에 왔습니다. 그런 그에게 주님은 "네게는 새로운 무언가를 보는 것이 필요한 게 아니라 생명이 필요하다"고 말씀하셨습니다. 이 말은 "기존에 갖고 있던 많은 것에 무언가를 조금 더하면 되는 것이 아니라 처음부터 새롭게 해야 한다"는 뜻입니다. 기존에 있던 것에 예수님의 가르침을 더하면 되는 것이 아니라 처음부터 다시 태어나야 한다는 것입니다.

니고데모는 삶을 살아가면서 결핍과 목마름을 느꼈고 주님 앞으로 나아가 그분의 말씀을 들으면 그러한 갈망이 채워질 것이라고 여겼습니다. 그러나 주님은 "부족을 채운다고 해결될 게 아니라 생명 자체를 얻어야 한다"고 말씀하셨습니다. 출발도 하지 않은 채 앞으로 달리려고 하는 니고데모에게 "너는 아직 출발하지 않았다"고 말씀하신 것입니다. 성도가 되지도 않았는데 성도답게 살려고 하는 것, 저는 오늘날 조국 교회의 핵심적인 문제 중 하나가 바로 이것이라고 생각합니다. 믿는 사람이 믿는 대로 살지 못하는 것도 문제이지만 믿는 사람이 아닌데 믿는 사람처럼 스스로 여기는 것도 조국 교회의 큰 문제인 것 같습니다.

오늘날 조국 교회 안에는 거듭나지 않은 다수의 무리가 들어와 있고, 교회를 다닌다고 말하면서도 자기 안에 생명이 없다는 사실조차 모르며 살아가는 사람들이 많습니다. 그런데도 조국 교회는 주님이 니고데모에게 말씀하셨던 것처럼 "네 문제는 생명이 없는 것이다"라고 말하지 않고 끝없이 "체험하면 된다"고 가르칩니다. 이처럼 체질이 허약한 조국 교회는 체험에 목말라합니다. 마치 요한복음 2장 말미에 나오는, 자극적이고 놀라운 현상을 좇아 우르르 몰려다니며 경솔하게 믿으려 하는 어리석은 무리와도 같지 않습니까? 이것이 오늘날 조국 교회의 현실입니다.

제가 이렇게 말하면 많은 사람들이 '화종부 목사님은 체험을 싫어하는구나'라고 생각합니다. 그렇지 않습니다. 왜 영적 체험을 싫어하겠습니까? 눈에 보이지 않는 영원한 것을 바라보며 이 땅을 살아야 하는 우리 인생의 연약한 체질을 주님은 다 아시고, 영원에 속한 것들을 실제적이고 구체적으로 경험할 수 있도록 우리에게 이따금 체험을 주십니다. 이처럼 복되고 귀한 영적 체험을 어떻게 만홀히 여길 수 있겠습니까? 체험은 귀한 것입니다. 하지만 지각이 없는 조국 교회가 체험을 잘못 사용하고 있기 때문에 조심스러워하는 것입니다. 생명이 있는 자에게 체험은 풍성한 열매들을 가져다주지만 체험 자체가 생명의 증거는 아닙니다.

제가 방언을 왜 무시하겠습니까? 하나님이 교회를 세우라고 주신 귀한 선물인데 왜 경홀히 여기겠습니까? 부적절하게 쓰는 것이 문제입니다. 교회를 세우는 데 사용하기보다 자기를 자랑하고 스스로 생명이 있는 것처럼 확신하기 위해 사용하는 것이 문제입니다. 은사와 체험을 무조건 비난하려는 의도는 전혀 없습니다. 체험 자체를 부정하려는 것이 아니라 체험을 생명의 거짓 증거로 사용하려는 게 문제라는 점을 말하고 싶습니다. 우리에게는 생명이 있어야 합니다. 생명 없이 체험만 있다면 무슨 유익이 있겠습니까?

오늘날 조국 교회의 많은 성도들이 성경을 공부합니다. 성경을 옆구리에 끼고 다니며 열심히 통독하고 성경공부 강좌에 참여하고 간증도 합니다. 그런데 놀랍게도 주님을 향한 사랑이 마음의 중심에 없습니다. 성경의 문자적인 의미는 열심히 배우지만 하나님을 사랑한다는 게 무엇인지 모릅니다. 예배의 소중함과 기쁨을 잘 모릅니다. 바쁘면 교회에 안 가도 된다고 생각합니다. 신앙을 그처럼 헌신짝처럼 여긴다는 것은 하나님을 아는 지식이 그만큼 없다는 이야기입니다.

어떤 사람들은 "목사님, 저는 강사가 구원의 확신이 있냐고 물을 때 손들고 일어섰습니다. 강단 앞으로 나가기도 했습니다"라며 과거에 결단했던 경험을 증거로 듭니다. 저는 한 번씩 외부 집회에 가면 마지막 날 청중을 구원으로 초청한 후 손들고 일어서라고 촉구해달라는 부탁을 받곤 합니다. 그러면 저는 구원 초대도 하고 예수를 믿도록 촉구도 할 것이지만 손들고 일어나라거나 강단 앞으로 나오라는 말은 절대로 하지 않겠다고 답합니다. 이런 식의 초대가 잘못 사용되는 어리석은 예를 많이 봤기 때문입니다.

손들고 강단 앞으로 나왔으니까 구원받은 것이 맞습니까? 우리가 결단했다고 생명이 우리 안에 진짜 있는 것입니까? 오늘날 우리 시대의 신앙은 너무나도 얄팍합니다. 부모의 수고로 육신의 생명을 거저 얻었듯이 예수님이 주시는 생명 또한 거저 주어지는 것입니다. 손들고 결단한다고 얻게 되는 것이 아닙니다.

요한복음 3장을 묵상하면서 많은 고뇌가 있었습니다. 구주가 니고데모를 세우셨던 그 자리에 조국 교회의 성도들을 동일하게 세운다는 것은 설교자로서 여간 고통스러운 일이 아니었습니다. 그럼에도 불구하고 조국 교회의 문제의 핵심 중 하나는 니고데모처럼 출발도 하지 않았는데 앞으로 달리려고 하는 것이요, 성도가 되지도 않았는데 스스로 성도인 것으로 여기고 그다음 단계를 밟으려고 하는 것이기에 말하지 않을 수가 없었습니다.

앞으로 계속 살펴볼 요한복음 3장을 통해 새로운 출생의 울음소리가 끊이지 않기를 바랍니다. 또한 이미 생명을 얻은 자들에게는 생명의 부요와 감격이 충만해지는 복된 일이 일어나기를 기도합니다. 한 사람도 예외 없이 하나님 앞에 서서 "하나님, 제 안에 정말 생명이 있습니까?" 하고 여쭤보며 스스로 영적 상태를 돌아볼 수 있기를 바랍니다. 우리에게는 또 다른 가르침, 또 다른 감동적인 설교가 필요한 것이 아니라 생명을 소유하는 귀한 복이 필요합니다. 그 은혜가 우리 모두에게 있기를 바랍니다.

―

"유월절에 예수께서 예루살렘에 계시니 많은 사람이 그의 행하시는 표적을 보고 그의 이름을 믿었으나 예수는 그의 몸을 그들에게 의탁하지 아니하셨으니 이는 친히 모든 사람을 아심이요 또 사람에 대하여 누구의 증언도 받으실 필요가 없었으니 이는 그가 친히 사람의 속에 있는 것을 아셨음이니라 그런데 바리새인 중에 니고데모라 하는 사람이 있으니 유대인의 지도자라 그가 밤에 예수께 와서 이르되 랍비여 우리가 당신은 하나님께로부터 오신 선생인 줄 아나이다 하나님이 함께 하시지 아니하시면 당신이 행하시는 이 표적을 아무도 할 수 없음이니이다 예수께서 대답하여 이르시되 진실로 진실로 네게 이르노니 사람이 거듭나지 아니하면 하나님의 나라를 볼 수 없느니라"(요 2:23-3:3).

11

물과 성령으로 거듭난다는 의미

거듭나지 않으면 아무도!

니고데모는 예수님께 "당신이 행하시는 이 표적을 아무도 할 수 없음이니이다"(요 3:2)라고 말했습니다. 그러자 예수님은 니고데모의 말을 그대로 받아서 "진실로 진실로 네게 이르노니 사람이 거듭나지 아니하면 [아무도] 하나님의 나라를 볼 수 없느니라"(요 3:3)고 말씀하셨습니다. 우리말 성경에는 '아무도'라는 단어가 번역되어 있지 않지만 원문과 영어 성경에는 기록되어 있습니다. 5절도 마찬가지입니다. 원문과 영어 성경에 의하면 예수님은 니고데모에게 "진실로 진실로 네게 이르노니 사람이 물과 성령으로 나지 아니하면 [아무도] 하나님의 나라에 들어갈 수 없느니라"고 말씀하셨습니다.

이처럼 성경은 니고데모처럼 스스로 선민이라고 생각하는 유대인이라 할지라도 '거듭나지 않으면 결코 천국에 들어갈 수 없다'고 아주 단호하게 말합니다. 아무리 할례 받은 하나님의 선택된 백성일지라도 거듭나지 않으면 천국에 못 간다는 뜻입니다. 오늘날 우리가 이해할 수 있는 문맥으로 바꿔보면 이렇습니다. "아무리 종교 생활을 열심히 해도 거듭나지 않으면 그 신앙은 가짜다. 믿는 가정에서 태어나 어릴 때부터 부모님의 손을 잡고 열심히 교회를 다녔다 해도 저절로 성도가 되는 건 아니다. 그러한 신앙은 구원과 아무 관계가 없고 성경이 가르치는 믿음과 무관한 것이다. 거듭나야만 모든 것이 의미 있고 가치가 있다. 거듭나지 않고는 절대로 하나님 나라에 못 들어간다."

기독교는 귀한 진리를 담고 있고 이 진리를 제대로 배우며 익히는 것은 매우 중요합니다. 그러나 기독교를 단지 진리나 가르침 혹은 신학으로 축소해서는 안 됩니다. 우리는 기독교가 일차적으로는 생명, 즉 다시 태어나는 생명에 관한 이야기임을 반드시 기억해야 합니다.

아무리 도덕적으로 훌륭해 보이는 사람이라도 거듭나서 하나님이 주시는 생명을 가지지 못하면 천국에 들어가지 못합니다. 생명이 없는 사람은 교회를 다니더라도 성도가 아닌 것입니다. 요한복음 1장 12-13절은 "영접하는 자 곧 그 이름을 믿는 자들에게는 하나님의 자녀가 되는 권세를 주셨으니 이는 혈통으로나 육정으로나 사람의 뜻으로 나지 아니하고 오직 하나님께로부터 난 자들이니라"고 말합니다. 아무리 훌륭한 자질을 갖추고 있어도 하나님에게서 나지 않으면 성도가 아니며 구원이 없다는 것입니다.

이런 면에서 기독교는 모든 사람을 동일선상에 놓고 대합니다. 흔히 사람들은 선해 보이는 사람이 구원에 더 가깝다고 생각하지만 성경은 그렇게 말하지 않습니다. 아무리 극악한 범죄자라도 거듭나면 성도요, 과거와 관계없이 분명한 생명이 있는 자입니다. 기독교는 사람들을 단순히 각성시켜서 조금 더 나은 사람으로 만들어주는 곳이 아닙니다. 그 무엇보다 생명을 주는 종교입니다. 복음과 교회가 가장 우선적으로 강조하면서 말하고 싶은 핵심은 생명입니다. "생명 없이는 어떤 부류의 사람이라도 결코 천국에 들어갈 수 없다"고 성경은 분명하게 말합니다. 아무리 좋은 교회를 오랫동안 다녔더라도 생명이 없다면, 거듭나지 않았다면 성도가 아닙니다. 구원이 없습니다. 우리는 이 사실을 꼭 기억해야 합니다.

어떻게 거듭나는가?

그렇다면 어떻게 해야 생명을 얻을 수 있을까요? 어떻게 하면 거듭날까요? 주님은 신실하고 훌륭한 종교인이던 니고데모에게 "네 문제는 생명이 없는 것이다. 산 자가 아니라 죽은 자라는 것이 네 문제의 핵심이다"라고 말씀하셨습니다. 그러자 니고데모는 매우 놀라며 이렇게 대답했습니다. "사람이 늙으면 어떻게 날 수 있사옵나이까 두 번째 모태에 들어갔다가 날 수 있사옵나이까"(요 3:4). '한 번 더 태어나는 것이 가능할까?'라고 의아해하면서 "사람이 나이를 많이 먹고 어머니 배 속에 다시 들어갔다가 나오면 되는 것입니까?"라고 여쭤본 것입니다. 70세 넘은 사람이 어머니 배에 다시 들어갔다가 청년이나 어린아이로 태어난다면 얼마나 특별한 기적입니까? 니고데모의 질문에 예수님이 이렇게 대답하십니다.

> "진실로 진실로 네게 이르노니 사람이 물과 성령으로 나지 아니하면 하나님의 나라에 들어갈 수 없느니라 육으로 난 것은 육이요 영으로 난 것은 영이니"(요 3:5-6).

예수님은 "내가 말한 것은 그런 의미가 아니다. 어머니 배 속에 한 번 더 들어갔다가 나오는 것은 매우 특별하고 놀라운 기적 같은 일이지만 육으로 난 것은 여전히 육일뿐이다"라고 하며 "물과 성령으로 한 번 더 태어나야 한다"고 말씀하신 것입니다.

"물과 성령으로 다시 난다"는 말에는 다양한 해석이 있습니다. 첫째로 어떤 학자들은 물을 육체의 출생으로, 성령을 영적인 출생으로 봅니다. 둘째로 또 다른 학자들은 물은 세례받는 것, 성령은 영적인 중생을 가리킨다고 해석했습니다. 이 두 번째 해석은 받아들이기가 힘든데 왜냐하면 이 주장에 따르면 하나님 나라에 들어가기 위해 반드시 물로 세례를 받아야 하기 때문입니다. 개신교는 세례를 주지만 세례를 받아야만 구원을 얻는다고 말하지 않습니다. 믿음으로 구원받는 것이지, 세례가 구원의 조건은 아닙니다.

성령이 주시는 새 생명

저는 다음 세 번째 해석을 선택합니다. 물과 성령으로 거듭난다는 것은 물과 성령을 각자 따로 강조하는 것이 아니라 영에 속한 생명을 얻으려면 죄로부터의 정결을 상징하는 물과 성령으로 거듭나야 한다는 의미입니다. 우리는 성령 하나님의 도움으로 다시 태어나 죄와 관계없는 새로운 생명을 얻어야만 하나님 나라에 갈 수 있습니다.

세례 요한은 구주가 세상에 오실 때 주님과 자기를 비교하면서 "나는 물로 너희에게 세례를 베풀거니와 나보다 능력이 많으신 이가 오시나니 나는 그의 신발끈을 풀기도 감당하지 못하겠노라 그는 성령과 불로 너희에게 세례를 베푸실 것이요"(눅 3:16)라고 말했습니다. 자신이 주는 세례는 죄를 기억나게 하고 죄인 됨을 상기시키는 세례에 불과한 반면 예수님이 주시는 세례는 성령으로 거듭나게 하는 '성령 세례'라는 것입니다. 성령으로 거듭나게 되면 모태에서 받은 생명과 구별되는 새로운 생명을 얻게 됩니다. 그리고 죄가 불태워질 뿐 아니라 죄를 거스르고 이길 수 있는 능력도 얻습니다.

이 세상을 살아가다 보면 예수 믿는 우리보다 훨씬 더 훌륭하게 선을 행하며 살아가는 불신자들을 많이 만납니다. 안타깝게도 그들 중 누구도 하나님 나라에 들어갈 수 없습니다. 이유가 무엇입니까? 모든 사람은 하나도 예외 없이 태어나는 순간부터 죄를 지니고 있고 죄가 있는 상태에서 행하는 선은 하나님께 열납되지 않기 때문입니다. 아무리 훌륭하고 완전해 보여도 모태로부터의 죄와 자기중심성, 이기적인 소유욕이 그대로 묻어 있는 선한 삶은 하나님 앞에 상달되지 않습니다. 그래서 어떤 사람도 행위로 구원받을 수 없는 것입니다.

성령 안에 있는 새로운 생명을 얻어야만 죄가 씻어지고 새 생명 안에서 죄를 거슬러가는 권능을 얻어야 비로소 제대로 된 선을 행할 수 있습니다. 주님이 우리를 은혜로 값없이, 조건이나 자격에 근거하지 않고 구원하신 이유는 선한 일을 열심히 하는 자기 백성이 되게 하시기 위함입니다(딛 2:14). 원죄가 덕지덕지 묻어 있는 선이 아니라 새 생명을 가지고서 하나님의 도움과 은혜에 따라 행하는 진짜 선이 기독교가 가르치는 구원입니다.

겉보기에 훌륭하고 높은 지위에 있는 사람일지라도 거듭나지 않으면 천국에 들어갈 수 없습니다. 죄로 더럽혀지고 자기중심성에 빠져 있기 때문에 그가 행하는 것은 선 같지만 선이 아닙니다. 하나님께 상달되지 않는 것입니다. 성경은 행위나 자격, 조건, 공로를 가지고 천국에 이를 자가 아무도 없다고 분명하게 말합니다.

값없이 주어지는 새 생명

또한 물과 성령으로 거듭나는 생명은 우리 스스로가 아니라 하나님으로부터 태어나는 생명을 말합니다. 우리는 이 땅에 태어날 때 우리 자신의 노력이 아니라 부모님의 수고로 태어났습니다. 마찬가지로 두 번째 생명, 즉 성경이 우리에게 가르치는 거듭난 생명은 성령 하나님이 주시는 생명으로, 우리가 스스로 노력해서 얻을 수 있는 생명이 아닙니다.

기독교가 가르치는 핵심 중 하나는 이 중요한 생명이 우리의 노력으로 얻어지는 게 아니라 하나님에게 거저 받는 것이라는 사실입니다.

우리는 예수를 믿을 때 구원을 받습니다. 그런데 본문은 조금 달리 표현해 '거듭나야 천국에 들어간다'고 말합니다.

믿음은 우리 편에서 내세울 수 있는 행위나 조건, 자격 등으로 획득되는 것이 아니요, 모든 사람이 전부 얻을 수 있는 것도 아닙니다. 어디까지나 성령께서 생명을 주신 결과로 나타나는 것입니다. 성령에게 생명을 받지 않은 사람은 아무리 노력해도 믿지 못한다는 점에서 참된 신앙은 기적과 같은 선물인 것입니다.

상당한 세월 동안 제 인생에 곤고함을 안겨주신 분이 있습니다. 바로 저를 길러주신 귀한 어머니입니다. 어머니는 예수만 안 믿었지 친구들도 많고 노래도 잘하고 춤도 잘 추시는 아주 괜찮은 분이셨습니다. 저는 어머니의 구원을 위해 눈물로 기도했고 결국 어머니는 저와 함께 교회에 가게 되었습니다. 그런데 저와 밤늦도록 영화를 봐도 전혀 피곤한 기색이 없던 분이 놀랍게도 예배당에만 들어가면 얼마 안 있어 주무셨습니다. 성가대 찬양이 시작될 때부터 기가 막히게 잠이 드셨습니다. 어머니를 위해서 그처럼 기도하고 울면서 절절히 깨달은 사실이 하나 있습니다. 그 좋은 분이 말씀은 깨닫지 못한다는 것입니다.

우리가 믿어서 구원받는 것은 틀림없는 사실이지만 우리가 믿을 수 있었던 것은 거듭난 자이기 때문에, 즉 하나님에게서 생명을 먼저 받은 자이기에 가능했던 것입니다. 노력한다고 아무나 믿을 수 있는 게 아닙니다. 성령이 생명을 주셨기 때문에 믿어지고 깨달아지는 것입니다. 놀랍게도 눈이 열렸기 때문에 하나님 나라가 보이는 것입니다.

이전과 완전히 다른 새 생명

'물과 성령으로 거듭나는' 생명은 성령에게 받는 생명으로, 부모에게 물려받은 육에 속한 생명과는 완전히 구별됩니다. 이 생명이 없다면 참된 믿음이 아니기에 성도라 할 수 없고 구원과 천국에 이를 수 없습니다.

많은 사람들이 자신의 지각으로 기독교를 믿어보려고 때로는 최선을 다해 정직한 마음으로 몸부림을 치기도 하지만 참된 믿음을 갖기란 불가능합니다. 물론 기독교는 왜곡된 신앙인이나 이단들이 말하는 것처럼 절대로 이성을 무시하거나 이성과 대립하지 않습니다. 그러나 기독교는 초이성입니다. 신앙은 이성으로 다 해석되지 않는 영역인 것입니다. 그래서 주님은 니고데모처럼 평생 성경을 연구하고 가르치는 데 힘써왔던 명석한 사람에게도 '다시 한 번 태어나서 다른 생명을 가지기 전까지는' 하나님의 나라를 볼 수 없다고 말씀하셨습니다.

그리스도인들은 주일마다 교회에 모여서 예배를 드립니다. 시간에 맞춰 예배 순서에 따라 착실하게 예배를 드린다고 해서 진정한 예배가 되는 것이 아닙니다. 하나님은 신령과 진정으로 예배하는 진정한 예배자를 찾으십니다. 여기서 '신령'이라는 말은 '마음의 중심을 담아서'라는 의미도 되지만 동시에 '성령 안에서'라고도 해석됩니다. 예배는 우리가 정성을 다한다고 해서 하나님께 드려지는 것이 아닙니다. 새 생명을 담은 영이어야만 눈에 보이지 않는 하나님을 만나고, 하나님과 사귀고, 하나님을 영화롭게 하는 예배를 드릴 수 있습니다.

성도의 기도는 무엇입니까? 단지 필요한 것을 공급받거나 원하는 바를 아뢰는 창구가 아닙니다. 성경은 우리가 구하기 전에 우리에게 있어야 할 것을 하나님이 아신다고 밝히 말합니다(마 6:8). 우리의 간구와 하나님의 응답을 통해 무언가가 이뤄져야 기도가 제대로 작동한 것이 아닙니다. 성령으로 얻게 된 생명으로서 영이신 하나님 앞에 마음을 쏟으며 그분을 누리고 경험하는 것이 기도요, 예배입니다.

설교를 통해서든 찬양이나 기도를 통해서든 살아 계신 하나님을 만나 그분을 마음껏 즐거워하고 그분을 영화롭게 하는 현장이 예배입니다. 일평생 예배에 생명을 걸어온 목사로서 저는 이러한 예배를 늘 목마르게 기대합니다. 예배의 자리에는 언제나 하나님과의 깊은 만남과 사귐이 있어야 합니다. 성도들이 모인 곳에서조차 그분을 만나지 못한다면 삶의 현장에서는 가능하겠습니까?

신앙의 연조를 다 내려놓고 우리 자신을 백지처럼 하나님 앞에 세웁시다. 새롭게 거듭난 생명이 내 안에 있습니까? 니고데모처럼 훌륭한 종교 생활은 하지만 생명과 관계없이 살아가고 있지는 않습니까? 여전히 죽어 있는 자리에 혹시 머물러 있는 것은 아닙니까?

우리 안에 생명이 있는가?

예수님은 니고데모에게 "진실로 진실로 네게 이르노니 사람이 물과 성령으로 나지 아니하면 하나님의 나라에 들어갈 수 없느니라 육으로 난 것은 육이요 영으로 난 것은 영이니"(요 3:5-6)라고 말씀하신 후 이어서 우리에게 생명이 있는지를 검증할 수 있는 방법을 알려주셨습니다.

"내가 네게 거듭나야 하겠다 하는 말을 놀랍게 여기지 말라 바람이 임의로 불매 네가 그 소리는 들어도 어디서 와서 어디로 가는지 알지 못하나니 성령으로 난 사람도 다 그러하니라"(요 3:7-8).

성령 안에서 거듭난 모든 성도에게는 동서고금을 막론하고 '모든 사람이 다 그러하다'고 말할 수 있는 보편성이 있습니다. 앞으로 여러 장에 걸쳐서 "성령으로 난 사람도 다 그러하니라"는 예수님의 말씀을 집중적으로 살펴볼 텐데 여기서는 먼저 한 가지만 묵상하고자 합니다.

바람이 불 때 우리는 그 바람이 어디에서 와서 어디로 가는지 모릅니다. 하지만 바람이 몸에 닿거나 저 멀리 있는 나뭇가지를 흔들면 바람이 분다는 것을 알 수 있습니다. 원인은 모르지만 결과를 보고서 바람의 존재를 느끼는 것입니다. 성령으로 난 사람도 마찬가지입니다. 성령으로 얻은 생명은 어떻게든 드러나게 되어 있습니다.

구원파는 우리가 언제 태어났는지 알아야 한다고 주장하지만 바람이 언제, 어디로 부는지 아는 것은 전혀 중요하지 않습니다. 거듭날 때 특별한 체험이 있어야 한다는 말도 옳지 않습니다. 체험이 수반되는 중생이 있고 체험이 없는 중생도 있기 때문입니다.

수십 년 전에 누군가가 "거듭난 사람들은 다 방언을 한다"고 주장하는 바람에 한국 교회가 발칵 뒤집힌 적이 있습니다. 어리석은 이야기입니다. 고린도전서 12장 30절에서 바울이 "다 방언을 말하는 자이겠느냐"라고 분명히 말하지 않았습니까? 성도라고 해서 전부 방언을 말하는 것은 아닙니다.

성경은 바람 부는 것과 마찬가지로 성령으로 거듭난 생명 역시 그 영향을 확실하게 드러낸다고 이야기합니다. 교회를 교회 되게 하는 것은 어떤 부류의 사람들이 모여 있는지가 아니라 성령이 주시는 생명의 부요가 풍성하게 드러나는지에 달려 있습니다. 생명 없던 사람들이 거듭나면서 탄생의 울음소리가 이어지고, 생명을 이미 얻은 사람들의 삶에는 생명의 부요함이 드러날 때 교회는 교회 될 수 있습니다.

익숙한 종교 생활에 머물며 자기를 합리화하지 말고 하나님 앞에 백지처럼 나아가 "하나님, 저는 산 자입니까? 제게 생명이 있습니까?"라고 여쭤볼 수 있기를 바랍니다. 성령이 우리의 영혼에게 하시는 말씀을 듣고 그분이 주시는 증거를 붙들며 생명 안으로 들어와 참 자유를 누리는 복이 우리 모두에게 있기를 바랍니다.

"예수께서 대답하시되 진실로 진실로 네게 이르노니 사람이 물과 성령으로 나지 아니하면 하나님의 나라에 들어갈 수 없느니라 육으로 난 것은 육이요 영으로 난 것은 영이니 내가 네게 거듭나야 하겠다 하는 말을 놀랍게 여기지 말라 바람이 임의로 불매 네가 그 소리는 들어도 어디서 와서 어디로 가는지 알지 못하나니 성령으로 난 사람도 다 그러하니라"(요 3:5-8).

12 성령으로 난 사람의 증거들

정말 거듭났는지 어떻게 아는가?

니고데모는 많은 사람들에게 존경받는 덕스러운 사회 지도자요, 종교적으로도 탁월하고 헌신적인 율법 선생이었습니다. 그럼에도 주님은 니고데모의 말을 막고서는 그 안에 있는 문제의 핵심을 '생명 없음'이라고 짚어주셨습니다. 그리고 어리둥절해하는 니고데모에게 '물과 성령으로 거듭나야 한다'고 말씀하시며 그 의미를 설명해주셨습니다.

기독교는 막연히 덕을 쌓는 종교가 아니라 일차적으로 '생명'에 관한 종교입니다. 거듭난 생명이 있어야 덕성과 탁월한 재능, 헌신도 가치 있고 유의미해집니다. 사람이 정말 거듭났는지는 우리의 눈으로 보고 인지할 수 없기 때문에 예수님은 바람을 비유로 들어 말씀하셨습니다.

바람이 부는지는 그 영향과 결과로 알 수 있는 것처럼 성령으로 난 자들도 영향과 결과를 통해 분별할 수 있다는 의미입니다. 생명은 그 자체를 눈으로 볼 수 없지만 표지가 드러나게 마련입니다.

"바람이 임의로 불매 네가 그 소리는 들어도 어디서 와서 어디로 가는지 알지 못하나니 성령으로 난 사람도 다 그러하니라"(요 3:8).

성령으로 난 사람은 동서고금 가릴 것 없이 누구나 그 특징을 드러냅니다. 물론 사람마다 제각기 외모가 다르듯 세세한 부분들이 일치하지는 않지만 유사하고 공통적이라고 할 수 있는 특징들이 나타납니다.

우선 우리 자신을 니고데모의 자리에 세워봅시다. 조국 교회는 안타깝게도 균형을 잃고 각자 편리한 방식대로 진리를 파편적으로 이해하는 경우가 종종 있습니다. 가령 많은 성도들은 '나는 예수를 믿을 때 이미 거듭났다. 한 번 성도는 영원한 성도다. 그러므로 이 주제는 나와 별 상관이 없다'고 생각합니다. 그러나 그렇지 않습니다. 물론 한 번 거듭나서 주님을 바르게 만난 모든 사람은 영원한 성도임에 틀림없고 그에게는 누구도 부정할 수 없는 영원한 생명이 주어졌습니다.

그러나 성경을 자세히 보십시오. 얼마나 많은 말씀들이 우리가 정말 믿음으로 서 있는지, 믿음으로 살아가고 있는지, 믿음으로 행하고 있는지를 검증하며 자신을 돌아보라고 촉구하는지 모릅니다. 한 번 구원받은 자는 결코 끊어질 수 없는 은혜 안에 분명 있지만 그 구원은 매우 중요하고 결정적이기 때문에 우리는 자신이 정말 살아 있는 자처럼 믿음에 서 있는지 스스로 검증해야 합니다.

예수님의 말씀을 그저 신앙의 초보자에게만 해당된다고 생각하며 지나가서는 안 됩니다. 자신을 니고데모처럼 하나님 앞에 백지 상태로 세워놓고, 바람처럼 볼 수 없지만 분명한 증거와 표지가 내게 있는지 점검해야 합니다.

신앙인은 끝없이 하나님 앞에 서서 자신이 과연 믿음으로 서 있는지를 확인하는 사람입니다. 성경은 "선 줄로 생각하는 자는 넘어질까 조심하라"(고전 10:12)고 촉구합니다. 자신이 믿음으로 서 있는지를 검증하는 일을 절대로 게을리하지 마십시오.

성경이 "성령으로 난 사람도 다 그러하니라"(요 3:8)고 했던 생명의 증거는 무엇입니까? 앞으로 이에 대해 매우 다양한 증거들을 살펴볼 것입니다. 그 다양한 증거들이 다 있어야 한다는 의미는 아닙니다. 그리고 온전한 증거로 있어야 한다는 뜻도 아닙니다. 그러나 우리에게는 그 증거들이 반드시 존재해야만 합니다. 그중 첫 번째 증거는 영적인 관심사와 영적인 지각입니다.

하나님 나라에 대한 관심이 생긴다

거듭나기 전에 우리는 육신적으로만 살았습니다. 우리 자신뿐 아니라 이웃을 바라볼 때에도 '어느 가문 출신인가? 어느 대학을 졸업했는가? 어느 직장에 다니는가? 사람들에게 인정과 지지를 받고 있는가?' 등 육신적인 관점에서만 생각했습니다. 그런데 거듭나면 어떻게 됩니까?

영적인 관심사가 생깁니다. '내가 하나님과 바른 관계 안에 머물러 있는가?'를 고민하기 시작합니다. 또한 과거에는 사람들과 좋은 관계만 맺으려고 했지만 이제는 좋은 관계만 아니라 바른 관계 안에 있는가를 생각하게 됩니다.

세상 사람들은 부부가 싸우지 않고 잘 살면 복이라고 생각합니다. 저는 목회를 하면서 수많은 부부들을 만났는데 그들 중에는 부부 싸움을 안 하지만 성경이 가르치는 하나 됨을 잘 모르는 사람들이 많았습니다. 부부는 둘이 아니라 하나입니다. 이 신비로운 관계의 영광이 부부 안에 있습니다. 거듭나기 전에는 남들 보기에 괜찮은 부부이면 그런대로 만족하지만 거듭나고 나서는 "너희는 더 이상 둘이 아니라 하나다"라는 하나님의 말씀이 깨달아지면 이전과 다른 관점에서 부부 관계를 생각하게 됩니다.

자녀를 기를 때도 마찬가지입니다. 과거에는 그저 자녀들이 남들 보기에 착실히 자라고 좋은 대학에 들어가는 게 관심의 전부였습니다. 그런데 거듭나면 자녀에 대한 다른 관심사, 즉 '내 아이에게 생명이 있는가'라는 영적인 관심사가 생깁니다. 참 중요한 문제입니다.

영적인 관심사가 생기면 눈에 보이는 것만 생각하던 과거와 달리 '오고 있는' 나라를 생각하게 됩니다. 사도 바울의 고백을 떠올려보십시오.

"또한 모든 것을 해로 여김은 내 주 그리스도 예수를 아는 지식이 가장 고상하기 때문이라 내가 그를 위하여 모든 것을 잃어버리고 배설물로 여김은 그리스도를 얻고"(빌 3:8).

예수 믿기 전에 그는 가문과 출중한 능력, 종교적 열심, 도덕적인 탁월함을 자랑했습니다. 그러나 예수를 만나고 나서는 그 모든 것을 해로 여기며 배설물로 취급했습니다. 다른 차원의 영적 관심사가 열린 것입니다. '남들이 나를 어떻게 보는가?'만을 중요하게 여기다가 이제는 '하나님 앞에 내가 어떻게 서 있는가?'를 생각하게 된 것입니다. 영적인 관심사에 눈이 열린 사람은 예배를 사모하게 됩니다.

대학생 시절에 저는 주일이면 저녁 7시가 넘도록 예배를 드렸습니다. 당시에 함께했던 많은 대학생들도 "아, 이 교회에 더 이상 못 다닐 것 같아. 이렇게 많은 시간을 쏟아 붓고 대학 생활을 할 자신이 없어"라고 말하곤 했지만 다음 주에 나와 보면 어김없이 나와 있었습니다. 왜 그랬을까요? 다른 것을 봤기 때문입니다.

세상 사람들의 눈에는 그리스도인들이 참 미련합니다. 그들은 이처럼 치열한 경쟁 사회에서 주일마다 모여 예배드리고 하루 온종일 교회에서 시간을 보내면 어떻게 살아남겠느냐며 비웃습니다. 그런데도 우리는 그들이 미련하다고 생각하는 삶으로 향합니다.

왜냐하면 영적인 관심사가 열렸기 때문입니다. 예배가 생명처럼 소중하고, 지체들과의 만남이 회사 회식과 비교할 수 없이 소중하다는 것을 깨달았기 때문입니다. 말씀의 맛과 기도의 즐거움, 교회를 사랑하는 마음을 알게 되었기 때문입니다.

이처럼 거듭난 사람은 '영적인 관심사'에 눈이 열렸기 때문에 신령한 목마름을 가지고 무엇으로도 대체할 수 없는 예배의 자리로 나아갑니다. 그리고 그 안에서 영적인 관심이 더 깊어지고 성령의 임재가 충만해지는 것을 경험합니다. 그것이 바로 세상 어디에서도 만날 수 없는, 교회 안에서만 누릴 수 있는 영광과 복입니다.

영적인 지각이 열리다 1_ 말씀

육신과 세상에만 관심을 가지고 살다가 영적인 관심사에 눈이 열리면 어떤 일이 일어납니까? 성경이 읽히고 깨달아집니다. 이전에는 지루하고 어렵게만 느껴지던 성경이 읽어집니다. 읽어질 뿐 아니라 성경이 열어주는 영적인 지각에 따라 세상과 나 자신을 새롭게 깨닫게 됩니다.

저는 조국 교회의 가장 중요한 문제가 성경을 보지 않는 것이라고 생각합니다. 생명이 없어서 식욕이 일지 않아 성경을 안 보는 것이라면 그것은 매우 결정적이고 치명적인 문제입니다. 최고의 요리사가 차려놓은 풍성한 뷔페 음식을 배불리 먹었다고 다음 날 식사를 하지 않는 사람이 있습니까? 어제 너무 많이 먹었다고 며칠 동안 안 먹어야겠다는 사람이 있습니까? 아무도 없습니다.

몸이 매일의 양식을 섭취해야 하는 것처럼 주님이 주시는 귀한 생명이 우리 안에 있다면 우리는 반드시 영적인 허기를 느끼며 영혼의 양식인 말씀을 사모하게 되어 있습니다. 생명이 있다는 매우 중요한 표식 중 하나는 진리에 목말라하며 생명을 이어줄 양식을 사모한다는 것입니다.

예로부터 기독교 성도들은 '한 권의 책의 사람'(a man of one book)이라는 별명으로 불렸습니다. 수많은 책들이 쏟아져 나오지만 한 권의 책인 말씀을 사랑하고 즐거워하며 '꿀보다 달다!'라고 감탄하는 사람들이라는 것입니다.

시편 기자는 복 있는 자를 가리켜 "오직 여호와의 율법을 즐거워하여 그의 율법을 주야로 묵상하는"(시 2:1) 자라고 말했습니다. 돈이 많거나 사람들에게 인정과 존경을 얻거나 높은 지위에 올라선 사람이 아니라 성경이 좋아서 주야로 펼쳐들고 말씀을 묵상하는 그런 자가 복 되다는 것입니다.

그 이유가 무엇입니까? 세상의 모든 일은 얼핏 보기에 참되고 영원할 것 같지만 곡식의 겨처럼 바람 한 번에 훅 날아가는 유한한 것입니다. 그러나 주야로 말씀을 상고하는 사람은 시냇가에 심은 나무처럼 철을 따라 열매를 맺으며 잎사귀가 마르지 않는 형통의 복을 누립니다.

신앙의 부흥이 일어났던 모든 시대, 모든 나라를 돌아보면 공통점이 하나 있었습니다. 바로 성경으로 돌아갔다는 것입니다. 어떤 사람은 체험을 추구하고 어떤 사람은 이러저러한 대안을 제시하지만 다른 길은 없습니다. 성경으로 돌아가야 합니다. 영적인 관심사가 생기면 말씀이 열리고, 성경이 열리면 지각이 열리면서 자신과 세상을 보게 됩니다. 니고데모처럼 탁월한 율법 지식과 종교적인 열심을 가지고 있어도 말씀에 눈이 열려야 그때 비로소 자신을 보게 됩니다.

영적인 지각이 열리다 2_ 자기 자신

성도의 가장 중요한 특징 중에 하나는 겸손입니다. 끝없이 치열한 경쟁 사회를 살아가는 성도가 어떻게 겸손할 수 있습니까? 성경이 열어 주는 자기 자신을 볼 수 있기에 겸손할 수 있습니다. 세상 사람들은 외적인 조건들로 자기 가치를 평가하지만 성도는 하나님 앞에 서서 새롭게 열린 지각을 가지고 자신을 보기 때문에 겸손하지 않을 수가 없습니다. 적극적인 자기 긍정의 사고를 부추기는 시대에서도 깨어진 심령으로 자기 자신을 바라보며 탄식하고 울 수 있습니다. 자신의 무너진 중심을 보는 눈이 열려 있기에 사람들이 아무리 칭찬해도 그것에 현혹되지 않고 겸손합니다.

영적인 지각이 열리다 3_ 마귀

또한 영적인 지각이 열리면 마귀의 존재를 알게 됩니다. 성경은 마귀가 존재한다고 말하면서 치열한 영적 싸움의 실체를 분별하라고 말합니다. 육신의 눈을 넘어서 영의 눈으로 상대를 바라본다면 그 배후에 있는 영의 존재를 인식하면서 상대를 긍휼히 여기게 됩니다.

영적인 지각이 열리다 4_ 세상

요한계시록은 세상을 가리켜 '바벨론'이라고 부릅니다. 바벨론이라 일컬어지는 이 세상의 모든 문명과 문화는 압도적으로 거대하고 화려해 보입니다. 하지만 성도는 그 본질을 꿰뚫어봅니다. 도덕적으로 흠잡을 데 없이 착실하게 신앙생활을 하지만 종교에만 머물러 있는 사람과 참된 성도의 본질적인 차이는 무엇일까요?

참된 성도는 세상을 압니다. 여기서 세상은 물리적이고 물질적인 세상을 말하는 게 아니라 하나님이 없는 가치관을 뜻합니다. 종교인은 세상이건 인생이건 그 무엇을 보건 간에 그 안에 하나님이 없고 오로지 세속적이고 육신적인 사고와 가치로 봅니다. 세상과 다를 바 없습니다.

우리는 세상이 노골적으로 악만 드러내는 것이 아니라 얼마든지 덕스럽고 선해 보이는 모양으로도 존재한다는 것을 기억해야 합니다. 오늘날 조국 교회는 덕스럽고 도덕적이기만 하면 그게 신앙적인 것인양 자꾸 착각하지만 그렇지 않습니다. 덕스럽고 성스러워 보여도 그 안에 하나님이 없을 수 있습니다.

많은 사람들이 세상을 고상하고 놀라운 곳으로 바꿔놓고 싶어 합니다. 종교적이거나 도덕적인 사람들의 특징은 이 땅을 이상적인 세상으로 바꾸기 원하고 그 일이 가능할 것이라 생각한다는 점입니다. 하지만 참된 성도는 세상을 제대로 바라보기에 세상에 큰 흥미를 두지 않고 나아가 세상을 미워할 줄 압니다. 거듭 말하지만 이 세상을 꿰뚫어보며 이 세상을 미워할 수 있는 사람은 성도밖에 없습니다.

그렇다고 은둔 생활을 권장하고 금욕주의를 부추기는 건 절대로 아닙니다. 기독교보다 사실적이고 현실적인 종교는 없습니다. 물질적인 세상을 무시하자는 것이 아닙니다. 세상을 지배하는 가치관, 하나님과 관계없이 움직이는 모든 방식을 꿰뚫어보고 미워하라는 것입니다. 성도는 물질과 돈과 마귀가 지배하는 이 세상을 미워하며 거스를 수 있는 유일한 존재입니다.

주님은 "자기의 생명을 사랑하는 자는 잃어버릴 것이요 이 세상에서 자기의 생명을 미워하는 자는 영생하도록 보전하리라"(요 12:25)고 말씀하셨습니다. 육체적인 사람은 자기 생명을 사랑하고 세상을 사랑합니다. 그러나 거듭난 성도는 적극적인 사고와 무한 긍정을 부추기는 세상 속에서도 자기를 미워하고 세상을 미워합니다. 세상을 거스른다는 것이 무엇인지 압니다.

이러한 표시가 내 안에 있습니까? 이 세상을 외면하지 않고 이 땅에서 최선을 다해 살아가지만 세상을 미워하고 싫어하는 삶을 살아가고 있습니까? 이 세상을 지배하는 정신이나 가치와는 도무지 같이 갈 수 없음을 선언하면서 세상에 저항하고 있습니까?

영적인 지각이 열리다 5_ 또 다른 인격, 성령

영적인 지각이 열리면 말씀이 깨달아지고 자신이 보이고 마귀와 세상의 실체를 꿰뚫어보게 됩니다. 뿐만 아니라 내 안에 또 다른 인격이 있음을 인식하게 됩니다. '성령으로 거듭난다'는 말은 로마서 8장 9절에 "누구든지 그리스도의 영이 없으면 그리스도의 사람이 아니라"고 표현되어 있습니다. 하나님의 영이 없으면 하나님의 사람이 아니라는 뜻입니다. 그러므로 '성령으로 거듭난다'는 말은 '성령이 우리 안에 들어와 거하신다'라고 표현할 수 있습니다.

이러한 이유로 거듭난 모든 사람은 자기를 볼 때 자기 안에 자기와 구별되는 또 다른 분이 계심을 인식합니다. 삶을 살아가면서 '내가 무엇을 하는가? 내가 어떻게 열심히 살아가는가?'만 염두에 두지 않습니다. 누군가 내 안에 계셔서 내 삶에 간섭하시고 나를 빚어가시고 나를 만지시고 내가 생각하지 못한 곳으로 나를 데려가신다는 사실을 인식합니다.

위인전이나 자서전을 읽어보십시오. 전부 자신과 부모, 주변 이웃에 대한 이야기뿐입니다. 그러나 성도는 자기 삶에 간섭하시는 하나님에 대한 인식이 인생의 핵심입니다. 자신의 이야기만으로 자신의 생이 구성되지 않음을 압니다. 하나님에 대한 이야기를 빼고는 인생이 해석되지 않음을 압니다. 그분 없이 내가 무언가를 열심히 하고 무언가를 향해 최선으로 달려왔다는 이야기만으로 내 인생이 채워지지 않음을 압니다. 삶의 어느 순간부터 하나님이 내 삶에 간섭하기 시작하셨고, 내 삶을 만지기 시작하셨고, 전혀 예측하지 못한 방식으로 내 인생을 이끌어가셨음을 인정하면서 "바로 그분이 내 속에 계시다"라고 고백합니다.

그러므로 삶의 어떤 순간부터는 모태로부터 받은 생명과 성령으로부터 받은 새 생명 사이에 끊임없는 충돌이 일어나는 것을 인식하게 됩니다. 내 안에 여전히 옛 사람이 남아 있어서 내가 원치 않는 자리로 또 끌고 가기 때문에 그런 자신의 자아를 바라보며 아파하고 탄식합니다. 성도는 그 충돌 속에서 무참히 넘어지고 무너지며 고통스럽게 눈물 흘립니다.

동시에 나로 말미암지 않은 선한 것, 내 천성에서 나오지 않은 착한 생각이 그분으로 말미암아 나오는 것을 인식하게 됩니다. 우리 안에 무슨 선함이 있겠습니까? 그런데도 내 안에 계신 그분으로 인해 내 천성으로는 가능하지 않은 생각을 하게 되는 것입니다.

저는 특별히 예배당에서 성도들을 만날 때 정말 행복합니다. 저 혼자서는 가능하지 않을 선한 생각들이 성도들과 함께할 때마다 부요해지는 것을 경험하곤 하기 때문입니다. 내 안에 계신 그분이 아니면 내 삶이 설명되지 않는다고 고백하는 것이야말로 생명 있는 자의 중요한 표지이자 증거입니다.

우리 안에 영적인 부흥이 있어야 합니다. 생명 없는 자들은 생명을 얻어야 합니다. 또한 생명 있는 자들은 눈에 보이고 손으로 만져지는 것을 전부로 삼을 것이 아니라 성령 안에서 받은 생명이 공동체 안에서 신령하고 풍성하게 흘러넘치게 해야 할 것입니다. 우리의 삶을 빚어가시는 성령 하나님의 임재와 역사가 더 풍성하게 드러날 수 있기를 바랍니다.

화종부 목사의
우리의
죄,
하나님의
구원

―

"예수께서 대답하시되 진실로 진실로 네게 이르노니 사람이 물과 성령으로 나지 아니하면 하나님의 나라에 들어갈 수 없느니라 육으로 난 것은 육이요 영으로 난 것은 영이니 내가 네게 거듭나야 하겠다 하는 말을 놀랍게 여기지 말라 바람이 임의로 불매 네가 그 소리는 들어도 어디서 와서 어디로 가는지 알지 못하나니 성령으로 난 사람도 다 그러하니라 니고데모가 대답하여 이르되 어찌 그러한 일이 있을 수 있나이까 예수께서 그에게 대답하여 이르시되 너는 이스라엘의 선생으로서 이러한 것들을 알지 못하느냐 진실로 진실로 네게 이르노니 우리는 아는 것을 말하고 본 것을 증언하노라 그러나 너희가 우리의 증언을 받지 아니하는도다"(요 3:5-11).

13
성령이 빚어가시는 성품과 삶

생명이 있는 자는 열매 맺는 삶을 산다

기독교에는 세상의 그 어떤 가르침과 비교할 수 없는, 윤리도덕적인 삶의 실천에 적용할 수 있는 탁월한 교훈이 있습니다. 하지만 그 모든 것 이전에 기독교는 생명입니다. 살고 죽는 것이 기독교의 핵심 주제입니다. 그래서 예수님은 니고데모에게 거듭난 생명을 소유해야 한다고 말씀하셨습니다.

생명이 있는 사람인지는 어떻게 알 수 있을까요? 삶에 나타나는 결과를 통해서입니다. 그 결과 중 하나는 앞서 살핀 대로 영적인 관심사가 생기고 영적인 지각이 열린다는 것입니다. 성령이 내주하시는 사람은 성령을 닮아가고 그에 따른 열매가 삶에서 맺힙니다.

부부 생활은 참 놀라운 것 같습니다. 저는 목사인데도 참 어리석어서 성경이 가르치는 부부 됨이 무엇인지를 충분히 알지 못한 채 아내와 결혼했습니다. 올해 만 30년 되는데 살면 살수록 부부 된다는 것이 정말 신묘막측하다는 생각을 합니다. 서로 존경하고 사랑하며 잘 사는 부부이건, 서로 다투다가 실망하고 낙심하는 부부이건 흥미로운 것은 대부분의 부부들이 서로 점점 닮아간다는 것입니다.

마찬가지로 우리도 우리 안에 계신 성령과 함께 먹고 마시면 그분을 놀랄 만큼 닮아가며 그에 따른 열매를 나타내게 됩니다. 이 열매는 생명이 있다는 증거입니다. 아무리 종교적이고 윤리도덕적으로 훌륭한 사람일지라도 생명이 없으면 열매가 없습니다. 열매는 생명의 표시요, 성령이 우리 안에 거하신다는 결정적인 증거입니다. 주님은 산상설교를 마치면서 우리에게 이렇게 말씀하셨습니다.

"그들의 열매로 그들을 알지니 가시나무에서 포도를, 또는 엉겅퀴에서 무화과를 따겠느냐 이와 같이 좋은 나무마다 아름다운 열매를 맺고 못된 나무가 나쁜 열매를 맺나니 … 이러므로 그들의 열매로 그들을 알리라"
(마 7:16-20).

포도가 열매로 맺혀야 포도나무라 할 수 있습니다. 포도나무에 가시가 돋거나 엉겅퀴에 무화과가 열리는 경우는 없습니다. 열매는 반드시 생명과 그 본질을 증거하는 표지로 드러나게 마련입니다.

우리는 모태에서부터 죄를 지니고 태어난 죄인이요, 좋은 열매를 맺을 수 없는 돌감람나무였습니다. 그러나 돌감람나무에 불과했던 우리는 구주의 대속의 은혜로 참감람나무인 구주께 접붙임되어 좋고 아름다운 열매를 맺게 되었습니다.

성령의 9가지 열매

성령이 우리 안에 거하시면 어떠한 열매가 맺힐까요? 갈라디아서에는 성령의 9가지 열매가 소개됩니다.

"오직 성령의 열매는 사랑과 희락과 화평과 오래 참음과 자비와 양선과 충성과 온유와 절제니 이같은 것을 금지할 법이 없느니라"(갈 5:22-23).

사랑

첫 번째 열매는 사랑입니다. 사람은 자기만을 사랑합니다. 자식을 사랑하고 배우자를 사랑하는 것은 그들이 자기 자신과 다름없기 때문이지, 사람은 본래 자기 외에는 사랑할 수 없는 연약한 존재입니다. 그런데 성령이 내주하시면 어떻게 됩니까? 하나님을 사랑하고 다른 사람을 사랑하게 됩니다. 사랑하되 조건 없이 사랑합니다.

세상 사람들은 사랑한다고 말하면서 전부 조건을 붙이지만 성령의 열매인 사랑은 조건이 없습니다. 하나님이 아무런 요구 없이 무조건적으로 우리를 사랑해주신 것처럼 우리도 누군가를 무조건 사랑하기 시작합니다.

또한 사랑하되 자기를 희생할 줄 아는 사랑을 합니다. 저는 정치외교학을 공부하면서 정치가가 되는 꿈을 늘 품었고 입만 열면 '조국'을 이야기했습니다. 그러던 제게 하나님은 아내를 붙여주셨습니다. 저는 아내를 만나고 나서 사랑을 한다는 것의 진정한 의미를 깨닫기 시작했습니다. 조국을 사랑하고 사회를 사랑하기는 참 쉬웠습니다.

그런데 배우자를 만나 사랑하려고 하자 저의 끝없이 이기적인 본성과 부패하고 타락한 실체가 그대로 드러났습니다. 사랑하는 사람을 위해 내가 변화되기보다는 그토록 소중한 사람을 탓하고 바꾸려고만 하는 제 자신을 발견한 것입니다.

오늘날 많은 사람들은 아무런 희생 없이 입으로만, 생각으로만 사랑하며 삽니다. 하지만 사랑은 자기부정과 자기희생을 동반합니다. 전능한 하나님의 아들 예수께서 십자가에서 돌아가신 이유도 우리를 진정으로 사랑하셨기 때문입니다.

성령을 마음에 모신 사람은 자기를 부인하는 참된 사랑을 하게 되며 더 나아가 변덕스럽고 불완전한 이 세상에서 변함없고 성실하고 영원한 사랑을 하기 시작합니다. 성령이 우리를 빚어내시기 때문에 우리의 본성과 관계없이 참되고 꾸준하고 견고하게 사랑하는 일을 시작합니다. 사람의 힘으로 가능하지 않은 일이 성령의 내주로 일어나는 것입니다.

"피차 사랑의 빚 외에는 아무에게든지 아무 빚도 지지 말라 남을 사랑하는 자는 율법을 다 이루었느니라"(롬 13:8).

"사랑은 이웃에게 악을 행하지 아니하나니 그러므로 사랑은 율법의 완성이니라"(롬 13:10).

"그리스도 예수 안에서는 할례나 무할례나 효력이 없으되 사랑으로써 역사하는 믿음뿐이니라"(갈 5:6).

"온 율법은 네 이웃 사랑하기를 네 자신 같이 하라 하신 한 말씀에서 이루어졌나니"(갈 5:14).

성경은 무조건적이고 자기희생적이고 신실하고 참된 사랑이야말로 성령이 우리 안에 계신다는 결정적인 증거요, 중요한 첫 열매라고 가르칩니다. 이어지는 성령의 8가지 열매들은 사랑이 기초되지 않으면 불가능합니다.

희락

두 번째 열매는 희락입니다. 우리는 인생을 살아가면서 얼마나 많은 탄식과 눈물을 쏟는지 모릅니다. 그만큼 삶은 수고롭고 아픕니다. 하지만 이런 세상에서도 성령과 함께 살아가는 사람은 희락을 누립니다. 예수 믿고 나니까 고난과 시련과 눈물이 사라진 것입니까? 그렇지 않습니다. 아무리 예수를 잘 믿어도 우리의 삶에는 질고와 낙심과 아픔이 있습니다.

그러나 동시에 희락도 우리 안에 있습니다. 성경은 희락을 가리켜 '세상이 줄 수도 없고 빼앗을 수도 없는 기쁨'이라고 묘사하곤 합니다. 세상이 말하는 기쁨은 소유가 늘거나 명성을 얻거나 신분과 지위가 상승되는 등 조건적이고 제한적인 상황에서만 누릴 수 있는 것이지만 그에 반해 성령의 열매로 나타나는 기쁨은 눈물과 질고와 아픔이 있는 상황에서도 샘솟는 듯 터져나옵니다.

심지어 베드로는 "예수를 너희가 보지 못하였으나 사랑하는도다 이제도 보지 못하나 믿고 말할 수 없는 영광스러운 즐거움으로 기뻐하니"(벧전 1:8)라고 말했습니다. 말할 수 없는 영광스러운 즐거움이 바로 우리 안에 계신 성령으로 인한 열매입니다. 성령이 우리 안에 들어오시면 아무리 세상살이가 고단해도 희락이 열리는 것입니다.

화평

세 번째 열매는 화평, 즉 평화입니다. 치열한 경쟁 사회를 살아가는 우리에게 평화는 얼마나 중요한 가치인지 모릅니다. 어떻게 하면 평화를 누릴 수 있습니까? 놀랍게도 우리를 향한 하나님의 무조건적인 사랑을 아는 사람에게 평화가 찾아옵니다. 아무런 자격과 조건과 공로를 요구하지 않고 그저 은혜로 값진 선물을 주시는 하나님의 사랑을 만난 사람에게 화평이 있습니다.

삶에 거센 풍랑이 일고 질고와 고통이 끊임없이 밀어닥치는 상황에서도 하나님의 무조건적이고 변함없는 사랑을 믿는 성도에게 성령이 역사하시면 놀라운 화평이 생깁니다. 화평을 누리는 사람은 내가 원하는 방식대로 상대가 나를 대해주지 않아도 괜찮습니다.

세상 사람들이 곤혹스러움을 느끼는 이유 중 하나는 자신이 원하는 대로 상대에게 받아들여지지 않기 때문입니다. 그래서 자꾸 외적인 증거를 들이대면서 상대를 누르려 합니다. 이것이 세상 사람들의 방식입니다. 그러나 평화가 생기면 누군가가 나를 해코지하고 나쁘게 말해도 나를 변론하려고 하지 않습니다. 당해도 괜찮습니다. 보복하려고 하지 않고 도리어 잊어버리며 용서합니다. 평화가 만들어내는 힘입니다.

사람을 사랑하기가 얼마나 어렵습니까? 게다가 섬기는 일은 더더욱 힘듭니다. 그런데 평화가 오면 자유로워집니다. 사람을 무시한다는 의미가 아니라 사람에게 더 이상 매이지 않는다는 것입니다.

오래 참음

네 번째 열매는 오래 참음입니다. 오래 참는다는 것은 어려운 환경을 견뎌낸다는 뜻이 아니라 사람을 사랑할 때 오래 기다리고 믿어준다는 의미입니다. 세상 사람들은 "될성부른 나무는 떡잎부터 알아본다"며 자기 마음에 들 때만 사랑하지만 성도는 '안 될 떡잎'이라도 끝까지 오래 기다리고 믿어주며 사랑합니다. 배반당하고 버림받을지라도 외면하거나 싫어하지 않습니다.

성령이 우리 속에 계시기 때문에 할 수 있는 일입니다. 우리 중 어느 누구도 기질과 본성으로는 오래 참을 수 없습니다. 오래 참음은 성령이 우리 안에 들어와 우리와 동행하실 때 맺히는 열매입니다.

자비와 양선, 충성, 온유, 절제

다섯 번째 열매는 자비입니다. 자비는 다른 사람의 질고와 고통, 피로를 민감하게 느끼며 동정하는 것입니다. 성령이 우리 안에 내주하시면 이처럼 타인에게 차갑고 무관심한 시대를 살아가면서도 상대의 아픔과 슬픔을 민감하게 깨닫고 함께 아파하려는 마음이 생깁니다.

여섯 번째 열매인 양선은 수고하고 희생하면서 상대의 필요를 채워 주는 것, 즉 착한 일을 행하는 것입니다.

일곱 번째 열매인 충성은 말하거나 약속한 바를 꼭 지키려는 자질을 의미합니다. 얼마든지 자기를 합리화하면서 변덕스럽게 사랑을 거둬버리는 이 세상에서 자신이 말한 바를 변함없이 이행하려고 하는 충성스러운 자질은 성령으로 말미암아 생깁니다.

여덟 번째 열매인 온유란 무엇입니까? 온유는 짐짓 겸손한 체하는 것이 아닙니다. 온유는 분명한 주관과 분별력, 강한 내면을 가지고 있지만 자신의 뜻이나 주장을 상대에게 관철시키려고 하지 않는 자세입니다. 진리라든지 사람이 죽고 사는 문제에 대해서는 절대로 타협하지 않지만 그 외의 모든 영역에서는 언제든지 부드럽고 따뜻하게 다른 사람의 의견을 받아들이는 마음입니다.

우리가 사는 세상은 끝없이 다른 사람들에게 자기의 뜻을 관철시키라고 부추기면서 그것이 승리이고 성공이라고 말합니다. 그러나 온유한 사람은 그렇게 생각하지 않습니다. 얼마든지 다른 사람의 뜻을 받아들이고 거기에 자신을 맞출 준비가 되어 있습니다.

아홉 번째 열매는 절제입니다. 자신을 다스려서 모든 일에 지나침이 없도록 하는 것입니다. 절제는 매우 아름다운 미덕입니다. 오늘날 사람들은 '절제' 하면 이를 악물고 견뎌내며 내면을 억압하는 이미지를 떠올리지만 그것은 절제가 아니라 율법주의이고 금욕주의입니다. 절제란 하나님 앞에서 자기가 어떤 존재이며 어떤 신분으로 부르심을 받았는지 아는 데서 오는 자기 통제입니다.

예수를 닮아간다

성령이 우리 안에 계시면 위에서 언급한 성령의 9가지 열매가 풍성하게 드러납니다. 뿐만 아니라 또 하나 놀라운 일이 일어나는데 바로 예수를 닮은 성품이 빚어진다는 것입니다. 사실 우리는 볼 것이 없는 사람들입니다. 사회적으로 존경받고 인정받는 사람이라도 속으로 들어가보면 다 거기서 거기입니다. 그러나 성령이 우리 안에 들어오시면 우리 자신의 의지가 아니라 그분의 임재로 말미암아 성품의 변화가 일어납니다.

많은 사랑

예수님의 성품 중 첫 번째로 꼽을 수 있는 것이 '많은 사랑'입니다. 사랑은 성령의 열매에서도 첫 번째로 나왔고 예수 믿는 성도의 첫 번째 성품이기도 합니다. 성경은 사랑을 가리켜 이렇게 말합니다.

"우리는 형제를 사랑함으로 사망에서 옮겨 생명으로 들어간 줄을 알거니와 사랑하지 아니하는 자는 사망에 머물러 있느니라"(요일 3:14).

그저 모범적이고 착실한 종교인에 머물러 있는 것이 아니라 정말 생명을 품고 있는 자라면 형제를 사랑하게 된다는 의미입니다. 안타깝게도 조국 교회 성도들은 "형제를 사랑하라"는 하나님의 말씀을 숱하게 들으면서도 형제를 사랑하기 위해 몸부림치지 않습니다. 사람을 사랑하기 위해 애쓰고 수고하는 이를 만나기가 너무 어렵습니다. 그저 도덕적으로 흠 잡힐 일을 만들지 않으려고 전전긍긍할 뿐입니다. 왜 그럴까요? 사랑의 정의를 잘못 내리기 때문입니다.

오늘날 조국 교회 성도들은 사랑에 대한 설교를 늘 이런 식으로 듣습니다. "사랑은 속에서 자연스럽게 우러나와야지 어떻게 억지로 하나?" 하지만 그것은 사랑이 아니라 그냥 좋아하는 것입니다. 성경은 어디에서도 "좋아하라"고 명령하지 않습니다. 좋아하는 것은 자연스럽게 일어나는 감정이기에 모두를 좋아하는 것은 불가능하기 때문입니다.

성경은 우리에게 "사랑하라"고 가르칩니다. 사랑이 무엇입니까? 싫어하는 사람을 좋아하는 사람처럼 아끼고 소중히 여기는 것입니다. 그래서 사랑은 감정이 아니고 명사가 아닙니다. 성경은 언제나 사랑을 동사, 즉 구체적인 행실로 정의합니다. 의지의 작동 없이는 사랑이 불가능하다는 것입니다.

한국 사람들은 너무나 쉽게 사랑을 정서의 영역이라 생각하기 때문에 자꾸 실패합니다. 자연스럽게 일어나는 감정이어야 한다고 여기면서 사랑을 위해 애쓰거나 수고하려고 하지 않습니다. 그러나 우리는 그저 악하고 더러운 죄인일 뿐 누군가를 자연스럽게 사랑할 수 있는 인물이 못 됩니다. 능치 못할 것이 없는 구주께서도 우리를 향한 사랑을 나타내기 위해 십자가를 짊어지셨던 것처럼 사랑은 자기 부인과 자기희생 없이 불가능합니다.

도저히 좋아할 수 없는 사람이라도 하나님이 붙여주셨다는 이유만으로 사랑하고 아끼려면 자기를 깨뜨리는 과정이 반드시 필요합니다. 그렇지 않고는 누군가를 사랑할 수 없습니다. 사랑이 저절로 되는 것이라 생각한다면 그는 어린아이와 다름없는 수준입니다. 사랑은 성화의 절정과도 같은 것입니다.

저는 나이를 먹으면 먹을수록 젊을 때와 다르게 제가 할 수 있는 일이 많지 않음을 절감합니다. 제 허물과 한계가 드러날 때마다 마음을 다해 인정하고 용서를 구하고 싶은 것이 목사인 제 마음입니다. 그러나 한계가 많은 제 자신을 알면서도 절대로 실패하고 싶지 않은 영역들이 있습니다. 우선 나이를 먹어도 하나님 은혜에 대한 감각만큼은 절대로 잃고 싶지 않습니다.

또 하나는 비록 뾰쪽뾰족하고 허물투성이인 저이지만 사람을 사랑하는 일에서는 절대로 실패하고 싶지 않습니다. 사랑을 잘 모르고 사랑을 제대로 할 줄도 모르는 사람이지만 사람을 사랑하는 일에 인생을 바쳐 살고 싶습니다. 성도는 이 땅에 살면서 온갖 것을 잘해도 사랑에 실패하면 실패자입니다. 인생의 다른 일들은 몰라도 사람을 사랑하는 일 만큼은 성령의 도움을 받아가며 절대 실패하지 않도록 마음을 다해 자신을 깨뜨려야 합니다. 자신을 부정하면서 사람을 사랑하고 아끼고 소중하게 여기는 일에 실패하지 않는 삶을 살아야 합니다.

겸손

우리가 닮아야 할 예수님의 두 번째 성품은 겸손입니다. 성경은 "죽지 않으면 살지 못하고, 낮아지지 않으면 높아지지 않는다"고 아주 분명하게 말합니다. 세상에서 가지고 있던 신분을 교회로 그대로 가져온다고 해서 그 신분의 연장선상에서 신앙생활을 할 수 있는 건 아닙니다. 어떤 자리에 있더라도 죽어야 살고 낮아져야 높아집니다.

장로교의 믿음의 선조들이 위대하고 아름다웠던 점 중 하나는 절대왕권 시대에 국왕이 교회 안에 들어와도 그를 한 성도로만 여겼다는 점입니다. 세상에서는 왕이지만 교회에 들어오면 오로지 하나님 앞에서 낮아지고 죽어져야 하는 성도 한 명으로 봤습니다. 겸손을 배우지 않으면 진짜 생명으로 들어가지 못하고 참된 높임이 무엇인지 모릅니다.

니고데모는 참 훌륭한 사람이었습니다. 이스라엘의 대표자 71인으로 구성된 산헤드린 공의회의 회원이었고 이스라엘 사회가 알아주는 석학이었으며 높은 명망을 지닌 바리새인이었습니다. 그런 니고데모에게 주님은 "죽어야 사는 진리를 깨달아야 한다"고 말씀하셨습니다.

한 부자가 예수님을 찾아와서 "내가 무엇을 하여야 영생을 얻으리이까"(눅 18:18)라고 물었을 때 주님이 하신 말씀을 기억하십시오. "네게 아직도 한 가지 부족한 것이 있으니 네게 있는 것을 다 팔아 가난한 자들에게 나눠 주라 그리하면 하늘에서 네게 보화가 있으리라 그리고 와서 나를 따르라"(눅 18:22). 죽어야 살고 낮아져야 높아집니다. 성경은 끝없이 자기의 밑바닥을 보고 자기의 악함을 보고 자기의 부패함을 보고 자기의 자격 없음을 보라고 이야기합니다. 이것을 발견한 사람이 성도입니다.

구약성경에서 가장 위대한 인물 한 명을 꼽으라고 한다면 저는 주저없이 이사야를 말할 것입니다. 이사야는 예수님이 오시기 약 800년 전에 살았던 인물로, 복음을 가장 영광스럽게 전했던 선지자 중 하나입니다. 그런 그가 하나님 앞에 섰을 때 무슨 말을 했습니까? "화로다 나여 망하게 되었도다 나는 입술이 부정한 사람이요 나는 입술이 부정한 백성 중에 거주하면서 만군의 여호와이신 왕을 뵈었음이로다"(사 6:5).

하나님을 발견한 이사야는 자기 혀에 죄와 악이 가득함을 발견했던 것입니다. 베드로는 주님의 말씀대로 그물을 던져 엄청난 물고기를 낚은 후 곧이어 "주여 나를 떠나소서 나는 죄인이로소이다"(눅 5:8)라고 고백했습니다. 바울 역시 로마서와 빌립보서에서 자신을 다음과 같이 고백했습니다. "나는 율법에 대해 부족함이 전혀 없었다. 윤리와 도덕적으로 흠 잡을 데 없었고 종교적으로도 비난받을 만한 것이 하나 없었다. 하지만 성령이 내 안에 들어오시고 눈이 열리자 나는 죽었다."

기독교는 이런 종교입니다. 주님을 만나 생명 안으로 들어온 사람은 자신의 바닥을 보고 자신의 추함과 악함을 알기에 겸손합니다. 구주의 대속의 은혜가 아니면 아무것도 할 수 없는 자신을 알기 때문에 겸손할 수밖에 없는 것입니다.

진지함과 진실함

예수님의 성품 중 세 번째는 진지함과 진실함입니다. 성도는 생명을 아는 자이고, 죽고 사는 주제를 다루는 사람이기에 가벼울 수가 없습니다. 그러나 진지하다고 해서 무겁고 칙칙하고 어둡다는 말이 절대로 아닙니다. 성도는 밝고 유머러스하고 따뜻하고 다정한 시선을 가지고서 모든 것이 극단에 치우치지 않도록 절제하고 다스립니다. 그 이유는 생명을 다루기 때문입니다.

저는 영국에서 지냈던 시절을 떠올리면 행복하기도 하지만 한편으로는 아픔을 느낍니다. 한 분 한 분 정말 친절했지만 아무리 자주 만나도 가까워지기가 쉽지 않았기 때문입니다. 현대사회를 한번 보십시오. 다들 품격을 갖추고 교양 있게 만나지만 진짜로 만나지는 않습니다. 성령이 내주하시는 사람은 아무리 짧게 만나더라도 진지함과 진실함으로 상대를 소중히 여기며 대합니다.

모든 열매와 성품은 이웃을 향한다

우리는 덕을 쌓아가며 신선의 경지에 오르기 위한 동양의 여러 사상과 종교에 굉장히 익숙해 있습니다. 그런데 복음을 잘 보십시오. 앞서 이야기한 성령의 열매와 예수의 성품… 이 모든 것이 어디를 향하고 있습니까? 내가 아닙니다. 내가 득도하고 내가 신선이 되고 내가 어떠한 사람이 되는 지점을 향하지 않습니다.

이 모든 아름다움이 이웃을 향하고 있다는 것이야말로 성령이 내주하시는 성도의 복이요, 영광입니다. 누가복음에 나오는, 성전에서 기도하는 바리새인은 매우 신앙적이고 도덕적인 사람처럼 보이지만 그의 기도를 들어보면 그가 이웃을 향하고 있지 않음을 알 수 있습니다.

"하나님이여 나는 다른 사람들 곧 토색, 불의, 간음을 하는 자들과 같지 아니하고 이 세리와도 같지 아니함을 감사하나이다"(눅 18:11).

그는 창녀와 다르고 세리와 다르게 살아가는 자신의 모습에 만족하며 기뻐했습니다. 이것이 세상 도덕과 윤리와 종교의 끝입니다. 그러나 복음은 그렇지 않습니다. 성령의 열매와 예수의 성품을 품고 형제를 바라봅니다. 그들을 보면서 눈물을 흘리고 그들의 아픔에 동참하고 그들이 행복 안으로 들어오기를 기도합니다.

그리스도인을 그리스도인 되게 하고 생명을 생명 되게 하는 성령의 열매와 예수의 성품은 내 인생 하나만 값지게 하는 것이 아니라 남을 복되게 하고 풍성하게 만듭니다. 사도 바울은 로마서 9장에서 이렇게 고백했습니다.

"내가 그리스도 안에서 참말을 하고 거짓말을 아니하노라 나에게 큰 근심이 있는 것과 마음에 그치지 않는 고통이 있는 것을 내 양심이 성령 안에서 나와 더불어 증언하노니"(롬 9:1).

바울의 질고와 슬픔은 무엇입니까? 은혜로 받은 성령의 열매와 주님 닮은 아름다운 성품으로 그는 무엇을 아파하고 있습니까? 자기를 심하게 핍박하는 이스라엘을 향해 탄식하고 있습니다. 이것이 바로 성도요, 교회입니다. 성령이 내주하시는 하나님 사람의 표시입니다.

우리는 이 땅을 살아가는 동안 한계와 아픔을 경험할 수밖에 없는 유한한 존재입니다. 그러나 사랑하는 일만큼은 실패하지 맙시다. 거듭난 생명의 증거로서 예수님 닮은 성품을 드러내고 성령의 아름다운 열매를 맺는 일에 절대로 실패하지 맙시다. 우리에게 성령을 선물로 주신 하나님의 귀한 은혜에 따라 남을 살리고, 조국 땅을 복되게 하고, 조국 교회를 축복하는 역사가 우리 안에 충만하기를 바랍니다.

화종부 목사의
우리의
죄,
하나님의
구원

"바람이 임의로 불매 네가 그 소리는 들어도 어디서 와서 어디로 가는지 알지 못하나니 성령으로 난 사람도 다 그러하니라 니고데모가 대답하여 이르되 어찌 그러한 일이 있을 수 있나이까 예수께서 그에게 대답하여 이르시되 너는 이스라엘의 선생으로서 이러한 것들을 알지 못하느냐 진실로 진실로 네게 이르노니 우리는 아는 것을 말하고 본 것을 증언하노라 그러나 너희가 우리의 증언을 받지 아니하는도다 내가 땅의 일을 말하여도 너희가 믿지 아니하거든 하물며 하늘의 일을 말하면 어떻게 믿겠느냐 하늘에서 내려온 자 곧 인자 외에는 하늘에 올라간 자가 없느니라" (요 3:8-13).

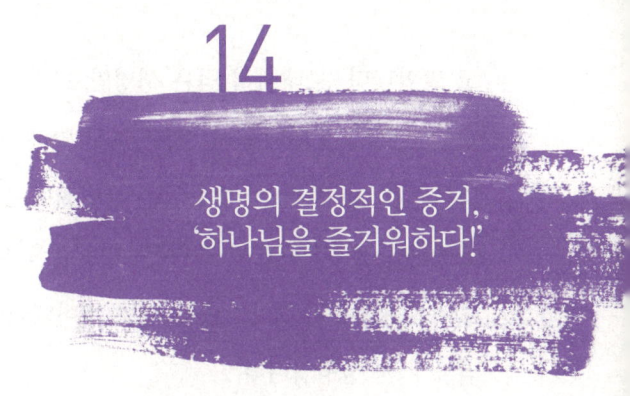

14
생명의 결정적인 증거, '하나님을 즐거워하다!'

하나님을 아는 생명
하나님을 모르는 생명

　기독교는 탁월한 윤리와 교훈을 담고 있는 종교이지만 일차적으로는 '생명'에 관한 종교입니다. 우리는 모태에서부터 생명을 얻었고 성령을 통해 또 다른 생명을 얻게 됩니다. 이 두 생명의 결정적인 차이는 무엇입니까? 모태로부터 받은 생명에 대해 로마서는 "기록된 바 의인은 없나니 하나도 없으며 깨닫는 자도 없고 하나님을 찾는 자도 없고 … 그들의 눈앞에 하나님을 두려워함이 없느니라 함과 같으니라"(롬 3:10-18)고 말합니다. 이 생명은 하나님을 찾지 않는 생명, 하나님을 경건하게 두려워할 줄 모르는 생명입니다. 또한 고린도전서는 "하나님의 지혜에 있어서는 이 세상이 자기 지혜로 하나님을 알지 못하므로"(고전 1:21)라고 말합니다. 모태에서 얻은 생명만으로는 아무리 지혜를 궁구해도 하나님을 알지 못한다는 의미로, 다시 말해 이 생명은 하나님이 없는 생명, 하나님을 아는 지식이 없는 생명이라고 할 수 있습니다. 이와 반대로 성령으로 거듭난 새 생명은 "영생은 곧 유일하신 참 하나님과 그가 보내신 자 예수 그리스도를 아는 것이니이다"(요 17:3)는 말씀처럼 하나님을 아는 생명입니다.

두 종류의 생명을 '하나님이 있는 생명, 없는 생명' 그리고 '하나님을 아는 생명, 모르는 생명'으로 정의해봤습니다. 그러나 사실은 모호한 부분이 있습니다. 모태로부터의 생명만 가진 사람들도 절대자에 대한 막연한 인식을 가지고 있기 때문입니다. 그들 역시 사람의 힘으로는 어찌할 수 없는 고달픈 인생살이를 겪으면서 뭐라 설명할 수 없지만 막연하게나마 '절대자가 있을 것'이라는 인식을 가지게 됩니다.

안타깝게도 그들 대부분이 인식하는 절대자는 궁극적인 실제 혹은 존재의 근원이라고 불리는 비인격적인 대상이며 인격체로 인식하더라도 성경이 가르치는 하나님과는 다른 개념입니다. 또 어떤 부류의 사람들은 아주 신비로운 내적 체험의 대상인 절대자를 생각합니다.

그러나 기독교가 가르치는 하나님은 어떤 분입니까? 개인적이고 인격적인 존재입니다. 객관적인 진리인 성경을 통해서 자신을 계시하실 뿐 아니라 개인적이고 인격적인 사귐을 통해 우리를 만나주시는 하나님입니다.

기독교는 종교적인 활동을 수행하는 데 만족하는 종교가 아니라 하나님을 인격적으로 만나기를 사모하는 종교입니다. 성령으로 거듭나 새 생명을 품은 사람들은 하나님을 막연한 절대자로 여기는 것이 아니라 '나의 주, 나의 하나님'으로 고백합니다.

시편 기자들이나 바울이 기록한 글들을 보면 "나의 하나님, 나의 주"라는 표현들이 많이 나옵니다. 심지어 바울은 "나의 복음"이라는 말까지 했습니다. 복음을 설교하는 목사로서 이 표현은 제게 엄청난 충격으로 다가왔습니다.

처음에는 역사 속 위인을 알아가는 수준에서 예수님을 바라볼 수 있지만 차츰 하나님과의 만남과 사귐을 통해 인격적으로 그분을 알아가는 것, 이것이 바로 기독교 신앙의 핵심 중 하나입니다. 기독교는 단순히 새로운 생명을 가르치는 종교가 아니라 하나님을 개인적이고 인격적으로 알아가는 지식으로 우리를 데려갑니다.

거듭난 생명의 증거

저는 신앙생활을 처음 시작할 때 기도를 먼저 배웠습니다. 그래서 하루에 두 시간 이상 기도하는 것이 크게 어렵지 않았습니다. 게다가 제가 다니던 대학교에는 기도실이 있었기 때문에 새벽이건 밤이건 열심히 기도하면서 기도의 기쁨을 누렸습니다. 기도가 정말 좋았습니다. 그런데 목회의 길로 부름을 받고부터는 기도가 큰 짐으로 다가왔습니다. 분명히 하나님은 '기도가 사귐이고 교통'이라고 가르쳐주셨는데 과연

제 기도 안에 하나님과의 사귐이 있는지 확신이 없고 낙심이 되었던 것입니다. 열심히 기도를 해도 하나님이 제 앞에서 듣고 계시는지 잘 느껴지지 않았습니다. 그렇게 몇 달째 몸부림을 치던 어느 날, 여느 때와 다름없이 기도하고 있는데 하나님이 제 기도를 듣고 계신다는 사실이 믿어지면서 마음에 정말 큰 감격이 일었습니다.

기독교는 막연하게 종교적인 규범이나 개념을 말하는 종교가 아닙니다. 하나님을 인격적으로 알고 누리고 사모하고 그리워하도록 우리를 이끕니다. 그것이 기독교 신앙의 중추입니다.

"또한 모든 것을 해로 여김은 내 주 그리스도 예수를 아는 지식이 가장 고상하기 때문이라 내가 그를 위하여 모든 것을 잃어버리고 배설물로 여김은 그리스도를 얻고 그 안에서 발견되려 함이니 … 형제들아 나는 아직 내가 잡은 줄로 여기지 아니하고 오직 한 일 즉 뒤에 있는 것은 잊어버리고 앞에 있는 것을 잡으려고 푯대를 향하여 그리스도 예수 안에서 하나님이 위에서 부르신 부름의 상을 위하여 달려가노라"(빌 3:8-14).

바울은 하나님에 대한 위대한 지식을 소유했던 신약시대의 대표적인 인물이라 할 수 있습니다. 그보다 더 탁월하게 하나님을 알았던 인물이 얼마나 있습니까? 그는 하나님을 그리워하고 사랑한다는 것이 무엇인지를 알았기에 그리스도를 더 알고 싶어서 뒤에 있는 것을 다 잊어버리고 앞에 있는 푯대를 향해 달려간다고 고백했습니다.

또한 시편 기자는 "하나님이여 사슴이 시냇물을 찾기에 갈급함 같이 내 영혼이 주를 찾기에 갈급하니이다 내 영혼이 하나님 곧 살아 계시는 하나님을 갈망하나니 내가 어느 때에 나아가서 하나님의 얼굴을 뵈올까"(시 42:1-2)라고 노래했습니다. 많은 사람들이 "너무 바빠서 기도하기 힘들다"고 쉽게 말하지만 시인은 하나님을 간절히 사모한 나머지 "과연 언제 뵈올 수 있을까?"라고 목마른 심정으로 묻습니다.

이번에는 욥의 고백을 들어봅시다. 욥은 "내가 어찌하면 하나님을 발견하고 그의 처소에 나아가랴"(욥 23:3)고 말했습니다. 욥은 하나님을 발견하지 못했던 자가 아닙니다. 하나님을 모르던 사람이 아니었습니다. 그럼에도 하나님의 면전으로 더 가까이 나아가 그분을 만나고 알아가기 원한다는 고백을 이렇게 쏟아낸 것입니다. 이것이 기독교요, 예배요, 성도의 기도입니다.

기도는 해야 하니까 하는 것이 아닙니다. 기도는 하나님을 사모하고 그리워하는 마음으로 골방에서 그분을 맘껏 누리는 것입니다. 예배란 무엇입니까? 동일한 신앙고백을 하는 지체들과 그토록 사모하고 그리워하던 하나님을 찬양하며 즐거워하는 현장입니다. 성도라면 해야 한다고 느끼기에 신속하게 해치워버리는 종교적인 의무 정도가 아닙니다. 물론 처음 시작하는 단계에서는 그 수준으로 생각할 수 있지만 어느 순간부터는 하나님을 향한 사랑과 그리움과 목마름을 가지고 시간을 쪼개 나아가게 됩니다. 거듭난 생명임을 나타내는 가장 중요한 표시는 하나님을 향한 그리움과 인격적인 사랑입니다.

내 안에 하나님을 사모함이 있는가?

그런데 이런 이야기를 들으면 마귀가 와서 "그러니까 다윗이고, 그러니까 바울이고, 그러니까 욥이야. 너는 아니야"라고 이야기합니다. 그러다보니 우리는 '그래, 나는 아니지'라고 생각해버립니다. 그러나 성경은 우리에게 다윗이나 바울, 욥과 동일한 수준의 신앙 성숙을 요구하지 않습니다. 단지 하나님을 그리워하고 사모하는 마음이면 된다고 말합니다. 그것이 예수를 믿는 것입니다. 거듭난 생명이라면 하나님과 더 가까이 있고, 그분을 더 닮아가고, 그분을 더 사랑하고 싶은 마음이 드는 게 당연합니다.

많은 교회들이 교회를 섬길 중요한 일꾼을 세울 때 교리 공부 시간을 갖습니다. 기독교의 진리가 무엇이며 그 진리를 기초로 교회를 어떻게 세워야 하는지, 직분자들이 어떻게 영적으로 자라가야 하는지 등을 배우기 위해서입니다. 이처럼 교리를 공부하는 궁극적인 목적은 무엇입니까? 하나님과 사귀기 위해서입니다. 하나님을 사랑하고 하나님을 바르게 즐거워하기 위해서 기독교의 진리를 배우는 것입니다. 성경공부를 하고 교리를 배우고 신학을 공부한다면서 하나님을 사모하는 마음이 무엇인지 모른다면 그는 어리석은 사람입니다. 설교를 듣고 감명을 받았다고 하면서도 하나님을 사모하는 마음이 삶에서 나타나지 않는다면 어리석은 것입니다. 바른 진리를 아는 것은 매우 중요하지만 그 진리를 왜 알아야 하는지 이유를 몰라서는 안 됩니다. 진리를 배우면서도 하나님과 인격적인 만남이 없다면 무언가 잘못된 것입니다.

하나님은 우리가 예수를 믿고 새 생명으로 거듭나면 측량할 수 없을 만큼 풍성한 복을 주십니다. 질그릇 같이 연약한 우리임을 아시기에 많은 체험과 증거도 주십니다. 그런데 그 많은 복과 체험을 간증하면서도 정작 그것을 주시는 하나님을 사랑하거나 즐거워하지 않으면 얼마나 어리석습니까?

조국 교회는 이 부분에서 크게 잘못했습니다. 사람들에게 무엇을 중심에 둬야 하는지 바르게 가르치지 못하고 예수 믿어 복 받는 체험만 이야기하는 데 머물러 있습니다. 간증은 풍성하게 많은데 하나님을 사모하는 마음이 무엇인지 모르는 조국 교회가 되어버렸습니다. 그러다 보니 이단들이 횡행합니다. 기독교의 이름으로 경험되는 현상과 결과물들을 그들도 똑같이 만들어내어 가르칩니다. 가령 이단에 현혹된 많은 사람들은 "교회에 수십 년 다녀도 아무 일이 없다가 이단 종교에 갔더니 신천지가 열렸습니다"라고 간증하면서 성도들을 넘어뜨리려고 합니다. 초점 자체가 잘못되어 있는 것입니다.

생명의 증거는 체험이 아닙니다. 무슨 복을 받았는지가 아닙니다. 신실한 하나님의 사람들 가운데에도 가난과 불행을 겪는 경우를 종종 보지 않습니까? 생명의 핵심적인 증거는 '하나님을 사모하는가?'입니다. '많은 증거의 초점을 하나님께 두고 있는가? 하나님을 그리워하고 사모하는 마음이 무엇인지 아는가? 아무리 바빠도 하나님을 그리워하며 그분에게로 향하고 있는가? 주님 앞에 나오지 않으면 견딜 수 없는 무언가가 내 안에 있는가?' 이러한 질문에 '그렇다'라고 말할 수 있다면 생명이 진정 있다는 증거입니다.

조국 교회는 이 부분에 대해서 선명한 메시지를 전하지 못하고 있습니다. 수많은 사람들이 신앙의 핵심이 아닌 껍질을 붙든 채 스스로를 속이고 합리화합니다. 체험과 복에 집중한 나머지 하나님과 자신을 정직하게 바라보지 못하고 하나님을 사랑하는 것이 무엇인지도 모르면서 스스로 신앙인이라고 확신합니다. 하나님을 가까이하고 그분을 인격적으로 알아가기 위해 힘쓰고 그분을 즐거워하고 묵상하고 견딜 수 없는 마음으로 그리워하는 마음이 복음의 생명이 만들어내는 진짜 신앙입니다. 세월이 갈수록 하나님을 향해 더 깊은 사랑이 생겨납니까? 구주가 사람의 몸을 입고 세상에 오신 것이 얼마나 놀라운 일인지를 느끼고 있습니까?

성경은 구주가 사람의 몸을 입고 세상에 와서 많은 선을 행하며 본이 되신 삶을 보여주고 있지만 무엇보다 그분의 십자가와 죽음에 집중하도록 우리의 시선을 이끕니다. 주님은 세상을 떠나기 전 제자들과 성찬식을 함께하며 자신의 고난과 죽음을 기념하라고 가르치셨습니다. 왜 예수님의 고난과 죽음이 그토록 중요합니까? 주님의 고난과 죽음이야말로 은혜의 근원이기 때문입니다. 그분이 손수 고난을 받고 죽으셨기 때문에 아무 자격이 없던 우리는 은혜를 거저 얻게 되었습니다.

그래서 우리는 그분을 알아갈수록 더 깊은 감사로 나아가게 됩니다. 비록 원하는 바가 좌절되고 시련 가운데 놓인다 하더라도 우리는 우리의 삶 전체를 다스리시는 그분에게 깊은 감사의 고백을 하게 됩니다. 그리고 주님을 향한 감사가 우리의 삶 전반에 흐르면서 우리의 삶은 새롭게 빚어집니다.

하나님이 왜 아들을 보내셨습니까? 사랑하기 때문입니다. 어떤 이들은 하나님이 우리를 사랑하신다는 사실을 아무런 감흥 없이 당연하게 느낍니다. 하지만 신앙생활을 하면 할수록 그 사랑이 결코 당연할 수 없다는 걸 절실히 깨닫게 됩니다. 한편 어떤 이들은 하나님이 우리를 사랑하기에 아들을 보내셨다는 사실을 좀처럼 믿기 어려워합니다. 아들을 십자가에 못 박을 만큼 우리를 사랑하신다는 사실을 믿을 수 없는 것입니다. 사실 은혜가 아니면 도무지 믿어지지 않는 사실입니다. 하지만 신앙생활을 하면 할수록 그 사랑이 진짜라는 것을 우리는 깨닫게 됩니다. 진짜 사랑을 받았기에 우리가 아무런 공로와 조건 없이 은혜를 받게 되었음을 믿게 되고 그 사랑을 켜켜이 가슴에 품을 수 있습니다.

부부지간에 가장 큰 아픔이 무엇입니까? 소통이 어려워서 서로의 마음을 잘 몰라준다는 것입니다. 저는 아내가 왜 우는지를 몰랐습니다. 그래서 아내에게 "왜 내 속을 몰라줍니까? 속을 꺼내어 보여줄까요?"라고 자주 말하곤 했습니다. 행실로 보여주면 되는데 왜 그리 물었을까, 평생 살면서 후회하는 말입니다. 무지한 남성의 전형적인 어리석음을 제 안에서 숱하게 봤습니다. 부부 사이에 얼마나 소통이 안 되는지 모릅니다. 한국말로 주고받는 대화라 못 알아들을 대목이 전혀 없는데도 마음과 마음이 만나지 못해 서로에게 상처를 많이 줍니다.

그런 인생이 하나님과 소통이 되겠습니까? 하나님과의 사귐이 가능하겠습니까? 나 자신에 대해서 그리고 내가 사랑하는 사람에 대해서도 무엇 하나 제대로 이해할 수 없는 어리석은 우리가 만군의 여호와와 소통하고 사귄다는 것이 가능하겠습니까?

놀랍게도 기독교는 세상의 여타 종교처럼 막연하게 신을 더듬어 찾고 그분의 비위를 맞추기 위해 노심초사하는 그런 종교가 아닙니다. 사랑하는 하나님 아버지와 그리워하는 마음을 나누고 소통하며 사귐을 갖는 그런 종교입니다. 어떻게 그런 놀라운 일이 가능할까요? 성령 하나님이 계시기 때문입니다. 성령께서 우리에게 하나님 아버지의 마음을 먼저 알게 하시고, 무지하고 어리석은 우리가 은혜에 참여할 수 있도록 도우십니다. 하나님 아버지의 사랑을 먼저 받은 우리가 그분에게 사랑을 고백하도록 하십니다.

정말 자격 없는 우리가 하나님의 은혜에 힘입어 담대하게 그분의 보좌로 나아가 하나님을 찾고 의지하고 그분의 이름을 마음껏 부르며 즐거워하는 일이 어떻게 가능할까요? 성령이 은혜를 적용시켜주시기 때문에 교통이 일어납니다. 주님이 주시는 생명은 하나님을 아는 생명입니다.

어떻게 믿을 수 있는가?

주님의 설명에 니고데모는 "어찌 그러한 일이 있을 수 있나이까"(요 3:9)라고 반응했습니다. 아무리 생각해도 이해할 수가 없었던 것입니다.

노력해봐도 이해할 수 없기에 믿기 힘들다고 말하는 것, 바로 오늘날 많은 사람들이 보이는 반응 중 하나입니다.

그런 니고데모에게 주님은 "이스라엘의 선생으로서 이러한 것들을 알지 못하느냐"(요 3:10)고 반문하셨습니다. "네가 이방인이라면 몰라도 이스라엘의 선생 아니냐? 생명의 말씀을 통해 이 진리의 계시를 올바로 알 수 있는 인물인데 왜 알지 못하느냐?"라고 물으신 것입니다. 그러면서 주님은 이어서 말씀하셨습니다.

> "진실로 진실로 네게 이르노니 우리는 아는 것을 말하고 본 것을 증언하노라 그러나 너희가 우리의 증언을 받지 아니하는도다 내가 땅의 일을 말하여도 너희가 믿지 아니하거든 하물며 하늘의 일을 말하면 어떻게 믿겠느냐"(요 3:11-12).

주님은 하늘에서 오신 유일한 분입니다. 그런 주님이 땅의 일을 말해줘도 못 믿겠다면 하늘의 일은 어떻게 믿을 수 있겠느냐는 말씀입니다. 성경에는 하나님의 영광을 보고 하늘의 영광을 본 사람들에 대한 기록이 있습니다. 가령 이사야 6장에는 주의 영광의 보좌 앞에 있는 이사야의 모습이 나옵니다(사 6:1-4). 또한 고린도후서 12장에서 바울은 하나님의 영광을 봤던 경험을 다음과 같이 말합니다.

> "무익하나마 내가 부득불 자랑하노니 주의 환상과 계시를 말하리라 내가

그리스도 안에 있는 한 사람을 아노니 그는 십사 년 전에 셋째 하늘에 이끌려 간 자라 … 그가 낙원으로 이끌려 가서 말로 표현할 수 없는 말을 들었으니 사람이 가히 이르지 못할 말이로다"(고후 12:1-4).

그러면서 6절에서 "지나치게 생각할까 두려워하여 그만두노라"고 말했습니다. 하늘을 경험한 일은 이처럼 이해하거나 표현하기가 어렵다는 의미입니다.

안타깝게도 많은 사람들은 하늘의 일에 대해서 "이해가 안 되기 때문에 믿을 수 없다"고 말합니다. 배우자라든가 타인에 대해서는 충분히 알지 못해도 함께 살아가고 사랑하기 위해 애쓰겠다고 말하면서 유독 하나님과 관계된 영역에 대해서는 이해할 수 없으므로 받아들이거나 믿을 수 없다고 말하는 것입니다. 우리는 이에 대해 정직할 필요가 있습니다. 이해하지 못하기 때문에 안 믿는 것이 절대로 아닙니다.

우리가 믿지 않는 이유는 이 책 서두에서 살펴봤듯이 자기 스스로 하나님이 되려고 하기 때문입니다. 하나님의 계시의 말씀을 받아들이고 그 말씀에 자기의 생각을 굴복시키는 것이 아니라, 자기 스스로 하나님이 되어서 하나님의 계시까지도 자기 보기에 옳은지 그른지 판단하려고 하기 때문입니다. 이해를 못하기 때문이 아니라, 죄 된 본성에 끌려 자기 스스로 하나님인 것처럼 행세하려고 하기 때문에 믿어지지 않는 것입니다.

주님은 하늘에서 온 자가 자신밖에 없다고 우리에게 밝히 말씀하셨습니다. 그리고 친히 알고 있는 것을 우리에게 직접 가르치셨습니다. 자신의 지혜와 지식으로 이해할 수 없기에 믿을 수 없다고 스스로 속이지 마십시오. 하나님 앞에 무릎 꿇고 그분의 교훈을 받아들이십시오. 그분이 행하신 귀한 일을 온 마음으로 받아들이고, 수많은 믿음의 선배들이 그랬던 것처럼 주님을 애타게 그리워하는 믿음의 참된 세계 안으로 들어오기 바랍니다. 하나님이 우리를 데려가고 싶어 하시는 참된 사귐과 생명의 부요, 그 복된 은혜 안으로 모두들 들어가기를 바랍니다.

―

"바람이 임의로 불매 네가 그 소리는 들어도 어디서 와서 어디로 가는지 알지 못하나니 성령으로 난 사람도 다 그러하니라 니고데모가 대답하여 이르되 어찌 그러한 일이 있을 수 있나이까 예수께서 그에게 대답하여 이르시되 너는 이스라엘의 선생으로서 이러한 것들을 알지 못하느냐 진실로 진실로 네게 이르노니 우리는 아는 것을 말하고 본 것을 증언하노라 그러나 너희가 우리의 증언을 받지 아니하는도다 내가 땅의 일을 말하여도 너희가 믿지 아니하거든 하물며 하늘의 일을 말하면 어떻게 믿겠느냐 하늘에서 내려온 자 곧 인자 외에는 하늘에 올라간 자가 없느니라 모세가 광야에서 뱀을 든 것같이 인자도 들려야 하리니 이는 그를 믿는 자마다 영생을 얻게 하려 하심이니라"(요 3:8-15).

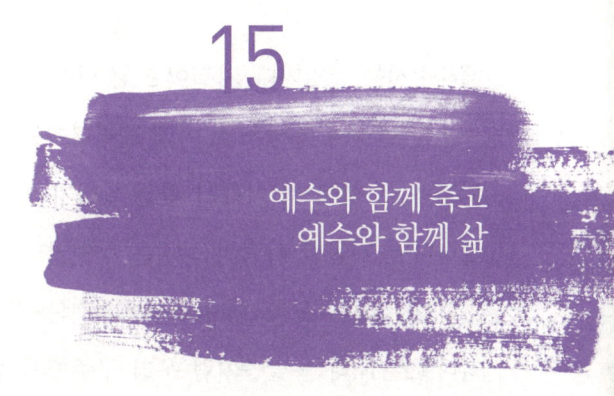

15

예수와 함께 죽고
예수와 함께 삶

죄와 세상을 향한 죽음

모태에서부터 생명을 가지고 있는 사람과 성령으로 거듭난 사람의 결정적인 차이는 어디에 있습니까? 바로 죄입니다. 주님이 니고데모와 우리에게 "거듭나야 한다"고 말씀하시는 이유는 죄 때문입니다. 죄를 가지고 태어난 우리는 죄를 좋아하고 죄의 종으로 살아갑니다.

주변을 둘러보면 상대적으로 죄 짓는 게 많이 티 나는 사람들이 있습니다. 일반적으로 많은 이들이 그들과 자신을 비교하면서 "저 사람에 비하면 나는 그래도 조금 괜찮은 것 같다"고 생각합니다. 하지만 하나님의 심판대 앞에 서면 모두 고만고만한 죄인입니다. 모든 사람이 심각하게 나쁜 죄를 지을 만한 존재이지만 그러면 세상이 너무 혼란스러워질까봐 주님이 일반 은총을 베풀어 어떤 사람은 죄를 조금 덜 짓게 통제해주시는 것입니다. 자질이 조금 나아서 죄를 덜 짓는 게 아닙니다.

모든 인생의 특징은 죄 아래 태어난다는 것입니다. 죄를 좋아하고 죄의 종으로 살고 죄 아래서 평생 살다가 죽는 것이 그들의 모습입니다. 그렇다면 거듭난 사람의 특징은 무엇입니까? 죄에서 용서받은 생명이 있다는 것입니다. "모세가 광야에서 뱀을 든 것 같이 인자도 들려야 하리니"(요 3:14)라는 말씀처럼 우리 구주께서 십자가에 높이 들리셔야 우리의 모든 죄가 덮어지고 가려지고 용서되는 것입니다. 거듭난 사람이 얻은 생명은 죄에서 용서받은 생명입니다.

우리는 교회에서 '죄 용서'에 대한 이야기를 듣곤 합니다. 그런데 그것 못지않게 중요한 주제는 '죄와 세상을 향한 죽음'입니다. 바울은 로마서 6장에서 이렇게 말했습니다.

"우리가 알거니와 우리의 옛 사람이 예수와 함께 십자가에 못 박힌 것은 죄의 몸이 죽어 다시는 우리가 죄에게 종 노릇 하지 아니하려 함이니 … 그가 죽으심은 죄에 대하여 단번에 죽으심이요 그가 살아 계심은 하나님께 대하여 살아 계심이니"(롬 6:6-10).

예수를 믿게 된 사람은 예수와 함께 십자가에 못 박혀 죽고 예수와 함께 부활한다는 말씀입니다. 주님이 니고데모와 우리에게 "너는 한 번 더 태어나야 한다. 너의 가장 결정적인 문제는 생명이다"라고 말씀하실 때 그 '생명'의 핵심은 무엇입니까? "죄 아래 있는 생명, 죄로 인해 죽어 있는 생명, 죄의 종인 생명으로 남아 있는가? 아니면 예수와 함께 죽어서 하나님을 향해 살아난 생명을 가지고 있는가?"입니다. 이것이 바로 '중생'이라 불리는 거듭난 생명의 핵심입니다.

예수를 믿는 때 우리 안에서 일어나는 일 중 하나는 우리 자신이 죄와 세상에 대해서 죽는다는 것입니다. 체험이 수반되는지의 여부는 중요하지 않습니다. 죄만 용서되는 것도 아닙니다. 예수를 믿으면 틀림없이 죄가 용서되지만 더 나아가 죄와 세상에 대해 죽게 됩니다. 예수님이 십자가에 달려 돌아가실 때 우리 역시 죄와 세상에 대해 죽습니다.

우리는 이와 관련된 말씀을 종종 잘못 이해합니다. 한 예로 갈라디아서 6장 14절은 "그러나 내게는 우리 주 예수 그리스도의 십자가 외에 결코 자랑할 것이 없으니 그리스도로 말미암아 세상이 나를 대하여 십자가에 못 박히고 내가 또한 세상을 대하여 그러하니라"고 말하는데 많은 사람들이 "죄와 세상을 대해 죽는다"는 말을 죄 짓지 않고 세상의 정욕과 탐심 앞에 굴복하지도 말아야 한다는 뜻으로 받아들입니다. 그러다 보니 신앙생활이 현실과 괴리된 채 계속 떠 있습니다. 사실 이 말씀은 죄를 향하고 좋아하던 습관과 정욕이 없어진다는 의미가 아닙니다. 성도가 되면 죄도 안 짓고 착한 생각만 하게 된다는 뜻도 아닙니다.

죄에 대해 죽고 하나님에 대해 사는 것은 과정이다

주님이 우리에게 주신 생명은 씨앗의 형태입니다. 따라서 예수님을 믿자마자 완전한 상태로 들어가는 것이 아닙니다. 과정을 거쳐야 합니다. 그래서 모든 성도들은 예수를 믿고 나서도 죄를 경험합니다. 그리고 여전히 옛 소욕들이 남아 있어 세상에 속한 욕망과 탐심으로 넘어지곤 합니다. '이 땅에서 무엇을 먹을까? 무엇을 입을까? 어떻게 잘 살까?' 하는 소욕이 모태로부터 생명을 가진 모든 사람의 삶의 핵심입니다.

그러나 성도인 우리는 어느 정도의 정욕이 남아 있지만 소속과 신분과 지위가 다른 곳으로 옮겨졌습니다. 죄 아래 태어났는데 은혜 아래로 옮겨졌습니다. 은혜가 통치하고 은혜가 왕 노릇 하는 새로운 영역으로 옮겨졌습니다. 죄를 좋아하고 끝없이 세상을 좋아하며 살았던 자리에서 거룩과 성결을 좋아하는 자리로 옮겨졌습니다.

우리는 예수를 믿고 나서도 여전히 죄를 경험합니다. 그렇지만 이전과 다른 소속으로 옮겨졌기 때문에 죄를 자백하고 회개하면 언제든지 은혜로 용서받고 새 출발을 할 수 있습니다. 그뿐 아니라 영역이 옮겨졌기 때문에 죄와 피 흘려가면서 싸우는 일이 본격적으로 시작됩니다. 불신자의 상태에 있을 때는 죄에 익숙해져 있고 죄의 종으로서 죄가 시키는 대로 하며 살았기 때문에 윤리적으로, 도덕적으로 한 번씩 양심의 가책을 느낄 뿐 죄에서 벗어날 수는 없습니다.

그런데 성도들은 죄가 왕 노릇 하는 영역에 있다가 은혜가 통치하는 새로운 질서로 옮겨졌기 때문에 이제 죄를 분별하고 깨달으면서 죄와 피 흘리는 싸움을 시작합니다.

예수 믿는 사람에게 은혜가 가져다주는 귀한 결과는 평강입니다. 평강은 어려움이 없고 문제가 해결된 상태를 말하는 것이 아닙니다. 어려움이 있는데 평화롭습니다. 눈물과 시련이 여전히 있는데도 평강이 깨뜨려지지 않습니다. 내면에서 일어나는 치열한 영적인 싸움이 무엇인지를 아는 존재가 성도이고, 그처럼 치열한 싸움을 하면서도 평화를 누리는 존재가 성도입니다.

죄 아래 죽어 있다가 그리스도의 대속의 죽음으로 생명을 얻은 우리에게는 이전에 적용되던 죄의 영역의 원칙과 법이 적용되지 않습니다. 내면에 남아 있는 옛 정욕으로 인해 여전히 죄의 유혹을 받지만 죄 아래 갇히지는 않습니다. 언제든지 주님 앞에 죄를 토설하면 용서받고 다시 힘을 얻어서 죄와 피 흘려가며 싸울 수 있습니다. 이처럼 성화가 꾸준히 진행되면 마침내 우리는 하나님과 이웃을 사랑한다는 이유로 거룩과 선을 선택할 수 있게 됩니다.

우리는 성도가 되기 전에도 죄를 덜 짓거나 선을 행하곤 했습니다. 그러나 사실은 사람들의 눈이 무서워서 거룩하게 살려고 했던 것뿐입니다. 내면 깊은 곳에서부터 거룩을 더 좋아했던 것은 아닙니다. 사람들의 눈만 없다면 남들처럼 살았을 것입니다. 그런데 보는 눈들이 있고, 죄를 지으면 잃을 것이 많기 때문에 억지로 죄를 덜 지었을 뿐입니다. 때로 우리는 사람들을 돕는 선한 일을 즐거워하는 것처럼 스스로 느낍니다. 실제로 돕다보면 굉장히 기쁩니다.

그런데 무엇 때문에 기쁩니까? '나는 정말 훌륭하다. 역시 남과 다르구나' 하면서 기뻐합니다. 정말 이웃의 아픔을 공감하며 도와주려 했던 마음이 전혀 없는 것은 아니지만 주된 힘은 나에 대한 감격입니다. 자기 중심성입니다.

그런데 주님이 옮겨주신 영역에서 성화의 과정을 꾸준히 거쳐가는 성도는 선을 행하는 의도가 다릅니다. 하나님이 얼마나 거룩을 사랑하시는 줄 알기에 나도 거룩을 선택하고, 하나님이 이웃 사랑을 얼마나 원하시는지 알기에 진정 이웃을 위해 선을 행합니다. 대가를 지불하면서 죄와 피 흘리기까지 싸웁니다. 한걸음에 승리를 얻어낼 수 없지만 그러한 일이 생명을 가진 우리 안에서 반드시 일어납니다. 죄와의 싸움에서 승리하는 일이 조금씩 시작되고 완성되어갑니다.

왜냐하면 참으로 거듭난 모든 성도는 죄와 세상을 향해 죽고 하나님을 향해 다시 살아난 생명을 가지고 있기 때문입니다. 이 생명은 죄를 미워하고 거룩을 선택하는 생명입니다. 이 생명을 가지게 되면 사람들의 눈치를 보느라 억지로 선을 행하는 것이 아니라 혹은 그저 자기 만족을 위해 선을 행하는 것이 아니라 하나님의 마음을 가지고 하나님을 기쁘게 해드리기 위해 거룩을 선택합니다. 이웃들의 유익과 복을 위해서 아낌없이 나를 희생하며 오른손이 한 일을 왼손이 기억하지 않는 선을 행합니다.

이처럼 소속과 지위와 신분이 온전히 달라지고 죄와 세상을 향해 죽게 되면 우리는 성령의 도움을 힘입어 새롭게 얻은 신분과 지위에 걸맞은 사람으로 빚어집니다. 이 과정이 성화입니다. 주님께 거룩하다고 여겨지는 성도로 여김받는 성도로 바뀌어가는 과정이 성화입니다.

성령의 역할 1_ 거룩한 삶으로 인도

그러므로 삶을 거룩하게 하는 핵심 요소는 우리의 결단이 아닙니다. 새로운 생명으로 호흡하고 거룩을 살아낼 수 있도록 하는 분은 성령입니다.

하나님의 성령이 함께하지 않으시면 어느 누구도 거룩한 삶을 살아낼 수 없습니다. 그분을 '성령'이라고 부르는 이유는 그분이 거룩한 분이라는 의미에서가 아니라 '우리를 거룩한 삶으로 데려가시는 분'이기 때문입니다.

예수님은 니고데모에게 "사람이 물과 성령으로 나지 아니하면 하나님의 나라에 들어갈 수 없느니라 육으로 난 것은 육이요 영으로 난 것은 영이니"(요 3:5-6)라고 말씀하셨습니다. 성령 하나님은 우리에게 새 생명을 주실 뿐 아니라 '죄를 거스르는 힘과 권능'을 공급하십니다.

따라서 핵심은 성령입니다. 에베소서 5장 18절은 "오직 성령으로 충만함을 받으라"고 명령합니다. 성령의 충만한 다스림 없이는 우리 속에 남아 있는 옛 정욕을 거슬러가면서 여전히 강력하게 역사하는 세상 정신들을 거부하고 하나님이 기뻐하시는 거룩하고 선한 삶을 살기가 쉽지 않습니다.

그래서 하나님은 우리에게 성령을 선물로 주셨고 그 귀한 성령은 우리 안에서 역사하며 하나님 백성의 성품을 빚고 선행을 만들어내십니다. 이처럼 소중한 성령의 권능을 사도 바울은 이렇게 표현했습니다.

"그의 힘의 위력으로 역사하심을 따라 믿는 우리에게 베푸신 능력의 지극히 크심이 어떠한 것을 너희로 알게 하시기를 구하노라"(엡 1:19).

이 말씀은 예수를 무덤에서 일으키신 성령의 능력, 일으키실 뿐 아니라 그분을 하나님의 보좌 우편에 앉게 하신 성령의 권능이 성도들 안에 있다는 의미입니다. 성도들이 하나님의 사람에 합당한 삶을 살도록 성령의 권능을 부어주시겠다는 것입니다. 하나님은 우리 안에 내주하셔서 우리를 거룩한 사람으로, 선한 일에 열심을 내는 진짜 백성으로 온전히 빚어가십니다. 그래서 성령으로 거듭나는 것이 핵심입니다. 성령으로 거듭나야 죄를 이기는 삶이 가능해집니다.

오늘날 조국 교회의 많은 사람들이 성령의 권능을 병 고치는 은사나 기적과 연결합니다. 물론 성화를 사모하며 죄를 거슬러가고 하나님이 원하시는 거룩한 삶을 살기 위해 성령 충만을 간구하고 성령 하나님과 동행하다가 병이 낫는 기적을 경험한다면 참으로 기뻐할 일입니다. 그런데 안타깝게도 너무나 많은 사람들이 병이 낫는 등의 가시적인 일을 자꾸 구하다가 성령 하나님의 핵심 사역을 왜곡하곤 합니다. 부수적인 것을 중심에 놓는 것이 오늘날 조국 교회의 큰 문제입니다.

성령의 도움을 힘입어 거룩한 삶을 사는 것은 이 시대 성도들의 사명입니다. 거룩한 삶을 살 수 없다고 말해서는 안 됩니다. 왜냐하면 거룩한 삶을 살라고 하나님이 우리에게 새 생명을 주신 것이기 때문입니다. 세상적인 탐욕과 정욕 앞에 굴복하지 않고, 세상 것에 탐닉하지 않도록 하나님은 우리에게 성령을 선물로 주셨습니다. 그리고 그분이 원하시는 선하고 거룩한 삶으로 우리를 데려가십니다.

성령의 역할 2_ 양자의 영

이처럼 성령은 우리로 하여금 죄를 거스르고 죄와 싸워 이기며 거룩한 삶을 살도록 격려하십니다. 그런데 이와 더불어 성령이 하시는 또 하나의 중요한 일이 있습니다. 성령의 여러 별명 중 하나가 로마서 8장에 나옵니다.

> "너희는 다시 무서워하는 종의 영을 받지 아니하고 양자의 영을 받았으므로 우리가 아빠 아버지라고 부르짖느니라"(롬 8:15).

바울은 성령을 '양자의 영'이라고 부릅니다. 우리는 하나님의 아들이 아닙니다. 예수님이 하나님의 아들입니다. 하나님의 아들인 예수님이 하늘의 영광과 존귀를 다 내려놓고 인간의 옷을 입으셨기 때문에 우리는 예수를 믿는 순간 그분에게만 적용되던 아들의 신분과 지위를 그대로 적용받습니다. 하나님 아들인 예수의 존영과 말로 다할 수 없는 존귀, 부귀, 아름다움을 그분의 대속의 은혜로 그분과 더불어 상속받게 되는 것입니다. 이 아들 됨을 우리에게 가르쳐주시는 분이 성령 하나님입니다. 그래서 그분의 이름 중 하나가 '양자의 영'입니다.

그렇다면 우리는 죄를 용서받고 죄와 싸워 새로운 생명을 얻게 되었을 뿐 아니라 '아들의 영을 받았다'는 사실을 어떻게 확신할 수 있을까요? 일반적으로 3가지 방식으로 알 수 있습니다.

첫째, "영접하는 자 곧 그 이름을 믿는 자들에게는 하나님의 자녀가 되는 권세를 주셨으니"(요 1:12)라는 말씀처럼 우리는 믿음으로 우리가 자녀되었음을 확신할 수 있습니다. 하나님의 말씀이 말씀하셨기 때문에 말씀대로 믿으며 확신하는 것입니다.

둘째, 요한일서 3장 14절은 "우리는 형제를 사랑함으로 사망에서 옮겨 생명으로 들어간 줄을 알거니와 사랑하지 아니하는 자는 사망에 머물러 있느니라"고 말합니다. 형제를 사랑하는 것은 생명 있는 자의 아주 중요한 증거요, 하나님의 자녀라는 표시입니다. 하나님의 자녀는 어두움에 거하지 않고 빛으로 나온다는 말씀을 통해 우리는 우리가 정말 하나님의 아들인지를 추론할 수 있습니다. 가령 우리 자신의 삶을 찬찬히 살펴보면서 '내가 원수를 사랑하는가? 내가 어두움보다 빛을 좋아하고 있는가?' 등의 질문을 던지며 자신이 하나님의 자녀가 맞는지를 점검해볼 수 있습니다.

조국 교회는 대개 이 두 가지 방식만을 이야기합니다. 물론 말씀을 믿음으로써 자신이 하나님의 자녀임을 확신하는 것은 매우 귀합니다. 또한 우리의 삶을 성찰하고 점검하며 '내가 과연 성경이 말하는 하나님의 자녀가 틀림없는가?'를 고민하고 확신하는 것은 정말 귀합니다. 그런데 하나님의 자녀임을 확신하는 최고의 방법이 하나 더 있습니다. 오늘날 조국 교회는 안타깝게도 이 세 번째 방식을 거의 가르치지 않습니다. 그것은 바로 양자의 영인 성령께서 우리의 영에 직접적이고 즉각적으로 확신시키시는 방식입니다.

하나님은 우리에게 성령을 선물로 주시고 우리 안에 내주하게 하시며 또한 말씀을 상고하고 사유함으로써 확신을 얻게도 하시지만 그 정도에 그치지 않으십니다. 성경은 성령 하나님이 우리의 영에 직접적이고 즉각적인 확증을 주신다고 가르칩니다.

성령의 보증이라고 일컬어지는 이 귀한 사역은 교회 역사에 오랫동안 반복되었습니다. 가령 감리교 창시자인 존 웨슬리는 올더스게이트라는 거리를 지나가다가 하나님의 성령이 자신의 영혼에 자녀 됨과 하나님의 사랑을 물 붓듯 부어주시는 것을 경험했습니다. 제 영적인 스승인 조지 휘트필드 같은 위대한 하나님의 사람도 똑같은 간증을 했습니다. 휘트필드는 10대 때부터 탁월한 설교를 하며 영국의 대부흥에 지대한 공헌을 한 인물입니다. 그의 일기를 보면 앞서 말한 존 웨슬리와 동일한 고백들이 기록되어 있습니다.

역사상 가장 위대한 철학자 중 한 사람으로 꼽히는 블레이즈 파스칼은 겉옷에 양피지 조각을 꿰매어 다녔다고 합니다. 그것은 강력한 영적 체험을 한 내용을 상세히 기록한 메모였습니다. 1907년 평양에도 대부흥이 일어났습니다. 부흥은 단순히 신자의 수가 불어나는 것을 의미하지 않습니다. 부흥이란 성령 하나님이 증거해주시는 하나님 사랑의 깊이와 넓이를 충분히 누리고 경험하는 것을 말합니다.

오늘날 조국 교회는 너무나 많은 사람들이 거듭나지 않은 채 교회 안에 머물러 있습니다. 또한 거듭난 사람이라 할지라도 신앙이 매우 피상적이고 얄팍합니다. 깊은 바다 속으로 들어갈 생각을 하지 않고 얕은 물가에 발목만 담그고 살아갑니다.

믿고 말할 수 없는 영광스러운 즐거움

성령이 우리의 영혼에 대고 직접적으로 우리가 하나님의 자녀인 것과 하나님이 우리를 얼마나 사랑하시는지 말씀해주시면 모든 의심이 걷히면서 우리는 예수님을 믿게 됩니다. 반신반의하고 데면데면하던 마음이 제거되고 하나님의 사랑에 대한 감격과 견고한 신뢰가 생겨납니다. 이런 일들이 역사에, 성경에 반복적으로 기록되어 있다는 사실을 알고 있습니까?

제게는 소원이 하나 있습니다. 많은 사람들을 끌어 모아 성도 수를 늘리는 일이 아닙니다. 몇 명이 모이든 관계없이 성경이 데려가고 싶어 하는 깊이와 넓이까지 하나님을 알고 예수를 믿는 거듭난 성도들을 만드는 것이 제 목회의 목표입니다.

예배당에 와서 마음에 드는 설교 한 편 듣고 그냥 돌아가는 사람이 아니라, 우리의 영혼에 대고 우리가 하나님의 자녀라는 사실과 하나님이 우리를 얼마나 사랑하시는지를 보증하고 증거하시는 성령의 역사가 어떤 것인지 아는 사람을 세우고 싶습니다. 예수 믿는다는 이유로 감옥에 갇혔으나 노래를 멈추지 않고, 가산을 전부 잃어버려도 전혀 아까워하지 않고 사명의 길을 기쁘게 걸어가는, 그렇게 하나님을 신뢰하는 사람들을 세우는 것이 제 목회의 꿈입니다.

조국 교회를 한번 보십시오. 무엇이 결핍되었기에 이러한 형편에 처하게 되었다고 생각합니까? 무엇 하나를 더하기만 하면 조국 교회가 달라질 것이라고 생각합니까? 아니면 무엇 하나를 빼기만 하면 달라질 것 같습니까? 그렇지 않습니다. 성령 하나님의 부흥 역사가 일어나야만 조국 교회와 조국 땅은 진정으로 변화될 것입니다.

물론 어느 정도의 깊이와 넓이로 하나님을 알아야만 구원받는다고 말하는 것이 절대로 아닙니다. 그러나 성도로서 우리 한 사람, 한 사람은 성경이 데려가고 싶어 하는 지점까지 온전히 들어가 하나님을 알고 경험하며 살아가야 할 것입니다. 그럼으로써 조국 교회와 조국 사회에 예수의 복음의 영광과 존영이 무엇인지를 드러낼 수 있어야 합니다.

이 확신이 우리에게 주어지면 어떤 일이 일어날까요? 베드로전서 1장 8절은 "예수를 너희가 보지 못하였으나 사랑하는도다 이제도 보지 못하나 믿고 말할 수 없는 영광스러운 즐거움으로 기뻐하니"라고 말합니다. 우리 중에 하나님이 주신 은혜에 대한 간증이 없는 사람이 누가 있겠습니까?

그러나 성경은 '믿고 말할 수 없는 영광스러운 즐거움'을 이야기합니다. 우리에게 기쁨이 없는 것은 아니지만 성경은 그 기쁨이 천국의 영광에 살짝 닿아서 형언할 수 없는 영광을 겸하고 있다고 가르칩니다.

존 웨슬리와 조지 휘트필드 같은 수많은 믿음의 선조들에게 거듭 발견되었던 것은 형언할 수 없는 기쁨과 감격이었습니다.

파스칼의 옷에 꿰매어 있던 양피지 조각에 적힌 내용은 '희락, 감격, 기쁨, 아브라함의 하나님, 이삭의 하나님, 야곱의 하나님, 나의 하나님' 과 같은 아주 단순한 몇 마디였습니다. 희락과 감격과 기쁨을 평생 잊어버리고 싶지 않아서 이를 메모해 옷에 꿰매어 다녔던 파스칼의 심정을 이해합니까?

예수는 적당히 믿고 말아서는 안 됩니다. 깊은 은혜의 바다에 발목만 담그고 말아서는 안 됩니다. 주님이 하늘의 영광과 존귀를 다 버리고 티끌 같은 인간의 몸을 입은 채 이 땅에서 값진 보혈을 흘리며 죽기까지 우리를 그토록 데려가기 원하셨던 그 자리, 그곳에 가기를 우리는 마땅히 사모하고 목말라하고 그리워해야 하지 않겠습니까?

형언할 수 없을 만큼 영광스러운 즐거움이 열리면 우리는 어떠한 상황에서도 견고하게 설 수 있습니다. 이렇게 불확실하게 흔들리는 세상 속에서도 안정감을 느끼게 되는 것입니다.

요한계시록을 보면 땅의 3분의 1이 흔들리고 바다의 3분의 1이 물에 적셔진다고 이야기합니다. 모두 성경에 나오는 이야기입니다. 세상이 흔들린다 해도 놀랄 이유가 없습니다. 세상이 아무리 흔들려도 주님 안에 있는 자, 성령이 주시는 은혜와 영광을 아는 자에게는 견고함과 안전이 있습니다.

구주를 대망하는 삶

성령 하나님의 역사가 이처럼 놀랍지만 성도는 이 땅을 사는 동안 눈물과 한숨, 아픔, 약함을 경험합니다. 여전히 옛 습관이 남아 있기에 탄식합니다. 이 땅에서 아무리 천국에 맞닿아 있는 희락과 감격을 알아도 몸이 가지고 있는 인생의 약함과 한계를 경험하기에 눈물을 흘립니다. 그래서 구주를 대망합니다. 주님이 오셔서 모든 질고와 탄식을 끝내고, 우리의 눈물과 아픔을 멈추게 해주시기를 고대합니다. 세상, 세상 하면서 사는 것이 아니라 구주의 오심을 더 목마르게 기다리고 사모합니다.

오늘날 조국 교회는 그저 이 세상이 전부인 것처럼 나와 내 가족이 더 오래 살고 더 편하게 사는 복만 이야기합니다. 그러나 우리는 천국에 잇닿아 있는 희락과 감격을 가지고 "아멘 주 예수여 어서 오시옵소서" 하며 그분을 목마르게 사모하며 기다려야 합니다. 우리의 삶에 이러한 생명의 증거와 표시가 풍성하게 나타나기를 원합니다. 이 땅을 사는 우리 모두에게 하나님의 존귀한 대속의 은혜가 충만하게 임하여 우리 모두 하나님과 이웃을 섬기다가 다시 오실 영광스러운 주님을 전심으로 환영할 수 있기를 간절히 바랍니다.

PART 3 — 구원 이후의 삶

나에게서 돌이켜 하나님을 향하는 삶

"모세가 광야에서 뱀을 든 것같이 인자도 들려야 하리니 이는 그를 믿는 자마다 영생을 얻게 하려 하심이니라 하나님이 세상을 이처럼 사랑하사 독생자를 주셨으니 이는 그를 믿는 자마다 멸망하지 않고 영생을 얻게 하려 하심이라 하나님이 그 아들을 세상에 보내신 것은 세상을 심판하려 하심이 아니요 그로 말미암아 세상이 구원을 받게 하려 하심이라 그를 믿는 자는 심판을 받지 아니하는 것이요 믿지 아니하는 자는 하나님의 독생자의 이름을 믿지 아니하므로 벌써 심판을 받은 것이니라"(요 3:14-18).

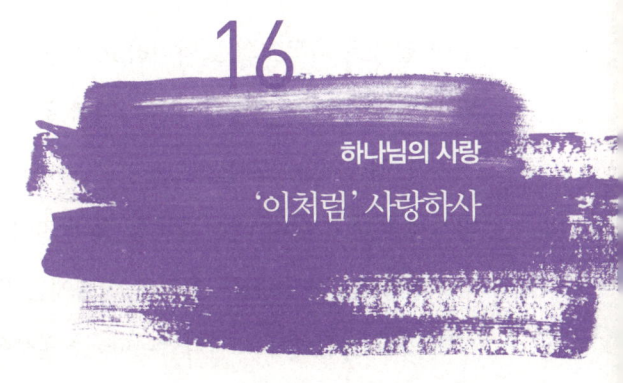

16
하나님의 사랑
'이처럼' 사랑하사

인생의 문제의 제일 핵심은 사랑

요한복음 3장 16절은 단 한 절이지만 복음의 기본적이고 핵심적인 메시지를 모두 담고 있습니다. 성경 전체에서 가장 감동적이고 놀라운 말씀이라고 할 수 있습니다. 이 말씀에는 굉장히 다양한 단어가 들어 있는데 그중 하나도 버릴 것 없이 요긴합니다. 하나씩 뜯어서 살펴보기에 앞서 전체를 이야기해보면 다음과 같습니다.

하나님은 남자든, 여자든, 어린아이든, 어른이든, 아무도 구별하지 않고 세상을 사랑하십니다. 사랑하시되, 헤아릴 수 없는 깊이로, 이보다 더 사랑할 수 없을 정도로 사랑해주십니다. 그 표시가 어떻게 드러났습니까? 가장 귀하고 복된 아들인 예수님을 우리에게 보내주셨고 그 위대한 사랑으로 우리에게 영생이라는 선물을 주셨습니다.

이 말씀은 기독교의 요약이라고 말할 만큼 위대한 본문입니다. 하지만 너무 유명하고 익숙한 말씀이기에 우리는 오히려 중요한 것들을 놓치기가 쉽습니다. 그러므로 단어들 하나하나에 주목하면서 본문이 우리에게 전하고 싶어 하는 내용을 잘 새겨야 할 것입니다.

요한복음 3장 16절은 우리말 성경에는 번역되어 있지 않지만 '왜냐하면'이라는 접속사로 시작합니다. 즉 원문에는 "왜냐하면 하나님이 세상을 이처럼 사랑하사"라고 되어 있습니다. 그러므로 이 말씀은 앞 절과 연결하며 흐름을 살려 읽어야 진정한 의미를 알 수 있습니다. 앞 절인 14-15절을 먼저 살펴봅시다.

"모세가 광야에서 뱀을 든 것 같이 인자도 들려야 하리니 이는 그를 믿는 자마다 영생을 얻게 하려 하심이니라"(요 3:14-15).

민수기 21장을 보면 하나님이 범죄한 이스라엘 백성에게 불뱀을 보내 벌하시는 장면이 나옵니다. 사람들이 불뱀에 물려 죽어가자 하나님은 긍휼과 자비를 베풀며 모세에게 놋뱀을 만들어 높이 들라고 말씀하셨고 이 놋뱀을 믿음으로 바라보는 사람은 모두 구원을 얻고 나음을 입었습니다. 예수님은 바로 이 사건을 상기시키며 인자도 들려야 할 것이라고 말씀하셨습니다. 실제로 예수님은 십자가에 높이 달려 돌아가셨고 부활과 승천할 때에도 높이 들리셨습니다. 그런데 이 일이 왜 일어났습니까? 왜 예수를 믿음으로 바라보고 신뢰하는 자들마다 구원을 얻게 되었습니까? '왜냐하면' 하나님이 세상을 사랑하셨기 때문입니다.

지금까지 계속 강조해왔듯 기독교는 생명입니다. 물론 기독교 안에는 윤리도 있고 선행도 있지만 일차적으로 기독교는 생명이라고 할 수 있습니다. 하나님이 우리에게 모태로부터의 생명과는 또 다른 생명을 주신 이유는 우리를 사랑하시기 때문입니다.

인생의 핵심적인 문제를 하나 꼽으라면 사랑의 결핍입니다. 사랑이야말로 인생을 인생답도록 만드는 것이기 때문입니다. 그중에도 인생의 제일 핵심은 하나님의 사랑을 아는 것입니다. 하나님의 사랑을 알아야 사람을 바르게 사랑하지, 그 전에는 바른 사랑을 절대로 못 합니다.

"하나님이 세상을 이처럼 사랑하셨다"는, 이 귀한 사랑이야말로 인생의 가장 궁극적인 필요입니다. 이 세상은 우리에게 "돈이 필요하다. 건강이 필요하다. 명예와 특출한 지식과 능력이 필요하다"고 가르칩니다. 그러나 모든 필요의 뿌리는 사랑이며 사랑의 결핍이야말로 인생의 제일 큰 불행과 고통입니다.

교회를 다니지도 않던 사람, 심지어 교회를 미워하고 성도들을 조롱하던 사람조차도 불행을 당하고 삶의 시련을 겪다보면 하나님을 원망합니다. 평소에는 하나님의 이름을 전혀 부르지 않던 사람이 어려움을 만날 땐 하나님을 원망하곤 합니다. 그런데 삶이 형통하고 편안할 때는 어떻습니까? "하나님이 사랑해주신 덕분입니다. 정말 고맙습니다"라고 말하지 않습니다. 힘들 때는 하나님 탓을 하고 형통할 때에는 하나님께 공을 돌리지 않습니다. 이처럼 죄인으로 태어난 사람의 제일 큰 문제는 하나님과의 관계 단절이고, 특별히 단절에서 비롯된 사랑의 결핍은 인생을 불행하고 고통스럽게 만드는 핵심 요인입니다.

니고데모는 무엇인가 남달라 보이던 예수님께 가르침을 받고 싶어서 찾아왔습니다. 그는 이미 훌륭한 사람이었지만 채워지지 않는 마음의 갈증을 안고 있었기에 무엇을 더하면 삶이 달라질 수 있는지 예수님에게 묻고 싶었습니다. 그런 니고데모에게 주님은 "네게 필요한 것은 생명이다"라고 말씀하셨습니다. 교훈을 하나 더하는 것이 아니고, 윤리도덕적인 삶을 조금 더 완성해가는 것이 아니고 생명으로 말미암은 사랑을 아는 것이야말로 지금 니고데모에게 가장 필요한 것이라고 말씀하신 것입니다.

이것은 니고데모만이 아니라 이 땅을 살아가는 모든 사람의 가장 핵심적인 필요입니다. 넉넉하게 먹고사는 것, 경쟁에서 이기는 것, 원하던 성공을 쟁취하는 것… 이것들은 모두 스쳐 지나가는 바람에 불과합니다. 다 내 것으로 만들어도 행복하지 않습니다. 하나님이 나를 사랑하신다는 사실을 깨달아야 사람은 진짜 인생을 살게 됩니다.

하나님의 '이처럼' 사랑

하나님의 사랑을 말하는 위대한 본문, 요한복음 3장 16절은 더 나아가 하나님이 우리를 '얼마나' 사랑하시는지를 힘써 강조합니다. 하나님이 세상을 그냥 사랑하신 게 아니라 '이처럼' 사랑하셨다고 말합니다.

그런 이유에서 '이처럼'은 16절의 핵심 단어 중 하나입니다. 하나님은 사랑을 말로만 하거나 마음에 담아 두기만 하신 것이 아니라 우리에게 밝히 보이셨습니다. 그저 형식적이고 흔하디 흔한 사랑을 하신 게 아니라는 뜻입니다.

하나님이 우리를 어떻게 사랑하셨습니까? "독생자를 주기까지" 사랑하셨습니다. 여기서 첫 번째로 주목해야 하는 단어는 '독생자'이고 두 번째는 '주셨다'입니다. 우리가 사는 세상에는 사랑에 대한 이야기가 얼마나 많습니까? 입만 열면 사랑을 말합니다. 젊은 여자들의 마음을 설레게 하는 스토리는 어느 날 백마 탄 남자가 유리 구두를 들고 찾아오는 것입니다. 그런데 참 재미있게도 결혼하면 이야기가 끝입니다.

그다음 이야기는 못 씁니다. 그다음 이야기를 이어서 쓰면 너무 사실적이라 마음이 아파서 읽기를 중단할 것이기 때문입니다. 그렇다고 너무 이상적으로 쓸 수가 없으니 모든 러브 스토리는 "결혼했더라"로 마무리됩니다. TV 드라마만 봐도 그렇지 않습니까? 모든 사람들이 파란 하늘에 하얀 구름이 뭉게뭉게 피어오르다가 핑크빛 하트 모양으로 바뀌는 사랑을 꿈꿉니다. 이것이 세상 사람들이 정의하는 사랑입니다.

그러나 결혼은 그렇지 않습니다. 피바다를 노 저어 건너는 것이 결혼 생활입니다. 피가 한두 방울 흐르는 것이 아니고 바다를 만들 정도입니다. 나이를 먹으면서 우리가 창백해지는 이유는 피바다를 만들면서 살아왔기 때문입니다. 이처럼 사랑은 좋은 것만 있지 않고 수많은 수고와 희생과 아픔을 동반합니다. 우리는 모태로부터 죄를 가지고 태어났기에 완전한 존재가 아니며 죄인인 상태에서 누군가를 저절로 자연스럽게 사랑할 수가 없습니다. 우리는 처절한 자기부정과 희생과 수고를 감내하지 않고는 사랑을 할 수 없는 존재입니다.

하나님은 우리를 사랑하시되 어떻게 사랑하셨습니까? '이처럼' 사랑하셨습니다. 즉 하나밖에 없는 아들 하나님을 아낌없이 주었을 만큼 사랑하셨습니다. 저는 복음을 처음 들었을 때 '나 같은 것을 위해서 하나님이 아들을 죽이셨다'는 사실이 믿어지지가 않아서 힘들었습니다. 하지만 성경은 하나님이 이처럼 나를 사랑하신다고 말합니다.

사랑의 대가를 지불하기 위해 수고와 고난을 통과하시되 어느 만큼입니까? 하나밖에 없는 아들을 십자가에 내어주실 정도였습니다. 그것도 사람들의 찬사와 환영을 받는 곳으로 내어보내신 게 아닙니다. 온갖 모진 고난과 조롱, 욕설, 저주가 쏟아지는 처참한 십자가에 아들 하나님을 내어주셨습니다. 바로 이것이 '이처럼'의 핵심적인 의미 중 하나입니다.

인생의 질고의 핵심은 이러한 하나님의 사랑을 알지 못하고 믿지 못하고 만난 적이 없다는 것입니다. 우리는 가난하든 부하든, 병들든 건강하든 이 사실을 알아야 세상사는 맛을 제대로 알게 됩니다. 세상 사람들은 주변에서 보내오는 찬사와 인정으로 자기 인생의 가치를 확인하지만 그런 것은 얼마나 천하고 보잘것없습니까? 돌아서면 아무것도 아닙니다. 하나님을 만나고 그분의 사랑을 알게 된 사람은 사람들로부터 찬사와 인정을 받든지 못 받든지 상관없이 인생의 벅찬 감격을 안고 살아갑니다. 영광은 신분에서 얻어지는 것이 아닙니다. 하나님의 사랑을 알 때 인생을 사는 영광을 알게 되는 것입니다.

하나님의 '세상' 사랑

하나님은 아들 하나님을 십자가에 달려 죽게 하실 만큼 사랑하셨는데, '이처럼' 사랑하신 대상이 누구입니까? 요한복음 3장 16절은 하나님이 '세상'을 사랑하셨다고 말합니다. 로마서 5장은 '세상'을 이렇게 해석합니다.

> "우리가 아직 연약할 때에 기약대로 그리스도께서 경건하지 않은 자를 위하여 죽으셨도다 의인을 위하여 죽는 자가 쉽지 않고 선인을 위하여 용감히 죽는 자가 혹 있거니와 우리가 아직 죄인 되었을 때에 그리스도께서 우리를 위하여 죽으심으로 하나님께서 우리에 대한 자기의 사랑을 확증하셨느니라"(롬 5:6-8).

여기서 '우리가 아직 연약할 때에'라는 말은 '우리가 하나님을 기쁘시게 할 만한 어떤 힘도 없을 때'를 의미합니다. 연약할 때 하나님이 우리를 사랑하셨다는 것입니다. 세상은 사랑할 만한 사람, 사랑스러운 사람을 사랑합니다. 우리가 생각하는 사랑도 똑같습니다. 그런데 하나님의 사랑은 약한 자를 향한 사랑입니다.

"우리가 아직 죄인 되었을 때에 그리스도께서 우리를 위하여 죽으심으로 하나님께서 우리에 대한 자기의 사랑을 확증하셨느니라"(롬 5:8).

'우리가 아직 죄인 되었을 때에', 즉 하나님이 가장 싫어하시는 죄를 우리가 짓고 있을 때 하나님이 우리를 사랑하셨다는 의미입니다. 이 말씀은 우리를 또 하나의 절정으로 데려갑니다.

"곧 우리가 원수 되었을 때에 그의 아들의 죽으심으로 말미암아 하나님과 화목하게 되었은즉"(롬 5:10).

'우리가 아직 원수 되었을 때에' 주님은 우리를 사랑하셨습니다. 하나님을 밥 먹듯이 대적하고, 하나님을 부정하고 조롱하고, 마치 하나님이 없는 것처럼 스스로 하나님 되려고 하는 세상을 하나님이 사랑하셨다는 뜻입니다.

예수 믿고 처음 신앙생활을 할 무렵이었습니다. 하나님은 제 눈을 열어 제 죄와 악함을 보여주셨고 그럴 때마다 저는 하나님께 더 이상 사랑을 받지 못할까봐 정말 두려웠습니다. 이 땅에 살면서 배운 사랑이 전부 그러했기 때문입니다.

제가 착한 행동을 하면 하나님이 사랑해주시고 제가 못된 행동을 하면 그분이 미워하실 것이라는 생각에 처음 몇 년간 너무 비참했습니다. 예수 믿기 전에는 제 자신이 '좀 쓸 만하다'고 생각했지만 주님을 만나고 말씀을 알아갈수록 제 죄가 너무 많이 보였습니다. 제 안에 켜켜이 묵혀 있는 악을 볼 때마다 낙심하고 절망했습니다. '하나님이 나 같은 것을 어떻게 사랑하실까?'라고 생각하며 두려워했습니다. 그런데 성경을 조금씩 알아갈수록 하나님이 나처럼 아무 자격과 공로가 없는 자, 원수 같은 자를 사랑하셨다는 사실을 깨닫게 되었습니다. 그러면서 자유가 누리게 되었습니다.

오랫동안 교회에 머물러 신앙생활을 했더라도, 니고데모처럼 존경받는 산헤드린 공의회 지도자 중 한 사람이요, 탁월한 율법 선생이라 할지라도 거듭나서 하나님의 사랑을 알지 못한다면 아무것도 아닌 사람에 불과합니다.

주님의 사랑을 알고 있습니까? 하나님이 진실로 나를 사랑하신다는 사실을 알고 있습니까? 값을 지불하면서까지 나처럼 쓸모없는 자를 사랑하셨다는 사실을 알고 있습니까? 바로 이것이 복음의 핵심 중 하나입니다.

하나님은 심지어 원수 같았던 우리를 사랑하셨는데 성도가 된 지금의 우리는 얼마나 더 사랑하시겠습니까? 이제는 하나님의 눈 밖에 난 일을 하더라도 버림받을까 걱정하지 않습니다. 죄를 지었는데도 하나님의 은혜의 보좌 앞에 나갈 때 두렵지가 않습니다. 마귀가 송사하고, 양심이 벌집을 쑤셔놓은 것과 같이 고통스러울 때도 하나님을 아버지라고 부를 담력이 생깁니다. 하나님이 나를 사랑하신다는 확신이 있기 때문입니다.

어릴 때부터 사랑을 많이 받고 자란 사람과 사랑을 못 받고 자란 사람의 가장 큰 차이가 무엇입니까? 사랑을 많이 받고 자란 사람들은 뻔뻔합니다. 그런데 사랑을 못 받고 자란 사람들은 눈치를 많이 봅니다. 우리는 죄인으로 태어나서 하나님의 사랑을 제대로 알지 못하는 결핍 상황을 오랫동안 겪으며 살아왔기에 하나님의 눈치를 보는 신앙을 갖기가 쉽습니다. 그렇다 보면 신앙이 끝없이 종교적이고 형식적으로 흐를 수 있습니다.

무능하고 보잘것없어도, 때로 하나님 앞에 너무도 면목 없는 죄를 지어도 괜찮습니다. 하나님이 '이처럼' 우리를 사랑하셨던 순간은, 우리가 쓸 만하거나 조건을 충분히 갖춘 상태가 아니었기 때문입니다. 우리는 이 사실을 믿고 주님이 주시는 은혜의 자유를 마음껏 누려야 합니다. 언제든지 열려 있는 은혜의 보좌 앞에 나아가 아버지 앞에서 자녀로서 최고의 특권을 누려야 합니다.

사랑을 받아본 자녀들은 아버지 앞에서 부끄러워하기는커녕 뺀질뺀질하게 아버지의 이름을 부르고 의지합니다. 혼이 났어도 언제 그랬냐는 듯 곁에 다가와 '나는 아빠가 없으면 안 돼'라고 말합니다. 얼마나 사랑스럽습니까?

하나님도 우리를 이처럼 사랑하십니다. 하나님은 우리 안에서 어떤 근거도 찾지 않고 완전한 사랑으로 우리를 사랑하십니다. 아무것도 아끼지 않고 내어줄 만큼 사랑하십니다.

하나님이 주신 선물, 영생

'이처럼' 우리를 사랑하시는 하나님은 죄의 대가만 지불하신 게 아니라 선물도 주셨습니다. "이는 그를 믿는 자마다 멸망하지 않고 영생을 얻게 하려 하심이라"(요 3:16)는 말씀에서 볼 수 있듯이 하나님이 우리에게 주신 선물은 영생입니다.

예수님이 니고데모처럼 훌륭한 사람에게 생명이 있어야 한다고 말씀하신 이유가 무엇입니까? 생명이 없으면 잘 사는 것 같아도 사실은 멸망하는 생명이기 때문입니다. 주님은 "남들이 보기에 존경할 만하고 도덕적으로 훌륭하고 율법을 가르치는 선생이고 없는 것이 없는 완벽한 사람 같으나 너는 그렇게 살다 결국 멸망한다"라고 말씀하신 것입니다. 다시 한 번 태어나야 생명이 있고, 그 생명이 주는 사랑을 알아야만 정말 영생을 살기 시작한다고 이야기하신 것입니다.

세상 사람들의 삶을 한 번 보십시오. 돈이 많아서 성공한 사람, 능력이 출중해서 높은 신분을 얻은 사람, 윤리, 도덕적으로 훌륭해 존경받는 사람들의 삶을 들여다보십시오. 그들의 삶을 한마디로 요약하면 어떻습니까? '내 자식 사랑, 내 배우자 사랑, 내 손주 사랑'입니다. 나와 직간접적으로 관계있는 사람들만 사랑하고 끝입니다. 이것이 세상 사람들의 사는 방식입니다. 아무리 훌륭해 보이는 사람도 그 범주를 넘어서지 못합니다. 나와 아무 관계가 없는 이웃들의 눈물, 고통, 실패와 상처, 질고, 고단함 등을 자기 문제처럼 여기지 않습니다. 물론 대부분의 사람들은 자신과 관계있는 사람조차 좀처럼 사랑하지 못합니다.

많은 사람들이 하나님이 주신 재능, 능력, 시간, 돈, 신분, 지위를 육체와 현재와 물질에 쏟아 붓습니다. 오늘날 사회의 에너지가 온통 집중되는 영역을 보면 전부 몸, 오락, 쾌락입니다. 이러한 땅에 하나님이 복을 계속 주시고 싶겠습니까? 하나님을 사랑하지도 않고, 이웃을 사랑하지도 않고, 인생을 존귀하게 만들어가는 일에 관심 없는 이 땅에 하나님이 복을 계속 부어주시고 싶겠습니까?

저는 이 조국 땅을 어떤 면에서 충분히 이해하고 용서해주고 싶습니다. 왜냐하면 너무 가난하고 너무 배고프게 살던 시절이 있었기 때문입니다. 하지만 지난 30년간 마음껏 먹고 마시고 원하는 대로 살지 않았습니까? 이제 충분하지 않습니까? 이제는 귀한 사랑을 받은 사람으로서 나와 관계되지 않은 사람일지라도 정성을 다해 섬겨야 하지 않겠습니까?

하나님의 사랑을 아는 지식 안에서 살아가는 삶, 그것이 바로 영생입니다. 그리고 이 영생은 하나님이 우리를 '이처럼' 사랑하시기 때문에 주어진 것입니다. 사람의 삶을 한번 보십시오. 존귀하게 지어졌지만 짐승과 다를 바 없는 존재들입니다. 병 없이 오래 살고 잘 먹고 많이 벌고 좋은 집에 살고 사람들에게 인정받기만을 바라고 육신의 것을 탐욕스럽게 추구하는 짐승 같은 삶입니다. 부모는 자녀에게 "남들이야 어찌되건 너만 잘되면 된다"고 가르치고 세상은 그러한 가치관으로 운영됩니다. 이처럼 짐승 같은 세상에 하나님은 영생을 선물로 주셨습니다. 티끌 같은 우리가 존귀와 영광이 무엇인지 알며 살아가도록 말입니다.

우리 주변을 보면 고난이라고는 전혀 모를 것 같은 사람들, 가령 돈도 많고 성공도 하고 자식들도 잘 큰 그런 사람들이 있습니다. 그런데 가까이 가서 들여다보면 그들에게도 말 못할 아픔과 질고가 있습니다. 겉으로 볼 때는 멀쩡해도 눈물이 있습니다. 이 땅의 삶이 그렇습니다.

그런데 하나님이 그러한 인생에 영생을 주십니다. 질고가 면해지지 않았는데, 눈물이 마른 것도 아닌데 질고를 통과하고 고통을 겪는 순간에도 희락이 있습니다. 믿는 구석이 생겼기 때문입니다. 세상이 다 등을 돌리고 조롱하는 외로운 자리에서도 의지할 수 있는 하나님이 계시기에 평안합니다. 이처럼 영생은 다른 질의 삶입니다.

사람들은 무엇인가를 의지하고 싶어서 재물을 쌓아놓고 삽니다. 또한 필요할 때 도움을 받고자 주변 사람들에게 은덕을 많이 베풀어놓습니다. 그런데 계획한 대로 됩니까? 재물은 어느 순간 바람처럼 사라지고, 믿을 만했던 사람들에게는 배신을 당하곤 합니다. 그러나 하나님의 사랑을 알면 다른 질의 삶을 살게 됩니다. 배반당했는데도 사랑할 수 있습니다. 가난한데도 부요한 이들 이상으로 행복을 느끼며 살아갑니다. 병이 들었는데도 영생이 주는 영광 가운데 있습니다. 물질과 몸에 열광하는 세상 속에서 영생을 가지고 살아가도록 하나님이 우리를 이처럼 사랑하신 것입니다.

이러한 영생을 지금까지 질로만 이야기했다면 양으로도 한번 봅시다. 영생의 양은 어떻습니까? 이 땅에서 시작하지만 죽음도 멈출 수 없는 생명입니다. 사망이 결코 이길 수 없는 생명입니다. 그래서 앞서 주님은 니고데모에게 '생명'을 얻기 위해 거듭나야 한다고 말씀하셨지만 3장 16절에서는 선명하게 '영생'이라고 부르신 것입니다. 영생의 질만 중요한 것이 아니라 양도 분명한 사실입니다. 하나님은 우리를 '이처럼' 사랑하셨기에 사망에 굴복하지 않고 영원토록 이어지는 영광스러운 생명을 우리에게 주셨습니다.

누구든지 사랑

우리는 요한복음 3장 16절에서 한 가지 더 중요한 메시지를 깨달을 수 있습니다. 영생은 하나님을 믿는 누구에게나 주어진다는 사실입니다. 예쁜 사람, 출중한 사람, 장래가 촉망되는 사람, 가능성 있는 사람이 아니라 믿는 사람이라면 누구나 영생을 주겠다고 하나님이 말씀하십니다. 그분은 사람을 절대로 외모로 가리지 않으십니다. 다음 세대에 요긴할 것이라고 여겨지는 젊은 리더십들에게는 은혜를 베풀고, 손발조차 움직이기가 쉽지 않은 나이 든 세대에게는 은혜를 거두겠다고 성경은 말하지 않습니다. 복음은 하나님이 이처럼 사랑하셔서 아무도 차별하지 않고 아무것도 요구하지 않고 믿는 자라면 누구나 예외없이 영생을 주신다고 말합니다. 다음 장에서 소상하게 살펴보겠지만 요한복음 3장 14-18절에는 '믿음'이라는 단어가 매우 여러 번 나옵니다. 세상은 가문이나 출신 학교, 직장과 직위, 재산 등을 보지만 우리 성도들은 믿음이면 됩니다. 예수님을 믿는 자마다 영생을 얻을 수 있습니다.

거듭난 생명이 우리에게 가르쳐주는 가장 귀한 진리 중 하나는 "하나님이 나 같은 것을 사랑하신다"입니다. 그 사랑을 알고 있습니까? 아무리 높은 지위에 있더라도 "하나님이 왜 나 같은 것을 사랑하셨을까?"라고 고백할 수 있습니까? 많은 사람들에게 '법 없이도 살 만한 성인 같은 사람'이라고 인정을 받더라도 하나님을 생각할 때마다 "왜 나 같은 것을 사랑하셨을까?"라는 말을 진심으로 할 수 있습니까? 만약 그렇다면 복음이 무엇인지를 아는 사람입니다.

오랜 세월 교회를 다녀도 이러한 고백을 진실로 하지 못한다면 성경이 정말 가르쳐주고 싶어 하는 영생이 없는 사람인 것입니다. 그런 면에서 우리는 주님을 만나야 합니다. 귀한 하나님의 사랑을 깨달아서 주의 영광과 존귀 안으로 나아가는 복된 은혜가 우리 모두에게 있기를 바랍니다.

—

"하나님이 세상을 이처럼 사랑하사 독생자를 주셨으니 이는 그를 믿는 자마다 멸망하지 않고 영생을 얻게 하려 하심이라 하나님이 그 아들을 세상에 보내신 것은 세상을 심판하려 하심이 아니요 그로 말미암아 세상이 구원을 받게 하려 하심이라 그를 믿는 자는 심판을 받지 아니하는 것이요 믿지 아니하는 자는 하나님의 독생자의 이름을 믿지 아니하므로 벌써 심판을 받은 것이니라 그 정죄는 이것이니 곧 빛이 세상에 왔으되 사람들이 자기 행위가 악하므로 빛보다 어둠을 더 사랑한 것이니라 악을 행하는 자마다 빛을 미워하여 빛으로 오지 아니하나니 이는 그 행위가 드러날까 함이요 진리를 따르는 자는 빛으로 오나니 이는 그 행위가 하나님 안에서 행한 것임을 나타내려 함이라 하시니라"(요 3:16–21).

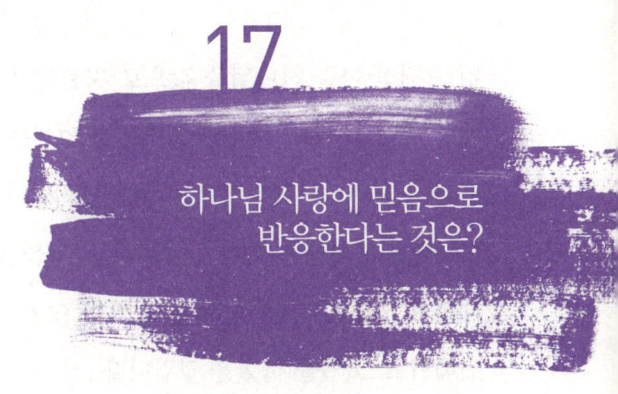

17 하나님 사랑에 믿음으로 반응한다는 것은?

하나님 사랑에 대한 반응, 믿음

사람들이 겪는 문제를 한마디로 요약하면 '사랑 결핍'입니다. 그중에서도 인생에서 가장 큰 불행과 문제의 뿌리가 되는 것은 바로 하나님의 사랑에서 멀어지는 것, 즉 하나님 사랑의 결핍입니다. 성경은 인생의 질고가 다양한 형태로 드러나는 것 같아도 그러한 세상을 하나님이 사랑하신다고 말합니다.

특히 영광스러운 말씀인 요한복음 3장 16절은 하나님이 우리를 사랑하시되, 형용할 수 없을 만큼 많은 사랑으로 사랑하신다고 말합니다. 그런데 하나님은 그 사랑을 우리에게 어떻게 전하셨습니까? 세상이 생각하듯 낭만적인 사랑이 아니었습니다.

하나님은 우리를 너무나 사랑하셔서 아무것도 아끼지 않고 하나밖에 없는 귀한 아들 하나님을 값으로 지불하며 사랑하셨습니다. 사랑은 이처럼 희생 없이는, 수고와 대가 지불 없이는 할 수 없는 일입니다.

언젠가 저는 "하나님이 나 하나를 위해서라도 아들을 내어주셨을까?"라고 질문해본 적이 있습니다. 성경을 30여 년 동안 연구하며 많은 세월을 지내온 지금, 주저 없이 말할 수 있습니다. 하나님은 나 하나를 위해서도 그 일을 하셨을 것입니다.

또한 하나님은 우리를 사랑하시되, 우리에게 영생을 주실 정도로 사랑하십니다. 우리는 사람들이 사망 앞에 굴복하는 모습을 보면서 살아갑니다. 사랑하는 사람들을 떠나보내는 슬픈 경험을 하며 살아갑니다. 그러나 주님은 인생의 모든 질고를 상징하는 사망도 결코 빼앗아갈 수 없는 영생을 선물로 주셨습니다. 성경은 하나님이 우리를 이처럼 사랑하사 영원한 생명의 복을 우리에게 주셨다고 가르칩니다.

그렇다면 이처럼 우리를 사랑하시는 하나님은 우리에게 어떤 반응을 기대하실까요? 어떻게 반응해야 하나님의 사랑에 합당한 반응이 될 수 있을까요?

"하나님이 세상을 이처럼 사랑하사 독생자를 주셨으니 이는 그를 믿는 자마다 멸망하지 않고 영생을 얻게 하려 하심이라"(요 3:16).

하나님이 우리에게 기대하시는 반응은 믿음입니다. 이어지는 17-18절에서 예수님은 이렇게 말씀하셨습니다.

"하나님이 그 아들을 세상에 보내신 것은 세상을 심판하려 하심이 아니요 그로 말미암아 세상이 구원을 받게 하려 하심이라 그를 믿는 자는 심판을 받지 아니하는 것이요 믿지 아니하는 자는 하나님의 독생자의 이름을 믿지 아니하므로 벌써 심판을 받은 것이니라"(요 3:17-18).

유대인이든 이방인이든, 신앙의 연수가 길든 짧든 상관없이 누구라도 예수님을 믿는 자는 멸망하지 않고 영생을 얻게 됩니다. 이미 멸망 아래 놓인 세상을 하나님이 구원하려고 아들을 보내셨는데 이 사실을 믿기만 하면 누구라도 영생을 얻게 된다고 성경은 말합니다.

과거에 얼마나 악하게 살았는지, 지금의 상태가 어떠한지 아무런 관계가 없습니다. 하나님은 심판받아 마땅한 우리, 아무런 자격이 없는 우리를 멸망에 넘기지 않으시고 영생이라는 매우 귀한 은혜를 주셨습니다.

이것이 바로 복음입니다. 이 세상은 까다롭고 매정하고 심지어 부당한 기준을 들이대며 차별을 일삼지만 하나님은 어떤 사람도 차별하지 않으시고 믿음으로 반응하는 모든 자에게 귀한 영생의 복 주기를 기뻐하십니다.

by faith, through faith

주님은 니고데모에게 "너는 어머니 배 속에서 한 번 태어난 것처럼 성령으로 거듭나야 한다"고 말씀하셨습니다. 우리는 지금까지 거듭남에 대해 계속해서 이야기했습니다. '거듭남'이라는 표현이 주는 메시지는 하나님이 생명을 주시지 않으면 누구도 생명을 얻을 수 없다는 것입니다. 생명은 우리 스스로가 원한다고 얻을 수 있는 것이 아닙니다. 하나님이 주셔야 하고 전적으로 하나님에게 달린 것입니다. 그것이 '거듭남'에 담긴 의미입니다.

그렇다면 '믿음'이라는 표현이 주는 메시지는 무엇입니까? 거듭난 하나님의 사람들이 하나님께 보여드리는 반응이 바로 믿음입니다. 생명을 받은 자로서, 우리를 이처럼 사랑해주시는 하나님을 향해 보일 수 있는 반응이 믿음의 반응입니다. 그러므로 믿음은 절대로 공로나 자격이 아닙니다. 통로입니다.

하나님이 우리에게 주시는 생명과 귀한 은혜와 사랑을 어떻게 내 것으로 만들어 경험할 수 있습니까? 믿음으로만 가능합니다. 영어로 표현하면 '믿음에 의해서'(by faith), '믿음을 통해서'(through faith)입니다. '믿음 때문에'가 아닙니다. '믿음을 자격으로 해서' 혹은 '믿음을 조건으로 해서'가 아닙니다. 조건과 자격과 근거는 오직 하나, 하나님의 완전한 사랑과 예수님의 완전한 공로뿐입니다. 구원은 우리가 믿었기 때문이 아니라 하나님이 우리 같은 자들을 사랑하셨기에 주어진 것입니다. 아들 하나님이 오셔서 우리의 죄 짐을 대신 짊어지고 고난을 대신 받으셨기에 이뤄진 것입니다.

어떻게 하면 이처럼 귀한 영생의 복이 내 것임을 알고 하나님이 나를 사랑하신다는 사실을 깨달을 수 있을까요? 믿음으로 반응하면 됩니다. 많은 사람들은 하나님 사랑에 막연하게 동의합니다. 하나님이 존재하신다고 막연하게 인정합니다. 그런데도 하나님이 여전히 나를 사랑하시는지, 내게 영생을 확실하게 주셨는지는 반신반의합니다.

이유가 무엇입니까? 믿음으로 반응하지 않기 때문입니다. 하나님은 믿는 자마다 영생을 주시고 우리에게 믿음으로 반응하라고 촉구하십니다. 단순히 아는 것이 중요한 게 아니라 믿고 신뢰하는지가 핵심입니다. 우리를 이처럼 사랑하시는 하나님이 우리에게 기대하시는 바는 그분을 의지하고 믿음으로 반응하는 것입니다.

믿음에 담긴 3가지 의미

오늘날 많은 그리스도인들이 '믿음'이라는 말에 익숙해 있지만 그 믿음을 제대로 누리지 못합니다. 믿음의 의미를 많이들 혼동하기 때문입니다. 성경이 말하는 믿음에는 3가지 중요한 내용이 담겨 있습니다.

첫째, 로마서가 특별히 힘주어 강조하는 믿음으로, 행위나 자격이나 공로나 조건이 아니라 은혜로 값없이, 오직 믿음으로 구원받는다고 말할 때 쓰는 믿음입니다. '예수님이 행하신 일 때문에 일한 것 없는 우리가 구원받는다, 행위가 아닌 믿음으로 구원받는다'라고 할 때 사용되는 단어입니다.

조국 사회의 많은 사람들이 이 자리에서 넘어지고 실패합니다. '하나님은 착하고 선한 삶을 사는 사람에게, 기도 많이 하고 교회 활동을 열심히 하는 사람에게 복과 생명을 보상으로 주신다'고 생각하며 막연하게 종교 생활을 하는 것입니다. 그러나 생각해보십시오. 우리 가운데 누가 하나님을 만족시켜드릴 만한 선을 행할 수 있겠습니까? 정말 소중한 사람들끼리 만나 부부가 되어도 서로를 만족시키기가 불가능한데, 하나님을 어떻게 감동시켜 상을 얻으려 합니까?

게다가 영생 같은 크고 놀라운 복을 우리가 감히 노력한다고 얻을 수 있겠습니까? 열심히 공로와 자격을 쌓으면 얻을 수 있다고 생각합니까? 하나님은 우리의 실체를 너무도 잘 아시기에 아들 하나님의 공로를 의지해 은혜로 값없이 구원을 받도록 생명의 길을 열어주셨습니다.

종교개혁자 마르틴 루터는 하나님 앞에서 거듭나기 전에 이 부분에서 가장 크게 실패했던 사람입니다. 그는 세상 사람들이 부러워하는 직업을 포기하고 수도사가 되었습니다. 때에 맞춰 금식하고, 골방에 들어가 기도하고, 선을 행하기 위해 몸부림치고, 심지어 죄가 깨달아졌을 때는 수도원 내에 있는 100개 가까이 되는 계단을 무릎으로 기어 올라갔습니다. 공로를 쌓고 종교적인 덕을 쌓아야만 구원이 가능할 것이라고 믿었기 때문입니다. 그러던 어느 날 로마서 1장 17절을 만났습니다.

"복음에는 하나님의 의가 나타나서 믿음으로 믿음에 이르게 하나니 기록된 바 오직 의인은 믿음으로 말미암아 살리라 함과 같으니라"(롬 1:17).

이 진리를 맞닥뜨렸을 때 루터의 눈이 열렸습니다. 그리고 그는 사람이 공로나 행위로 의로워질 수 없고, 오직 아들 하나님의 귀한 공로를 믿어야만 의롭다 여김을 받게 된다(이신칭의)는 사실을 깨달았습니다. 그리고 이 진리로 온 유럽에 종교개혁의 불꽃을 일으켰습니다.

어떤 사람도 행위가 아닌 믿음으로만 구원을 받습니다. 자격을 구비해서 떳떳하게 받는 구원이란 없습니다. 위대한 하나님의 사람 사도 바울조차 마지막 순간에 죽음을 목전에 놓고 무슨 고백을 했습니까?

"미쁘다 모든 사람이 받을 만한 이 말이여 그리스도 예수께서 죄인을 구원하시려고 세상에 임하셨다 하였도다 죄인 중에 내가 괴수니라"(딤전 1:15).

바로 이것이 믿는 자의 고백입니다. 공로를 세우고 자격을 갖춰 떳떳하게 구원에 이를 자는 아무도 없습니다. 오직 믿음으로 반응하는 자에게만 구원이 있습니다.

둘째로, 믿음에는 반드시 내용이 들어 있습니다. 기독교는 진리입니다. 단지 "믿습니다"라고 이야기하며 교회를 꼬박꼬박 출석한다고 해서 믿는 것이 아닙니다. 교회가 가르치고 선포하는 진리를 믿어야만 바른 신앙이 될 수 있습니다. 그렇다면 믿는 내용이 무엇입니까? "나는 심판을 면할 수 없는 악한 죄인입니다"라는 고백입니다. 자신이 한 번씩 의지하고 붙들었던 선한 일과 스스로 자랑스럽다고 여겼던 일이 사실은 하나님 앞에 누더기나 악취가 나는 배설물에 불과하다는 사실을 인정하는 것입니다.

조국 교회는 이를 분명하게 알지 못하는 것 같습니다. 예수 믿는 사람들이 어느 순간에 예수 믿는 것을 자랑합니다. "다른 사람들은 믿지 않는데 나는 믿었다", "남들은 저렇게 사는데 나는 예수 믿고 제대로 산다"라고 합니다. 그런데 생각해보십시오. 우리의 진짜 모습, 각자의 실체와 속성이 적나라하게 드러난다면 서로 얼굴을 마주하며 함께할 수 있겠습니까?

하나님이 적절히 가리고 덮어주시기 때문에 우리가 서로 사랑을 주고받을 수 있는 것입니다. 우리의 실체는 얼마나 추하고 악합니까? 그런 우리를 위해 아들 하나님이 십자가에 달려 돌아가셨고, 하나님은 그 대속을 통해 우리의 만 가지 허물을 가리며 우리를 죄 없는 완전한 의인으로 여겨주셨습니다. 이 사실을 믿는 것이 바로 믿음입니다.

안타깝게도 오늘날 많은 성도들이 이처럼 귀한 진리를 제대로 분별하지 못하면서 '하나님을 믿는 자신'을 믿습니다. 손톱만큼이라도 내세울 게 없는 자신에 대해 무엇을 말할 수 있습니까? 우리는 하나님의 아들을 믿고 의지해야지, 우리 자신을 신뢰해서는 안 됩니다. 주님 빼고는 자신이 아무것도 아님을 믿어야 합니다. 바로 이것이 믿음입니다. 자신의 자격이나 가능성을 신뢰하지 말고 예수의 완전한 공로만을 전심으로 의지하십시오.

셋째로, 믿음은 우리의 마음 중심에 담긴 인격적인 반응입니다. 지적으로 동의하는 데 그치는 것이 아니라 귀한 진리를 사랑하고 그 진리에 인생을 맡기는 것입니다. 죽어도 포기하지 않는 것입니다. 적당히 믿으면서 언제든 발 뺄 준비를 하는 것이 아니라, 양다리를 걸치고 경우에 따라 왼발, 오른발을 딛는 것이 아니라 이 진리에 인생 전부를 거는 것입니다.

때로 믿음은 보장되지 않은 길로 우리를 부릅니다. 저도 믿음으로 살다가 무언가를 내려놓아야 하는 순간들이 있었고, 전혀 그림이 그려지지 않는 길을 하나님 한 분만 붙들고 간 적도 있습니다. 그런데 신기하게도 매번 상상할 수 없는 길이 열렸습니다. 믿음으로 산다는 것은 납득되지 않는 순간에도 하나님 한 분만을 신뢰하며 걸음을 내딛는 것을 의미합니다. 지적으로 동의하는 차원에 머문다면 믿음이 아닙니다.

지금까지 믿음이라는 말에 포함된 3가지 내용을 살펴봤습니다. 이 믿음은 즉각 드러나게 마련입니다. 믿음을 제대로 깨달은 사람은 "조금만 있다가 하겠습니다. 조금 더 깨닫고 조금 더 준비하다가 하겠습니다"라고 말하지 않습니다. 시간이 좀 더 생긴다고 나아지는 게 아니라 믿은 후에야 참된 변화가 온다는 사실을 알기 때문입니다. 따라서 성경이 가르치는 대로 복음을 바르게 깨달으면 즉시 주님을 모셔 들이게 됩니다. 만약 예수를 믿은 지 얼마 안 되었거나 오랫동안 교회를 다녔어도 이런 주제를 한 번도 진지하게 생각해본 적이 없는 분들이 있다면 즉시 믿으시기를 바랍니다. 하나님은 살아 있는 믿음으로 반응하는 모든 진실한 이들에게 영생을 주십니다.

믿음의 길에 놓인 장애물

이처럼 귀한 복음이 주님 오신 이후 2000년 동안 선포되고 조국 땅에도 100년 넘는 세월 동안 전해졌습니다. 그런데 여전히 많은 사람들이 교회 바깥에 머물러 생명의 길, 믿음의 길로 들어오지 않습니다. 그 이유가 무엇입니까? 믿음의 길로 들어오는 데에는 중요한 장애물 하나가 있기 때문입니다.

"그 정죄는 이것이니 곧 빛이 세상에 왔으되 사람들이 자기 행위가 악하므로 빛보다 어둠을 더 사랑한 것이니라 악을 행하는 자마다 빛을 미워하여 빛으로 오지 아니하나니 이는 그 행위가 드러날까 함이요 진리를 따르는 자는 빛으로 오나니 이는 그 행위가 하나님 안에서 행한 것임을 나타내려 함이라 하시니라"(요 3:19-21).

구주께서는 이미 빛으로 세상에 오셨습니다. 그런데도 여전히 사람들은 다른 빛을 찾고 있습니다. 사람들은 세상이 말하는 돈, 명예, 성취, 인기, 건강 등을 다 가져도 마음속 갈망이 채워지지 않는다는 걸 경험하지만 그럼에도 빛으로 오지 않습니다. 더 정확하게 말하면 갈망을 채우기 위해 온갖 것들은 시도하면서도 하나님이 주신 빛으로는 나오려 하지 않습니다. 왜 그렇습니까? 빛보다 악과 죄를 상징하는 어두움을 더 사랑하기 때문입니다.

사실 우리 가운데 "나는 죄와 악이 더 좋아서 예수 안 믿을 거야"라고 말하는 사람은 아무도 없습니다. "아직은 이해가 안 되는 것 같아. 조금 더 알면 믿어지겠지"라고 말하면서 빛으로 나오기를 지체하는 자신을 합리화합니다. 그러나 진리는 '믿음으로' 아니면 열리지 않습니다. 더 알아야 믿어지는 것이 아닙니다.

문제는 지식이 부족한 데 있는 것이 아니라 우리의 마음이 빛보다 어두움을 좋아한다는 데 있습니다. 중심이 비틀어진 것입니다. 그런데도 사람들은 자기의 중심이 악과 죄를 더 향하고, 빛보다 어두움을 더 좋아한다는 사실을 인정하지 않고 계속해서 합리화합니다.

어떤 사람은 "예수 믿는 사람들이 저렇게 사는데 누가 믿겠냐"라고 말합니다. 물론 그렇게 살아가는 성도도 있습니다. 하지만 한국 NGO 단체 중에서 70%는 기독교에서 운영하고 있습니다. 그들은 보고 싶은 것만 보는 것입니다. 어두움을 좋아하는 삐뚤어진 자기 마음을 여러 가지 이유로 합리화하면서 빛으로 나오지 않습니다. 살아 있는 믿음을 촉구하고 기다리시는 하나님께 인격적으로 반응하지 않고 끝없이 자기기만과 합리화 뒤에 숨어 있습니다.

심지어 어떤 사람은 이렇게도 말합니다. "하나님이 저 간증자에게 해 주신 것처럼 내게도 특별한 체험을 주신다면 얼마든지 믿을 수 있을 텐데…." 물론 하나님은 우리의 체질이 얼마나 약한지 아시기 때문에 때로 눈에 보이는 체험을 통해 우리의 믿음을 격려하시고 그분에게로 우리를 이끄십니다. 하지만 체험이 믿음으로 꼭 연결되는 것은 아닙니다. 우리는 체험하고도 여전히 못 믿는 사람들을 성경에서 수없이 봅니다.

사람들이 믿지 않는 것은 체험이 부족해서가 아니라 믿을 마음이 없기 때문입니다. 어두움을 더 사랑하고 빛을 원치 않는 마음 때문입니다. 더 이상 핑계를 대거나 합리화하지 말고 하나님 앞에 정직하게 서서 우리 자신을 살펴봅시다. 빛보다 어두움을 향하려는 자신의 삐뚤어진 마음을 먼저 돌아봅시다.

그래서 예수님은 니고데모처럼 도덕적으로 완벽해 보이고, 탁월한 지성과 사회적 지위를 갖추고 있는 사람에게 "네 문제는 교훈을 하나 더한다고, 훌륭한 행위를 하나 더한다고 해결되는 게 아니다. 문제의 핵심은 생명이 없다는 것이다. 네 중심이 믿음으로 반응할 만큼 살아 있지 않다는 게 문제다. 네 인격과 삶의 핵심이라 할 수 있는 마음이 삐뚤어진 게 진짜 문제다"라고 지적하신 것입니다.

하나님께 인격적으로 반응하라

거듭나서 중심이 새로워지지 않으면 아무도 생명에 이를 수 없고 살아 있는 믿음의 반응을 할 수 없습니다. 그런데 사람들은 자꾸 엉뚱한 핑계를 대며 자신을 합리화하고 심지어 자신의 죄를 보잘것없는 선행 뒤에 감춥니다. 착하고 선해 보이는 자신의 행위들이 하나님 앞에서는 얼마나 추하고 냄새 나는 것인지 직시하지 못한 채 "나는 나쁜 일도 했지만 좋은 일도 했다"면서 정직하게 나아가지 않습니다. 그러나 하나님은 속으시는 분이 아닙니다.

하나님은 우리에게 공로를 쌓으라고 말씀하시지 않습니다. 지금보다 더 착해지라고, 지금보다 더 나은 존재가 되라고 하시지도 않습니다. 누구든지 믿음으로 반응하기만 하면 영생을 주시고 하나님의 형상을 담은 온전한 존재로 빚어가십니다. 죄와 허물로 가득한 우리를 결코 포기하지 않고 끝까지 책임 있게 사랑하십니다. 아들도 아끼지 않고 다 주신 하나님이기에 도중에 피곤하거나 속상하다고 우리를 외면하지 않으십니다. 성실한 사랑으로 우리를 결국 하나님 나라로 데려가시는 것, 이것이 바로 구원입니다.

혹시 믿음으로 반응하기를 주저하는 분 있습니까? 들어서 알기는 하지만 한 번도 인격적으로 하나님께 반응해보지 못한 분이 있습니까? 어딘가 막연하게 하나님이 계시다고 생각은 하지만 마음과 인격을 담아 "나의 하나님!"이라고 불러본 적 없는 분이 있습니까? 오십시오. 초대합니다. "나의 하나님이 나를 사랑하시는 줄 믿습니다"라고 한 번 고백해보십시오. 자신의 자격 없음을 알기에 더더욱 주님의 귀한 사랑과 생명을 확신하면서 믿음의 반응을 할 수 있는 우리 모두가 되기를 바랍니다.

―

"그 후에 예수께서 제자들과 유대 땅으로 가서 거기 함께 유하시며 세례를 베푸시더라 요한도 살렘 가까운 애논에서 세례를 베푸니 거기 물이 많음이라 그러므로 사람들이 와서 세례를 받더라 요한이 아직 옥에 갇히지 아니하였더라 이에 요한의 제자 중에서 한 유대인과 더불어 정결예식에 대하여 변론이 되었더니 그들이 요한에게 가서 이르되 랍비여 선생님과 함께 요단강 저편에 있던 이 곧 선생님이 증언하시던 이가 세례를 베풀매 사람이 다 그에게로 가더이다 요한이 대답하여 이르되 만일 하늘에서 주신 바 아니면 사람이 아무것도 받을 수 없느니라 내가 말한 바 나는 그리스도가 아니요 그의 앞에 보내심을 받은 자라고 한 것을 증언할 자는 너희니라 신부를 취하는 자는 신랑이나 서서 신랑의 음성을 듣는 친구가 크게 기뻐하나니 나는 이러한 기쁨으로 충만하였노라 그는 흥하여야 하겠고 나는 쇠하여야 하리라 하니라"(요 3:22-30).

18 믿음을 방해하는 교만의 다양한 얼굴들

하나님의 사랑으로 향하는 길에 놓인
또 다른 장애물, 교만

하나님은 우리를 사랑하시되, 어떤 것도 아끼지 않을 만큼 '이처럼' 사랑하셨습니다. 우리를 너무도 사랑하기에 어떤 대가든 지불하셨습니다. 뿐만 아니라 사망이 빼앗아갈 수도, 손댈 수조차 없는 생명을 우리에게 선물로 주셨습니다. 그런데도 많은 사람들이 이러한 하나님의 사랑을 제대로 알거나 누리지 못합니다.

그 이유를 우리는 주님이 니고데모에게 하신 말씀에서 찾을 수 있습니다. "네 문제는 선한 일을 하나 더하거나 새로운 교훈 하나를 더한다고 해결할 수 있는 것이 아니다. 새 생명으로 거듭나야 한다." 주님의 귀한 사랑을 제대로 알고 경험하고 그 사랑에 참여하려면 거듭난 생명으로 주님을 믿어야 합니다. 생명 없이 그저 종교적인 습관을 쫓아 교회에 왔다 갔다 하는 것으로는 주님의 사랑을 알 수 없으며 그것은 오히려 참된 신앙에 방해가 될 뿐입니다.

요한복음 3장은 하나님의 사랑을 제대로 깨닫고 누리는 데 있어서 니고데모와 마찬가지로 세례 요한의 제자들도 어려움을 겪었다고 이야기합니다. 하나님의 사랑을 깨닫고 누리는 데 방해가 되었던 장애물은 무엇이었을까요? 니고데모의 문제가 '거듭나지 못한 생명'이었다면 요한의 제자들은 '교만'이었습니다.

"그들이 요한에게 가서 이르되 랍비여 선생님과 함께 요단강 저편에 있던 이 곧 선생님이 증언하시던 이가 세례를 베풀매 사람이 다 그에게로 가더이다"(요 3:26).

요한의 제자들은 예수님이 세례를 주시자 스승에게 몰려 있던 사람들이 다 예수님에게로 가는 모습을 보며 무언가 특단의 조치가 필요하다고 생각했습니다. 사람들이 요한에게 머물러 있지 않고 예수님께 가는 것을 위기라고 느꼈던 것입니다. 요한의 제자들이 주님의 사랑을 깨달아가는 데 장애가 된 것은 교만이었습니다. 주님의 은혜를 깨닫고 그분의 사랑을 경험하는 데 있어서 큰 걸림돌이 되는 것은 거듭나지 못한 생명뿐 아니라 교만도 있습니다. 교만은 하나님이 가장 싫어하시는 대표적인 성품으로, 성경은 곳곳에서 이 교만에 대해 경고합니다. 그만큼 교만은 하나님의 성품을 크게 거스르는 핵심 주제 중 하나입니다.

우리는 대개 '교만' 하면 즉각적으로 오만할 것 같은 특정 부류의 사람들을 떠올립니다. 돈이 많거나 재능이 출중하거나 신분, 지위가 높아서 교만함직한 그런 사람들이 쉽게 교만이라는 죄를 지을 것이라고 여깁니다. 하지만 교만은 그런 것이 아닙니다. 모든 사람이 교만합니다. 모든 인생은 모태로부터 죄를 가지고 태어났고 그 죄의 가장 대표적인 외적 표현이 교만입니다. 죄인의 가장 중요한 특성인 자기중심성이 교만으로 표출되어 나오는 것입니다. 그런 면에서 교만은 특정 부류 사람들만의 죄가 아닙니다. 부자는 부자이기 때문에 교만하고, 가난한 사람은 가난하기 때문에 교만합니다. 많이 배운 사람은 많이 배웠기 때문에 교만하고, 못 배운 사람은 무지함 가운데 교만합니다.

성도가 된 이후에도 우리 속에 남아 있는 가장 끈질긴 옛 성품 중 하나가 교만입니다. 온갖 형태의 교만이 우리 속에 켜켜이 묻어 있어서 하나님의 사랑과 은혜를 풍성하게 누리는 데 장애로 작용합니다.

우리는 앞서 창세기 3장을 통해 '교만'이라는 주제를 나눴습니다. 많은 사람들이 죄를 지을 때 환경 탓을 합니다. 자신을 둘러싼 결핍의 환경이 죄를 짓게 만든다고 쉽게 생각합니다. 그러나 우리가 잊지 말아야 할 것은, 아담과 하와가 죄를 지었던 곳이 에덴동산이었다는 사실입니다. 형언할 수 없는 존귀와 영광을 덧입고 값진 은혜의 선물이 주어진 에덴동산에서 사람은 만족을 못하고 하나님처럼 되려고 했습니다.

이처럼 죄의 근원은 바로 교만입니다. 많은 것을 얻고 누려도 그것에 자족하지 않고 끝없는 욕망을 쫓아 하나님처럼 되려다가 그렇게 자기 자신을 스스로 높이며 결국 죄를 짓습니다. 죄를 지은 사람들의 보편적인 모습은 하나님이 가장 싫어하시는 교만함입니다.

그런데 놀랍게도 본문은 우리가 모태에서 태어날 때부터 교만을 좋아할 뿐만 아니라 우리로 하여금 교만에 넘어지도록 부추기는 무리가 있다고 이야기합니다. 그들이 누구입니까? 요한 가까이에 있던 그의 제자들입니다. 그들은 요한을 위한다면서 오히려 요한의 교만을 부추기고 있습니다. 우리가 잘 알듯이 많은 출중한 인물들이 주변 사람들의 부추김으로 무너지고 넘어졌습니다. 마귀가 사람 안에 있는 부패한 본성을 사용해 교만의 죄로 무너뜨린 것입니다.

교만의 다양한 얼굴

요한의 제자들은 사람들이 요한에게 오지 않고 예수님께 가는 것이 문제라고 느꼈습니다. 요한의 평판과 영향력이 약해질 것을 염려하면서 자기들이 그렇게 사랑하고 추종하는 요한에게로 사람들을 불러오는 게 요한을 위하는 일이라 생각했습니다. 우리는 요한과 요한의 제자들을 유혹하고 있는 교만이라는 주제를 특정 부류의 것으로 쉽게 제한시켜서는 안 됩니다. 교만은 굉장히 다양한 얼굴을 가지고 있기 때문입니다. 저는 조국 교회가 이렇게 아픔을 겪고 도전을 받게 된 중요한 이유가 교만이라고 생각합니다. 자기를 주장하느라 남들을 무시하는 것만

이 교만이 아닙니다. 요한의 제자들에게서 볼 수 있듯 교만은 매우 교활하고 쉽게 간과할 수 있는 양상을 지니고 있습니다.

제자들에게 있던 교만의 핵심은 무엇입니까? 세례 요한의 가장 중요한 역할은 이스라엘 백성에게 예수님을 알리고 증거하는 것이었습니다. 그런데 요한의 제자들은 구주를 바라보면서 시기와 질투, 경쟁심을 느끼고 불안해하며 요한의 평판을 지키는 데 몰두했습니다. 교만의 아주 교활한 모습입니다. 이처럼 사람들은 자기도 잘 인식하지 못하는 방법으로 교만을 행합니다. 무슨 교만입니까? 구주가 오셨는데도 구주께로 갈 필요를 느끼지 못하고 요한의 그늘에만 머무르려는 교만, 자기뿐 아니라 다른 사람들도 구주께 가지 못하게 하는 교만, 자기만족과 자기기만에 빠져 구주의 말씀을 거스르는 교만입니다.

요한이 얼마나 위대한 인물입니까? 말라기 이후 약 400년 동안 계시의 말씀이 멈춰 있다가 홀연히 세례 요한이 등장하면서 계시가 다시 밝아졌습니다. 요한이 계시를 설교할 때면 수많은 사람들이 구름떼 같이 모여서 그 진리의 말씀을 들었습니다. 요한은 출생부터 아주 특별했고 그의 삶 자체가 많은 사람들에게 호소력 있게 다가왔습니다. 그런데 예수님이 나타나시자 모든 관심이 예수께로 갔습니다. 요한의 제자들은 이러한 상황을 마뜩잖게 여기며 요한의 그늘에 머물러만 있었습니다.

이러한 주제는 우리에게도 아주 익숙할 수 있습니다. 나름대로 열심히 신앙생활을 하지만 정작 구주께 나아가지는 않습니다. 교리를 알 만큼 알고 남들 못지않게 성경 지식도 많이 쌓고 '이만하면 충분하지, 내게 무엇이 더 필요할까?'라고 생각할 만큼 교회 활동도 열심히 하지만 그저 얕은 물가에 머물러 있습니다. 하나님이 예수 그리스도를 내어줄 만큼 보여주기 원하셨던 그 큰 사랑, 형용할 수 없는 은혜의 바다로 나가려 하지 않습니다.

저는 조국 교회가 이처럼 교만 아래 머물러 은혜의 영광에 이르지 못하는 것이 아주 중한 병 중 하나라고 봅니다. 지난 30여 년간 조국 교회는 하나님께 말로 다 할 수 없는 풍성한 복을 받았지만 안타깝게도 중요한 것들을 많이 잃었습니다. 그중 대표적인 것이 눈물입니다. 학창 시절 제가 기억하는 교회의 풍경은 많은 눈물입니다. 저도 정말 많이 울었고 특히 골방에만 들어가면 멈출 수 없이 눈물을 쏟곤 했습니다. 그런데 오늘날 조국 교회는 눈물이 메말라 있습니다.

예수님의 산상수훈에 나오는 팔복은 성도들의 복된 삶을 보여주는 내용입니다. 성도들은 팔복에 나오는 특성들을 가지고 세상을 살아가고, 그렇게 살아가는 성도들에게 하나님은 다양한 복을 주십니다. 그것이 바로 팔복인 것입니다. 그런데 팔복 중에서 가장 먼저 나오는 것이 무엇입니까? 심령의 가난입니다(마 5:3). 심령의 가난이 만들어내는 애통과 눈물은 성도의 우선되는 특징 중 하나입니다.

안타깝게도 오늘날 조국 교회는 스스로 이만하면 됐다고 쉽게 생각해버립니다. 나름 경건의 노력을 하고 있으니, 나름 교인의 수를 불려놓았으니, 나름 프로그램들을 가동하고 있으니 이만하면 다른 교회보다 건강하지 않겠느냐고 만족해버립니다. 그러다 보니 하나님 앞에서 애통한 마음으로 눈물 흘리는 것이 무엇인지 잊어갑니다. 목마름을 가지고 구주께 나아가 구주를 부르는 일을 멈추고 있습니다.

오늘날 조국 교회의 적지 않은 성도들은 남보다 조금은 더 착하게 살고 있으니 이만하면 됐다고 생각하며 구주께로 나갈 필요를 느끼지 않습니다. 막연한 종교성과 막연한 도덕성에 스스로 만족하며 세례 요한의 제자들처럼 종교의 그늘 아래 머물러 있습니다. 요한은 구주를 가르치기 위한 그림자에 불과한데, 그들은 요한의 그림자에 머물러서 옆에 계신 구주에게로 나아가지 않았습니다.

조국 교회를 한번 보십시오. 교회를 전혀 안 오거나, 신앙생활을 안 하거나, 경건의 모양이 없거나, 나쁜 행위를 저지르는 사람들만이 문제가 아닙니다. 많은 이들이 '나는 저렇게까지 나쁘지 않다. 나는 그래도 이런저런 열심을 가지고 있다'라며 자기만족에 머물러 하나님을 목마름과 눈물로 애타게 찾지 않습니다. 너무도 중요한 것들을 잃어갑니다. 예전과 달리 먹고살 만한 세상이 되자 사람들은 점점 느슨해지고 경건의 핵심적인 요소를 잃어갑니다.

이것은 혹시 조국 교회의 보편적인 이야기가 아니라 나의 이야기 아닐까요? 요한계시록 3장에 나오는 라오디게아교회 성도들은 이렇게 생각했습니다.

"나는 부자라 부요하여 부족한 것이 없다 하나 네 곤고한 것과 가련한 것과 가난한 것과 눈먼 것과 벌거벗은 것을 알지 못하는도다"(계 3:17).

그들은 자신들이 부자라고 생각해서 아무것도 필요하지 않다고 여겼습니다. 그런데 주님은 그들을 어떻게 보셨습니까? "네 곤고한 것과 가련한 것과 가난한 것과 눈 먼 것과 벌거벗은 것을 알지 못하는도다"라고 말씀하셨습니다. 혹시 이것이 오늘날 조국 교회의 핵심적인 문제는 아닐까요?

'나는 저 정도로 악하지 않다'고 생각하면서 변화를 거부하고 그대로 머물러 있지는 않습니까? 가난한 심령을 담아 견딜 수 없는 고통으로 우는 것이 무엇인지 알고 신앙생활을 하고 있습니까? 하나님을 향한 목마름을 가득 담아서 울고 있습니까? 구주가 값비싼 대가를 지불하셨는데도 내 신앙생활이 이 정도밖에 안 되어서, 오늘날 시대정신이 이 수준밖에 안 되어서 애통해하고 있습니까?

구주가 오셨는데도 구주께 가려고 하지 않고, 작은 것 하나 달라지는 변화를 거부한 채 그 자리에 머물러 자기 위로와 자기 방어에만 급급한 요한의 제자들의 모습이 혹시 내 모습은 아닙니까? 오늘날 조국 교회는 너무도 중요한 것들을 잃어가고 있는데 무엇을 잃어가고 있는지조차 모르고 '나는 괜찮다'고 스스로 생각합니다.

참된 진리는 채움이 있으려면 비움이 있어야 하고, 높음이 있으려면 낮아짐이 있어야 하고, 위로가 있으려면 깨어진 심령이 필요하다고 말합니다. 피상적인 영성을 붙들고 스스로 만족하는 자리에 머물러 아무런 문제가 없는 것처럼 여기고 사는 것이야말로 은혜의 깊은 바다로 나아가지 못하도록 우리를 가로막는 큰 장애물 중 하나입니다. 교만의 한 형태입니다. 우리의 현주소는 어디입니까? 오늘날 조국 교회에 두드러지게 나타나는 죄는 무엇입니까? 눈에 보이지는 않지만 이와 같은 보편적인 경향이야말로 우리 자신과 조국 교회가 가진 문제의 핵심이요, 근원 아닙니까?

교만을 이긴 세례 요한

놀랍게도 요한은 제자들의 부추김에도 불구하고 중심을 지켰습니다. 우리는 세례 요한의 모습을 다방면에서 살피며, 은혜의 깊은 바다로 들어가지 못하도록 방해하는 교묘한 장애물을 어떻게 넘어설 수 있는지 자세히 알아보고자 합니다. 제자들의 말에 요한이 어떤 반응을 보였는지 주목해보십시오.

> "내가 말한 바 나는 그리스도가 아니요 그의 앞에 보내심을 받은 자라고 한 것을 증언할 자는 너희니라 신부를 취하는 자는 신랑이나 서서 신랑의 음성을 듣는 친구가 크게 기뻐하나니 나는 이러한 기쁨으로 충만하였노라"(요 3:28-29).

세례 요한은 자신을 가리켜 "신랑이 아니라 신랑의 친구"라고 말했습니다. 혼인잔치에서 가장 큰 기쁨을 누리는 사람은 신랑신부 당사자들이지만 그들 못지않게 기뻐하는 사람이 바로 신랑의 친구입니다.

잔치를 준비하고 사람들을 초대하고 신랑이 등장하기만을 기다리는 친구야말로 신랑의 목소리가 들릴 때 가장 기뻐할 것입니다. 세례 요한은 자신이 신랑의 친구로서 "이러한 기쁨으로 충만하였노라"고 말했습니다.

세상은 자신이 중심에 서고 자기가 제일 중요한 인물이 되어야 기뻐하지만 세례 요한은 신랑의 친구가 누리는 기쁨을 언급하며 "그는 흥하여야 하겠고 나는 쇠하여야 하리라"(요 3:30)고 말했습니다. 요한은 이처럼 다른 눈을 가지고 있었기에 제자들의 부추김에 넘어가지 않고 믿음을 지키며 은혜와 하나님의 부요한 사랑 안에 머무는 영광스러운 모습을 보여줄 수 있었습니다.

모든 것은 하나님이 주신 것이다

본문에는 요한이 교만의 교활한 유혹에 넘어가지 않고 구주께로 나아갈 수 있었던 중요한 이유들이 몇 가지 나옵니다.

"요한이 대답하여 이르되 만일 하늘에서 주신 바 아니면 사람이 아무것도 받을 수 없느니라"(요 3:27).

요한은 구름떼 같이 몰려드는 군중에게 엄청난 찬사를 받았던 사람입니다. 그는 자기 주변에 머물던 수많은 사람들이 구주께로 향하고 있을 때 무엇이라고 말했습니까? 그를 붙들어줬던 신앙 고백은 무엇입니까? "하나님이 주시지 않으면 아무것도 받을 수 없다"는 고백입니다. 그는 "모든 것이 하나님에게서 왔다"는 분명한 신앙 고백을 붙들고 있었던 것입니다.

요한은 사람들이 구름떼처럼 자신에게 몰려왔을 때에도 자신이 구주의 오심을 예비하는 전령에 불과함을 기억하며 하나님이 보내주신 사람들 속에서 열심히 길 닦는 사역을 했습니다. 그리고 사람들이 구주께로 우르르 갈 때에도 이 또한 하나님이 하신 일이라 믿으며 기쁘게 여겼습니다.

우리의 삶에 허락된 모든 것이 다 하나님에게서 온 것 아닙니까? 그분에게 받지 않은 것이 무엇입니까? 이 세상은 늘 '내가 땀 흘려서 번 돈, 내가 열심히 노력해서 이룬 지위' 등을 이야기하며 신화를 만들어 냅니다. 사람들은 겉으로 드러내놓고 적극적으로 말하지 않아도 은연중 자신에게서 근거를 찾습니다.

저는 영국 옥스퍼드에서 사역할 때 공부를 아주 잘하는 분들을 대상으로 자주 설교를 했습니다. 그분들에게 "여러분이 공부를 잘하는 이유는 공부 잘하는 선물을 하나님께 받았기 때문입니다. 그러니 다른 생각을 하면 안 됩니다"라고 말하곤 했습니다.

그중 한 분이 설교를 듣다 지쳐서 저를 찾아와 이렇게 말씀하셨습니다. "목사님, 저는 남들이 놀 때 공부했습니다. 남들이 잘 때 밤을 새워가며 공부했습니다." 저는 그분께 "그랬군요" 하고는 돌려보냈습니다. 그러면서 속으로 '누구는 밤 안 새웠나? 누구는 노력 안 해봤나? 해도 안 되는데'라고 생각했습니다. 실제로 저는 1등을 한 번도 못해봤습니다. 영국까지 가서 유학을 했지만 박사 학위는 못 따고 왔습니다. 자질이 안 되었기 때문입니다. 영국 간다고 다 박사 학위를 딸 수 있습니까? 밤 새워 공부한다고 누구나 합격할 수 있습니까? 공부를 잘하는 건 하나님께 받은 분깃입니다.

무언가 노력해서 얻었다고 말하기에는 우리 인생에 너무도 크고 중요한 것들이 참 많습니다. 심지어 가치 있고 결정적인 것은 다 공짜입니다. 저는 어젯밤에 잠을 충분히 자지 못해서 아침에 참 힘들었습니다. 코가 막혀서 입으로 숨을 쉬어야 했고, 입이 마르니 물을 마시기 위해 자주 잠에서 깼습니다.

잠을 자면서 '숨은 코로 쉬어야 돼' 하고 생각하는 사람은 아마 없을 것입니다. 코로 숨 쉬는 것은 저절로 습득된 것입니다. 코로 숨 쉬는 것과 입으로 숨 쉬는 것이 얼마나 다른지 아십니까? 입으로 숨을 쉬며 잠을 자고 일어났더니 목이 얼마나 갈하고 피로가 쌓였는지 너무 힘들었습니다. 숨 쉬는 일조차 공짜인데 "내가 땀 흘려 애써서 이만큼 왔다"라고 말할 수 있는 일이 어디에 있습니까?

성경은 헛된 자랑을 얼마나 싫어하는지 모릅니다. 사도 바울은 우리가 은혜로 값없이 구원받았다고 말하면서 "행위에서 난 것이 아니니 이는 누구든지 자랑하지 못하게 함이라"(엡 2:9)고 말했습니다. 심지어 그는 고린도전서에서 "네게 있는 것 중에 받지 아니한 것이 무엇이냐 네가 받았은즉 어찌하여 받지 아니한 것 같이 자랑하느냐"(고전 4:7)라고 반문했습니다.

세례 요한이 붙든 진리가 무엇입니까? 다 하나님이 주신 것이라는 신앙고백입니다. 잠시라도 구주와 함께하지 않으면, 하나님의 은혜 안에 있지 않으면 우리의 존재는 물론 우리가 소유하고 누리던 모든 아름다운 것들이 의미를 잃어버립니다. 주님께 더 가까이 가야만 모든 것이 진정 복된 것이 됩니다.

그런데 혹시라도 주님이 주신 많은 은혜와 복 때문에 주님이 없어도 괜찮은 신앙생활, 주님께 가까이 가지 않아도 되는 신앙생활을 하고 있지는 않습니까? 예배를 드리고 기도도 하고 있지만 가슴을 찢는 간절함이 무엇인지, 하나님을 향한 목마름이나 눈물이 무엇인지도 모른 채 신앙생활을 하고 있지 않습니까? 구주께서 흘리신 보혈의 값진 은혜를 은혜로 느끼지 못한 채 '이만하면 됐다'고 생각하며 무미건조하게 신앙생활을 하고 있지 않습니까?

좋은 교회를 다니는 것으로 만족하거나 자기 자신을 합리화하지 않도록 조심해야 합니다. 우리는 목마름과 상한 심령을 가지고 하나님을 불러야 합니다. 모든 것이 하나님에게서 온 것임을 인정하면서 '내게는 자랑할 것, 스스로 만족할 것, 독립적으로 느낄 만한 것이 전혀 없다. 구주가 절실히 필요하다. 구주와 가까이 하지 않으면 나는 존재 자체가 불가능한 자다'라고 고백하며 사는 것이 성도의 합당한 도리요, 삶의 방식입니다.

확실한 자기 인식

요한이 교만에 넘어지지 않고 구주께로 나아갈 수 있었던 또 하나의 이유가 28절에 나옵니다.

"내가 말한 바 나는 그리스도가 아니요 그의 앞에 보내심을 받은 자라고 한 것을 증언할 자는 너희니라"(요 3:28).

요한은 교만의 유혹과 부추김에 넘어가지 않고 자신이 어떤 사람인지를 오히려 상기시켰습니다. 자신은 그리스도가 아니라 '그리스도 앞에 보내심을 받은 자'에 불과하다는 것을 분명하게 인정하고 알았습니다. 죄의 핵심은 스스로 하나님처럼 되려고 하는 것입니다. 그러므로 우리의 믿음과 신앙의 핵심은 다음과 같은 신앙고백으로 이어져야 합니다. "하나님, 저는 티끌이요, 먼지입니다. 하나님이 저 같은 것을 존귀하게 여겨주시니 그저 감사할 뿐입니다. 저는 인생이고 하나님은 하나님이십니다." 이 고백이 우리의 입에서 멈추지 않아야 합니다.

오늘날 조국 교회는 어리석게도 자기 자신을 하나님처럼 생각합니다. 무언가를 해낼 수 있는 것처럼 생각합니다. 세상과 다를 바 없는 정신을 쫓아 거듭 부패하고 타락하고 있습니다. 교묘하게 파고드는 교만의 유혹에 빠져 하나님의 은혜와 사랑을 잃어가고 있는 것입니다. 하나님 앞에 서서 "하나님은 하나님이시고 저는 인생입니다. 저는 그리스도가 아닙니다. 저는 그리스도 앞에 보내심을 받은 자에 불과합니다"라고 고백해본 적이 있습니까?

　요한이 제자들로부터 부추김을 받았음에도 유혹에 넘어가지 않고 자신을 지킬 수 있었던 이유는 확고한 자기 인식이 있었기 때문입니다. 그는 자기를 분명하게 알았습니다. 앞서 이야기했지만 우리는 우리 자신이 생각하는 것보다 훨씬 나쁜 사람들입니다. 말로 표현할 수 없을 만큼 악하고 부패한 존재, 국가 대표급 죄인들입니다. 틈만 나면 하나님처럼 우리 자신을 높이고 싶어 하는 것이 우리입니다. 그러나 기억하십시오. 자신을 하나님처럼 여겨서는 안 됩니다. 주변 사람들이 무슨 말로 칭찬하더라도 자신이 한낱 티끌과 먼지에 불과하다는 사실을 잊어서는 안 됩니다. 사람들의 부추김에 흔들리도록 자신을 허락해서는 안 됩니다.

하나님께만 영광

"신부를 취하는 자는 신랑이나 서서 신랑의 음성을 듣는 친구가 크게 기뻐하나니 나는 이러한 기쁨으로 충만하였노라"(요 3:29).

　여기서 요한이 자리한 위치가 어디입니까? 그는 하나님을 분명히 알고 자기를 확실히 알았기 때문에 절대로 중심에 서려고 하지 않았습니다. 신랑이 서 있어야 할 자리에 자신이 서 있으려 하지 않았습니다. 요한복음 1장 23절은 요한을 가리켜 "광야에서 외치는 자의 소리"라고 소개합니다. 요한은 "나는 소리로서, 예수님을 드러내고 증거하고 사라져버려야 하는 존재다'라는 사실을 끝없이 되뇌면서 자기의 위치와 신분과 역할을 인식했던 것입니다.

성도라면 모두 주님이 영광 받으시기를 원합니다. 그러나 조국 교회의 많은 성도들은 주님과 더불어 자신도 함께 영광 받기를 원합니다. 나도 영광을 받아야 주님이 영광을 받으시는 것처럼 생각합니다. 하지만 세례 요한이나 성경에 나오는 수많은 하나님의 사람들은 그런 방식으로 살지 않았습니다. 주님이 영광 받으시고 진리가 진리로 드러날 수만 있다면 자신은 쇠하고 없어져도 기뻐했습니다.

저는 믿음의 선배들을 보면서 늘 부러운 것이 있습니다. 오로지 하나님만 영광 받으시기를 바라고 자신은 절대로 높아지지 않으려고 몸부림치는 순전한 신앙입니다. 우리 시대 교회에는 그러한 발버둥이 거의 보이지 않습니다. 내가 좋으면 하나님도 좋으실 것이라 생각하고, 내가 높아지면 하나님도 높아지시는 것이라고 쉽게 생각합니다. 많은 사람들이 이러한 자기중심성을 깨뜨리려고 하지 않고 자기기만과 자기만족에 머물러 있기 때문에 교묘하게 감춰진 교만의 죄를 발견하지 못하고 살아갑니다.

한 번밖에 없는 짧은 인생을 오로지 주 위해 살고 싶다는 목마름이 있습니까? 주님만 좋다면 나는 쇠하고 없어져도 좋다는 고백을 할 수 있습니까? 광야에서 외치는 자의 소리처럼 살아가는 것을 인생의 목적으로 삼을 수 있습니까? 오늘날 우리에게 요구되는 싸움은 바로 이러한 형태의 싸움입니다. 하나님이 조국 교회의 잃어버린 많은 것을 회복시키시고 은혜의 단비를 다시 부어주시기를 원합니다. 은혜에 감격하여 눈물 흘리는 세대를 다시금 일으켜주시기를 기대하고 축복합니다.

"그들이 요한에게 가서 이르되 랍비여 선생님과 함께 요단 강 저편에 있던 이 곧 선생님이 증언하시던 이가 세례를 베풀매 사람이 다 그에게로 가더이다 요한이 대답하여 이르되 만일 하늘에서 주신 바 아니면 사람이 아무 것도 받을 수 없느니라 내가 말한 바 나는 그리스도가 아니요 그의 앞에 보내심을 받은 자라고 한 것을 증언할 자는 너희니라 신부를 취하는 자는 신랑이나 서서 신랑의 음성을 듣는 친구가 크게 기뻐하나니 나는 이러한 기쁨으로 충만하였노라 그는 흥하여야 하겠고 나는 쇠하여야 하리라 하니라 위로부터 오시는 이는 만물 위에 계시고 땅에서 난 이는 땅에 속하여 땅에 속한 것을 말하느니라 하늘로부터 오시는 이는 만물 위에 계시나니 그가 친히 보고 들은 것을 증언하되 그의 증언을 받는 자가 없도다 그의 증언을 받는 자는 하나님이 참되시다는 것을 인 쳤느니라 하나님이 보내신 이는 하나님의 말씀을 하나니 이는 하나님이 성령을 한량없이 주심이니라"(요 3:26-34).

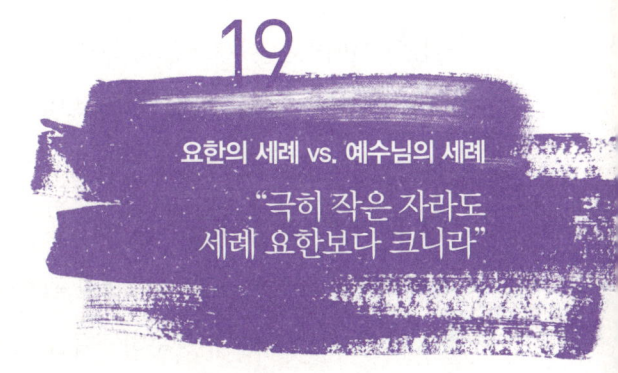

자신과 구주의 차이를 아는 지식

제자들은 세례 요한을 위한다고 생각하면서 교만이라는 장애물에 걸려 넘어졌습니다. 그러나 세례 요한은 자신을 분명히 알고 구주를 분명히 알았습니다.

바른 신앙인들은 이처럼 구주를 아는 바른 지식과 자신을 아는 바른 지식을 함께 가지고 있습니다. 둘은 따로 떨어져 있지 않습니다. 하나님을 아는 지식은 나를 아는 지식을 반드시 열어놓습니다.

요한복음 3장 29절에 의하면 신랑은 구주요, 신부는 성도들과 교회입니다. 그리고 요한은 자신을 신랑의 친구로 생각했습니다. 신랑의 친구의 역할은 신랑이 등장하면 사라지는 것입니다. 과거 믿음의 선배들과 우리 세대의 가장 큰 차이는 무엇일까요?

믿음의 선배들은 '예수님은 흥하셔야 하고 나는 쇠하여야 한다'고 생각하며 살았지만 우리 세대는 '예수님도 흥하고 나도 흥해야 한다'고 생각하는 것 같습니다. 그러다 보니 교회가 교회다움의 복과 성도의 아름다움을 점점 잃어갑니다.

세례 요한은 구주와 교회가 특별한 관계에 있기에 자신이 그 사이에 끼어들면 안 되고, 구주가 충분히 구주로 드러나 높아지면 자신이 사라져야 한다고 생각했습니다. 목사들이 자꾸 실패하는 이유는 성도들과 주님 사이에 끼어들기 때문입니다. 목사들은 주님과 성도들의 관계를 촉진시키고 사라져야 합니다.

마치 건축 초기 단계 때 기초와 틀을 세우기에 앞서 설치하는 임시 가설물인 비계와 같은 존재여야 합니다. 비계는 임시적인 것으로, 건물의 기초와 틀이 세워지면 철거됩니다. 저는 이처럼 주님과 성도들의 관계를 촉진시키는 일에 헌신하다가 사라져야 하는 존재가 목회자라고 생각합니다.

성도들도 마찬가지입니다. 주님만 드러내고 우리는 사라져야 합니다. 우리가 영광을 받아서는 안 됩니다. 우리는 신랑의 친구입니다. 세례 요한은 자신의 위치와 역할이 무엇인지를 분명히 알고 있었습니다. 어떻게 해서 요한은 "예수님은 흥해야 하고 나는 쇠해야 한다"라고 생각할 수 있었을까요? 다음 말씀에서 그 이유를 찾아볼 수 있습니다.

"위로부터 오시는 이는 만물 위에 계시고 땅에서 난 이는 땅에 속하여 땅에 속한 것을 말하느니라 하늘로부터 오시는 이는 만물 위에 계시나니"(요 3:31).

세례 요한은 자신과 예수님의 차이를 분명하게 알고 있었습니다. 자신은 땅에 속하여 땅에 속한 말을 하지만 예수님은 하늘에서 오신, 모든 만물 위에 계신 분임을 알았습니다. 실제로 요한은 예수님을 드러내는 일꾼으로 부름 받은 사람에 불과했지만 구주는 하늘에서 오신 분입니다.

우리는 구주가 베푸신 한없는 은혜와 사랑을 입은 자들이지만 땅에 속한 사람입니다. 예수님은 하늘에서 오신, 모든 천지만물보다 뛰어난 분입니다. 높임을 받아야 할 분은 예수님 한 분이지 우리가 아닙니다. 우리는 티끌 같은 존재요, 그분의 은택을 받아 누리는 자에 불과합니다. 우리에게 주어진 모든 것은 하나님의 사랑으로 허락되었습니다.

우리는 사랑받을 만한 자가 아닙니다. 하나님의 사랑 때문에 이 모든 사랑을 받아 살아가고 있는 것입니다. 우리가 가진 분에 넘치는 은택은 예수님이 희생 제물 되심으로 말미암아 우리에게 값없이 주어진 것이지, 당연한 것이 아닙니다. 우리는 다 티끌 같은 자일 뿐입니다. 그런 우리를 예수님이 은혜 가운데 사랑하고 선대해주셨습니다. 우리와 예수님은 다릅니다.

세상은 금수저와 흙수저 운운하면서 사람들 사이에 결정적인 차등이 있다고 말합니다. 하지만 인생은 잠시 동안 작은 차이가 있을 뿐 다 티

끝이고 먼지일 뿐입니다. 나이를 조금씩 먹어가면서 거듭 느끼는 것은, 인생 가운데 차이가 분명히 존재하지만 그런 차이 때문에 서로를 차별하고 교만하게 행동하는 것은 참으로 패역한 일이라는 사실입니다. 그러나 예수님과 우리의 차이는 하나님과 사람의 차이입니다.

우리는 그저 주님의 사랑에 감격하고 우리처럼 자격 없는 자에게 베풀어주시는 은혜에 감사할 뿐이지, 우리 안에 스스로 높일 만한 것이 전혀 없음을 기억해야 합니다. 티끌이었던 우리는 구주의 대속이라는 귀한 복 때문에, 하나님의 형용할 수 없는 사랑 때문에 매우 존귀한 자가 된 것입니다. 우리 안에 무슨 차이가 있겠습니까? 요한은 바로 이 사실을 알았기에 예수님과 자신을 절대로 비교하거나 어깨를 나란히 하려고 하지 않았습니다.

요한은 예수님이 베푸시는 모든 교훈과 자신이 가르치던 교훈이 다르다는 것을 잘 알고 있었습니다. 물론 요한도 하나님의 말씀을 선포했습니다. 하지만 그는 들은 말씀을 선포했고 예수님은 그분의 말씀 자체가 곧 하나님의 말씀이었습니다.

"하나님이 보내신 이는 하나님의 말씀을 하나니 이는 하나님이 성령을 한량 없이 주심이니라"(요 3:34).

목회자는 하나님의 말씀을 대변하지만 그가 하는 모든 말이 하나님의 말씀은 아닙니다. 성령의 도움을 받아 때때로 하나님의 말씀을 대언하지만 허물과 한계가 많은 인생이기에 그가 하는 모든 말이 하나님의 말씀인 것은 아닙니다. 그러나 예수님은 하나님의 말씀을 하시는 분입니다. 그분의 모든 행함이 하나님의 말씀이요, 그분의 존재 자체가 전부 하나님의 말씀입니다. 구주는 우리와 다른 분입니다. 어떻게 이 일이 가능합니까?

> "이는 하나님이 성령을 한량없이 주심이니라 아버지께서 아들을 사랑하사 만물을 다 그의 손에 주셨으니"(요 3:34-35).

아버지 하나님이 아들 하나님 위에 성령을 한량없이 풍성하게 부어 주셨기 때문입니다. 세례 요한도 어느 정도 성령을 받았지만 한량없이 받은 것은 아닙니다. 그 역시 성령의 도움을 입어 생명의 말씀을 선포했지만 그에게 임한 성령은 제한되어 있었습니다.

그렇다면 하나님께서 아들 하나님인 구주께 성령을 한량없이 부어주신 이유는 무엇일까요? 구주께 성령이 필요했고 동시에 우리에게도 성령을 한량없이 부어주시기 위해서였습니다!

그런 면에서 우리는 우리의 어떤 점이 구주와 동일하다는 사실을 잊어서는 안 됩니다. 우리는 티끌에 불과한 인생이지만 구주와 함께 성령을 한량없이 받음으로써 세례 요한과 비교할 수 없는 특별함을 얻게 되었습니다.

요한의 세례와 구주의 세례

요한복음 3장에는 '세례'라는 단어가 여러 번 나옵니다. 요한이 주는 세례와 예수님이 베푸시는 세례가 다르다는 사실을 강조하고 있는 것입니다. 주님과 요한은 다르기 때문이 요한이 주는 세례와 주님이 주시는 세례는 구별되고 다를 수밖에 없습니다. 누가복음 3장에도 이에 대한 요한의 증언이 기록되어 있습니다.

"나는 물로 너희에게 세례를 베풀거니와 나보다 능력이 많으신 이가 오시나니 나는 그의 신발끈을 풀기도 감당하지 못하겠노라 그는 성령과 불로 너희에게 세례를 베푸실 것이요"(눅 3:16).

요한은 자신은 물로 세례를 주지만 예수님이 오시면 성령과 불로 세례를 주실 것이라고 말했습니다. 둘 다 동일한 세례를 가리키지만 강조점이 약간 다릅니다. 요한의 세례는 사람들을 예비시키는 역할을 하는 세례에 불과했다면 주님이 베푸시는 세례는 진정한 세례, 즉 죄를 용서하고 이기는 능력과 생명이 담긴 본질적인 세례였습니다. 죄 씻음과 능력과 구원을 우리에게 안겨주는 진정한 세례인 것입니다. 비유하자면 어린아이와 성인처럼 성숙도에서 차이가 나는 세례였습니다. 주님의 세례는 우리를 성인의 자리로 데려가는 세례라면 세례 요한의 세례는 우리를 어린아이처럼 그저 준비시키는 세례에 불과한 것입니다.

이는 신약시대를 사는 우리가 꼭 기억해야 하는 차이입니다. 우리는 더 이상 요한의 세례 밑에서 살지 않고 구주의 세례를 받아 생명과 씻음과 권능을 덧입고 사는 자들입니다. 주님은 세례 요한을 가리켜 "여자가 낳은 자 중에 요한보다 큰 자가 없도다"라고 말씀하셨습니다. 그리고 이어서 "그러나 하나님의 나라에서는 극히 작은 자라도 그보다 크니라"고 하셨습니다(눅 7:28). 우리를 가리켜서 하신 말씀입니다. 요한은 예비하는 세례를 주었을 뿐이지만 우리는 구주가 주시는 세례를 받아 태어난 자들입니다. 따라서 하나님 나라에서는 어떤 성도든지 아무리 작은 자라도 요한보다 크고 놀라운 존재라고 말씀하신 것입니다.

자신의 사역과 구주의 사역의 차이를 아는 지식

지각의 차이

그렇다면 주님의 세례와 요한의 세례는 어떤 차이가 있습니까? 어린아이와 성인의 차이를 보여주는 두 세례의 차이에 대해 알아보겠습니다. 거듭나서 생명을 가지고 있다는 면에서 어린아이나 성인은 똑같습니다. 하지만 지각에 있어서는 큰 차이가 있습니다. 어린아이도 하나님의 자녀이지만, 주님의 세례를 통해서 성령으로 거듭난 자들에게는 성인과 같은 장성한 깨달음이 주어진다는 의미입니다.

예수님은 구약시대의 아브라함을 이야기하면서 "너희 조상 아브라함은 나의 때 볼 것을 즐거워하다가 보고 기뻐하였느니라"(요 8:56)고 말씀하셨습니다. 아브라함은 자신의 후손 중에서 구주가 오실 것을 막연하게 깨닫고 기뻐했습니다. 그러나 그러한 깨달음은 우리처럼 분명하지 않고 희미했습니다. 이런 면에서 구약의 신앙인들인 시편 기자나 위대한 다윗, 많은 선지자들은 조각조각, 부분부분을 알면서 희미한 기쁨을 갖고 살았습니다. 또한 구주께서 십자가에 달려 돌아가시고 성령이 물 붓듯이 부어지기 전까지 초대교회의 위대한 사도들도 많은 한계를 보였습니다. 지금 우리만큼의 지각을 갖게 된 것은 오순절 성령이 임한 이후였습니다.

오늘날 조국 교회는 분명 스스로 구원할 수 없다는 무력함을 인지하고 있으며 오직 예수를 믿고 의지한다는 면에서 틀림없이 성도라고 인정할 수 있습니다. 하지만 분명한 지각과 지식이 부족합니다. 피상적인 신앙과 어린아이 같은 초보적인 지각에 머물러 있는 경우가 정말 많습니다. 이러한 조국 교회의 보편적인 모습은 정상적이라고 말할 수 없습니다.

예수를 믿어 거듭난 자들은 더 선명하고 분명한 지각을 가지고 진리를 깨달을 수 있습니다. 이것은 다만 목회자만이 아니라 모든 성도가 동일합니다. 성경이 주어지고 성령이 임하셨기 때문에 우리는 모두 진리를 분명하게 깨닫고 누리는 자리에 있어야 합니다. 목회자나 영적 지도자를 의존하지 마십시오. 물론 성도로서 말씀을 전하는 직분자를 존중하는 것은 필요하지만 어디까지나 자신에게 말씀이 막히지 않도록 하기 위함입니다. 목회자나 영적 지도자에게 끌려 다녀서는 절대로 안 됩니다. 우리는 구주께 속한 자들이기 때문에 세례 요한의 시대처럼 어린아이 수준의 지각으로 목회자나 영적 지도자가 시키는 대로 신앙생활을 해서는 안 됩니다. 지금 우리가 사는 시대는 그런 시대가 아닙니다. 예수께서 물과 성령, 불과 성령으로 세례를 이미 주셨기 때문에 진리를 더 선명하게 깨닫고 누릴 수 있어야 합니다.

확신의 차이

주님의 세례와 요한의 세례는 지각의 차이만 있는 것이 아니라 확신에도 차이가 있습니다. 성인의 견고함과 어린아이의 변덕스러움만큼의 큰 차이입니다. 아이들은 변덕스럽습니다. 따라서 울고 있는 아이를 달래려면 울지 말라고 나무라기보다 아이가 좋아할 만한 물건을 하나 주는 것이 더 효과적입니다. 하지만 성인이 되면 변덕이 줄어들면서 견고하고 선명한 소신이 생깁니다. 만약 성인이 되어도 변덕이 죽 끓듯 하다면 성숙하지 못한 것이라고 할 수 있습니다. 누가 뭐라 해도 주님 앞에 견고하게 머물러 있는 것이 성인의 장점입니다.

그런 면에서 세례 요한은 우리에게 좋은 본보기가 되어줍니다. 요한복음 1장을 보면 요한은 구주를 바라보면서 "보라 하나님의 어린 양이로다"(요 1:36)라고 말하며 구주를 세상에 드러냈습니다. 또한 예수님께 성령이 임하는 모습을 보면서 그분이 구주임을 온 이스라엘에 알렸습니다. 뿐만 아니라 자신은 신랑이 아니라 신랑의 친구에 불과하기에 신랑 친구의 기쁨을 누리는 것으로 충분하다면서 예수님을 시기하거나 질투하지 않았습니다. 심지어 제자들에게 주님과 자신을 비교해서는 안 된다고 말함으로써 자기 자리를 잘 지켰습니다.

그러나 이처럼 훌륭한 주님의 일꾼이던 세례 요한이 이후 감옥에 갇혀서 어떤 반응을 보였는지 보십시오. 온 세상이 자신을 버리고 대적하고 있다고 느낄 때 그는 실족하고 말았습니다. 그래서 그는 예수님께 사람을 보내 물었습니다.

"오실 그이가 당신이오니이까 우리가 다른 이를 기다리오리이까"(눅 7:19).

요한은 성령이 물 붓듯이 부어지는 시대보다 앞선 시대를 산 사람입니다. 그렇다 보니 여전히 유대 시대 사람들의 한계를 가지고 있었습니다. 그 역시 당시 사람들처럼 악한 자를 벌 주고 선한 자에게 상을 주는 다윗 같은 위대한 선군이 메시아로 와서 유다를 다스리는 새로운 시대를 꿈꾸고 있었던 것입니다. 자기는 그러한 메시아가 오실 길을 준비하다가 감옥에 갇혀 죽음을 기다리고 있는데, 구주가 와서 하신 일이 무엇입니까? 우물가에 있는 별 볼일 없는 여자의 아픔을 매만지는 등 지극히 평범하고 사사로운 일만 하셨습니다. 그런 구주의 모습에 요한은 깊이 좌절했습니다.

오늘날 우리는 성령으로 세례를 받았기에 성인처럼 견고한 확신을 가질 수 있는 자들입니다. 감옥에 갇히거나 세상에서 박해와 조롱을 당하더라도 흔들리거나 넘어져서는 안 됩니다. 오순절 이후 감옥에 갇힌 사도들에게는 간증이 있고 감격과 찬양이 있었습니다. 온 세상이 그들을 핍박하고 대적했지만 요동하지 않는 견고한 확신이 그들 안에 있었습니다.

베드로가 확실한 예입니다. 오순절 성령 강림 후 사도행전 4장을 보면 베드로가 얼마나 담대하게 설교를 했던지, 모여 있던 무리가 "학문 없는 범인으로 알았다가 이상히"(행 4:13) 여길 정도였습니다. 또 "예수의 이름으로 말하지도 말고 가르치지도 말라"(행 4:18)는 경고를 받고도 그는 이렇게 말했습니다?

"하나님 앞에서 너희의 말을 듣는 것이 하나님의 말씀을 듣는 것보다 옳은가 판단하라"(행 4:19).

베드로는 산헤드린 공의회에 끌려가 생명의 위협을 받는 상황에서도 견고하고 담대했습니다. 안타깝게도 오늘날은 믿는 자와 믿지 않는 자의 차이가 크게 느껴지지 않는 시대입니다. 주변 사람들이 가볍게 던진 몇 마디에도 걸려 넘어져 관계를 깨뜨리고 심지어 하나님을 떠나는 사람들이 너무 많습니다.

그런 우리에게 주님은 성령으로 세례를 받아야 견고한 확신 가운데 머물 수 있음을 분명하게 말씀하십니다. 하나님의 특별한 사랑은 사도들 같은 소수 특정인들만을 향하지 않습니다. 우리 한 사람, 한 사람도 아들 하나님의 공로로 인해 성령을 선물로 받았습니다. 성령을 한량없이 받으신 예수님이 우리에게 성령을 한량없이 부어 주심으로 새로운 시대가 열렸습니다.

사도 바울은 죽음을 목전에 두고 다음과 같이 말했습니다. "이로 말미암아 내가 또 이 고난을 받되 부끄러워하지 아니함은 내가 믿는 자를 내가 알고 또한 내가 의탁한 것을 그 날까지 그가 능히 지키실 줄을 확신함이라"(딤후 1:12). 죽음 앞에서도 요동하지 않는 견고한 확신이 마음속에 있었다는 의미입니다. 바울의 확신은 위대한 로마서 8장에도 나옵니다.

"내가 확신하노니 사망이나 생명이나 천사들이나 권세자들이나 현재 일이나 장래 일이나 능력이나 높음이나 깊음이나 다른 어떤 피조물이라도 우리를 우리 주 그리스도 예수 안에 있는 하나님의 사랑에서 끊을 수 없으리라"(롬 8:38-39).

성령이 물 붓듯이 부어진 이 시대, 주님의 세례를 받은 귀한 이 시대에 사는 우리는 이보다 더 견고한 확신에 이르러야 하지 않겠습니까? 주님의 사랑 안에 더 견고히 머물러야 하지 않겠습니까?

만족과 기쁨의 차이

주님의 세례와 세례 요한의 세례는 세례 결과 주어지는 만족과 기쁨 면에서도 다릅니다. 세례 요한의 세례는 순간적인 만족을 주지만 주님의 세례처럼 하늘의 영광에 잇닿아 있는, 말로 표현할 수 없는 영광스러운 즐거움을 줄 수는 없습니다. 주님은 우물가에서 만난 여인에게 이렇게 말씀하셨습니다.

"이 물을 마시는 자마다 다시 목마르려니와 내가 주는 물을 마시는 자는 영원히 목마르지 아니하리니 내가 주는 물은 그 속에서 영생하도록 솟아나는 샘물이 되리라"(요 4:13-14).

주님이 주시는 세례를 경험하고 나면, 주님이 주시는 은혜를 바르게 받으면 우리 속에서 영생하도록 솟아나는 샘물이 터진다고 말씀하셨습니다. 이후 명절 마지막 날에 예수님은 거리에 서서 "누구든지 목마르거든 내게로 와서 마시라 나를 믿는 자는 성경에 이름과 같이 그 배에서 생수의 강이 흘러나오리라"(요 7:37-38)라고 말씀하며 많은 사람들을 초대하셨습니다.

오늘날 많은 사람들이 신앙생활을 한다고 하지만 대개 의무감에 붙들려 억지로 합니다. 교회는 그런 공동체가 아닙니다. 교회는 주님에게 받은 한량없는 성령으로 말미암아 생수의 강이 흘러넘치도록 만족하고 기뻐하는 곳입니다.

신앙생활을 의무감으로 억지로 해내야 할 과업으로, 부담스러운 짐으로 여겨서는 안 됩니다. 만약 처음 신앙생활을 할 때는 좋았는데 신앙의 연륜이 쌓이면서 점점 더 부담을 느끼고 있다면 지금 병들어 있는 것입니다. 제대로 신앙생활을 하고 있는 것이 아닙니다. 기독교는 그런 종교가 아닙니다.

우리처럼 부족하고 연약한 사람이 하나님의 은혜를 입었다는 것은 얼마나 큰 기쁨입니까? 우리처럼 티끌과 먼지 같은 사람이 주의 일을 맡았다는 것은 얼마나 감격스러운 일인지 모릅니다. 세월이 가면 갈수록 나 같은 것이 주님을 섬길 수 있다는 사실에 벅찬 감격과 감사를 느낍니다.

물론 때로는 두렵고 무겁게 느껴질 때도 있습니다. 하지만 주님 앞에 제대로 서 있으면 감격이 더해집니다. 예수 믿는 것이 무슨 짐입니까? 하나님을 섬기고 사람을 사랑하는 것보다 더 큰 기쁨이 어디에 있겠습니까?

성도의 만족과 기쁨은 세상 사람들의 그것과 큰 차이가 있어야 마땅합니다. 우리는 오늘날 조국 교회의 상황을 뒤집어야 합니다. 교회에 오래 다니는 사람을 보면 오히려 세상 사람들보다 약삭빠를 때가 많습니다. 교회 일에 하나둘 관여했다가 짐만 많아지고 상처받을까봐 주변에 서성거리며 간을 볼 뿐 깊이 들어오려고 하지 않습니다. 이제는 그런 신앙생활의 모습을 좀 바꿔봅시다.

예수 믿는 기쁨과 감격이 무엇인지 알고, 구주께서 나 같은 것을 일꾼으로 불러주신 것이 얼마나 큰 은혜인지 깨달아 주를 섬길 수만 있다면 그 무엇도 아끼지 않고 주저 없이 나서는 마음이 불일 듯 일어나기 바랍니다.

자발적인 마음과 희락, 감격이 우리 속에서 또 한 번 일어나 그 부흥의 영광이 조국 교회 곳곳으로 흘러갈 수 있기를 원합니다. 예수님의 세례에서 비롯된 은혜가 더더욱 풍성하게 차고 넘치며 경험되기를 바랍니다.

―

"신부를 취하는 자는 신랑이나 서서 신랑의 음성을 듣는 친구가 크게 기뻐하나니 나는 이러한 기쁨으로 충만하였노라 그는 흥하여야 하겠고 나는 쇠하여야 하리라 하니라"(요 3:29-30).

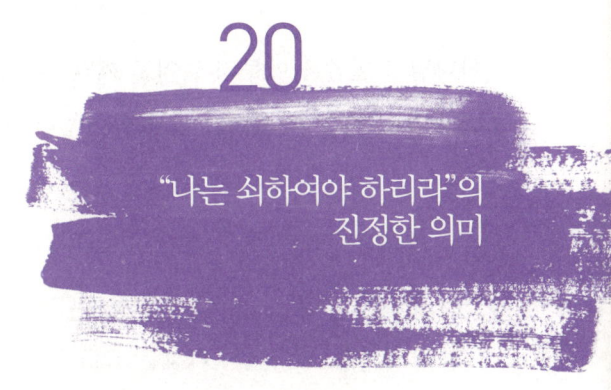

20
"나는 쇠하여야 하리라"의 진정한 의미

영적인 필수적 원리들

이제부터는 세례 요한의 "그는 흥하여야 하겠고 나는 쇠하여야 하리라"는 고백을 자세히 살펴볼 것입니다. 이 주제를 묵상하고 다루면서 저는 약간의 부담을 느꼈습니다. 왜냐하면 이 본문은 우리의 내면을 상당히 탐사하는 내용이기 때문입니다. 여기에는 구주께서 우리에게 주시는 은혜와 복을 충분히 부요하게 누릴 수 있는 중요한 3가지 영적 원리가 나옵니다.

첫 번째 원리는 반드시 거듭나야 한다는 것입니다. 우리는 모태에서 태어난 그대로 성도가 될 수 없습니다. 사람은 반드시 성령 안에서 한 번 더 태어나야 비로소 천국을 볼 수 있고 하나님 나라에 들어갈 수 있습니다. 고린도전서에서 사도 바울이 이야기했듯이 거듭나지 않으면 하나님의 말씀을 아무리 들어도 깨닫거나 믿을 수 없습니다. 어리석음에 머물러 있을 뿐 아니라 살아 있는 말씀 안으로 들어갈 수 없습니다.

"육에 속한 사람은 하나님의 성령의 일들을 받지 아니하나니 이는 그것들이 그에게는 어리석게 보임이요, 또 그는 그것들을 알 수도 없나니 그러한 일은 영적으로 분별되기 때문이라"(고전 2:14).

주님은 니고데모와 토론하거나 논쟁하시지 않고 단지 그에게 "너는 거듭나야 한다"고 말씀하셨습니다. 이것은 매우 중요한 영적인 원리입니다. 중생 없이는 아무도 생명 안으로 들어갈 수 없고 진리를 바르게 깨달을 수도 없으며 예수께서 우리에게 주신 구원의 복락을 풍성하게 알 수 없습니다. 그러므로 우리는 반드시 거듭나야 합니다.

두 번째 원리는 예수께서 반드시 십자가에 달려 죽고 부활하셔야만 우리에게 생명이 주어진다는 것입니다. 요한복음 3장 14절에서 예수님은 "모세가 광야에서 뱀을 든 것 같이 인자도 들려야 하리니"라고 말씀하셨습니다.

생명은 예수의 대속의 은혜에 근거하는 것입니다. 예수가 높이 들리시지 않았다면 중생은 불가능합니다. 그런 면에서 예수의 죽음은 없었다면 좋았을 불행 혹은 우연히 일어난 사건이 아니라 만세 전부터 우리를 구원하기로 작정하신 하나님의 필연적인 섭리요, 영적인 원리입니다. 우리를 대속하신 예수 그리스도의 죽음에는 이런 의미가 있습니다.

예수는 흥하시고 나는 쇠하는 원리

이제 세 번째 영적인 원리를 살펴보겠습니다. 요한복음 3장 30절에서 요한은 "그는 흥하여야 하겠고 나는 쇠하여야 하리라"고 말했습니다. 예수님이 흥하시는 것과 내가 쇠하는 것은 동전의 양면처럼 반드시 같이 됩니다. 둘은 결코 따로 돌지 않습니다.

이 원리는 앞의 두 원리들처럼 우리가 예수의 구원 그리고 그 구원이 가져오는 풍요를 깨달아 누리는 데 반드시 필요합니다. 예수가 흥하고 우리가 쇠해 사라지는 것이 합당합니다.

오늘 조국 교회 성도들은 대부분 '예수가 흥하고 영광 받으시는 것은 좋지만 나도 흥하고 예수와 함께 복 받고 싶다'고 생각하며 예수를 믿으려고 합니다. 실제로 이 땅에서 살다보면 하나님은 우리를 예수님처럼 흥하게 하실 때도 있습니다. 연약한 우리에게 증거를 주며 위로하시기 위해서입니다.

어떤 면에서 지난 30년간 하나님은 조국 교회를 흥하게 하셨다고 말할 수 있습니다. 그런데 우리는 요한계시록에 나오는 한 장면을 눈여겨 봐야 합니다. 요한계시록을 보면 종말에 주님은 명예와 존귀의 상징인 면류관을 씌워주시면서 이 땅에서 믿음으로 살아온 성도들의 삶을 축복해주십니다. 그때 면류관을 받은 성도들이 어떻게 합니까? 자신들이 받은 존귀와 영광을 감당하지 못하고 면류관을 벗어 예수님께 돌려드립니다.

이 장에서 우리는 "예수가 흥하시고 나는 쇠하여야 한다"는 세례 요한의 말을 타협 없이, 문자 그대로 엄격하게 받아야 합니다. 오늘날 성도들은 느슨한 마음으로 쉽게 타협하고 '예수가 잘되는 만큼 나 역시 잘되고 싶다'는 시대정신에 쉽게 편승합니다. 우리는 이 대목에서 분명한 선을 그어놓아야 합니다. 하나님이 존귀와 영광과 복을 주실 때는 감사하게 받아서 누려야 하지만 한편으로는 황송한 마음으로 면류관을 벗어서 예수께 다시 돌려드리는 결단으로 이 시대를 살아낼 필요가 있습니다.

예수만 좋으면 나는 좀 병들어도 되고, 예수만 좋으면 나는 남들보다 좀 안 풀려도 되고, 예수만 좋으면 나는 좀 디디어도 되고, 하나님을 영화롭게 해드릴 수만 있다면 내 자녀들이 남들보다 좀 뒤처져도 된다고 선을 쫙 그을 수 있기를 바랍니다.

부디 '주님이 잘되시는 것도 좋지만 나도 잘되었으면' 하는 헛된 기대를 버리고 '예수님만 잘되시면, 그분만 흥하시면 나는 어떻게든 괜찮다'라는 마음으로 이 시대를 살아내는 우리가 되었으면 좋겠습니다.

너무도 많은 사람들이 하나님이 주신 복과 선물을 놓으려고 하지 않습니다. 때로는 "주님 한 분이면 충분합니다. 주님이 저의 전부입니다. 제 인생에 필요한 단 한 분은 바로 당신입니다"라고 고백하며 살아야 하는데 오늘날 우리는 그 고백을 자꾸 잃어갑니다.

하나만 선택하라

본문에서 세례 요한은 "그는 흥하여야 하겠고 나는 쇠하여야 하리라"고 선포할 뿐 논쟁하거나 변론하지 않았습니다. '~해야 하겠고 ~하리라'는 말로 세상을 살아가는 방식을 원리로 제시했을 뿐입니다. 우리가 흥하면 예수님이 쇠하시고, 그분이 흥하시면 우리가 쇠하여야 합니다. 우리가 살아 있는 상태로 그분이 흥하게 되는 것은 불가능하기에 우리는 한쪽만 택해야 합니다. 양쪽을 다 선택하고 가지려 해서는 안 됩니다. 내려놓고, 포기하고, 잃어버리거나 질 것을 각오하고 주님을 믿어야 합니다.

오늘날 조국 교회와 성도들은 다음과 같은 고백들을 잃어버렸습니다. "주님 한 분만 좋으시면 저는 병이 들어도 괜찮습니다. 건강하면 감사하지만 병든 것도 문제없습니다. 하나님이 나 같이 허물 많은 것을 존귀하게 해주셨기에 이 땅에 살면서는 가난해도, 부해도 상관없습니다. 가난하고, 헐벗고, 남들과의 경쟁에서 뒤처져도 주님만 나의 하나님이면 충분합니다. 주님이 전부입니다. 내 인생에서 유일하게 필요한 분은 당신입니다."

이처럼 순전하고 강력한 고백이 우리 안에서 다시금 회복되고 살아나야 할 것입니다. 오늘날 많은 성도들이 너무도 우유부단합니다. 세상에 속한 욕망을 내려놓으려고 하지 않습니다. 이것은 한 번 시도하는 데 그칠 것이 아니라 우리가 평생을 살아내야 할 영적 원리입니다. 오늘날의 시대정신에 함몰되지 않고 반드시 살아내야 할 핵심적인 영적 원리 중 하나입니다.

나는 쇠하여야 하리라

성경은 성도의 신앙생활에서 가장 큰 원수가 자아라고 말합니다. 물론 우리의 진짜 원수와 대적은 마귀입니다. 그런데도 자아가 가장 큰 원수라고 말할 수 있는 이유는 마귀가 우리를 넘어뜨리기 위해 가장 주되게 사용하는 도구가 자아이기 때문입니다. 자아는 창세기 3장에서 마귀가 죄 없는 아담과 하와를 유혹할 때 가장 집중적으로 접근했던 대상입니다. 마귀가 무엇이라고 말했습니까?

"너희가 그것[동산 중앙에 있는 나무의 열매]을 먹는 날에는 너희 눈이 밝아져 하나님과 같이 되어 선악을 알 줄 하나님이 아심이니라"(창 3:4-5).

"선도 알고 악도 알아서 하나님처럼 된다"고 자아를 부추겼던 것이 마귀의 첫 번째 유혹이었습니다. 마귀는 우리의 옛사람을 부추겨서 끝없이 스스로를 위하게 만듭니다.

심지어 구주가 세상에 와서 공생애를 시작하실 때도 마귀는 구주를 3가지로 시험했습니다. 그중 첫 번째와 세 번째 시험은 내용은 다르지만 "네가 만일 하나님의 아들이어든"(눅 4:3, 9)이라는 똑같은 구절이 들어 있습니다. 만일 하나님의 아들이면 입증해보라며 예수님의 자아를 부추겨 죄를 짓게 유혹했던 것입니다. 사람의 몸을 입고 이 땅에 오신 구주를 향해서도 그랬는데 하물며 우리에게는 어떻게 하겠습니까? 마귀가 우리의 자아를 얼마나 부추겨서 하나님이 주신 구원의 부유함으로 나아가지 못하게 방해할지 충분히 예상할 수 있지 않겠습니까?

오늘날 조국 교회가 힘을 잃어가는 중요한 이유 중 하나는 이 주제를 거의 다루지 않기 때문입니다. 간증은 곳곳에 넘쳐나지만 자아가 쇠해져야 한다는 진리는 거의 가르치지 않습니다. 그래서 어지간히 예수 잘 믿는다는 사람도 만나보면 자아가 살아서 펄떡거립니다. 자기에 대한 신뢰와 신화가 좀처럼 깨어지지 않습니다. 예수 믿어서 은혜 받았다는 간증은 수두룩한데 자기를 부정한다는 것이 무엇인지 전혀 모릅니다. 이것이 바로 오늘날 조국 교회가 안고 있는 심각한 영적 문제 중 하나입니다.

그런 면에서 자아가 쇠하는 것은 '나 자신이 영적으로 건강한가? 바르게 자라고 있는가?'를 점검할 수 있는 핵심적인 지표 중 하나입니다. 교회 일에 바쁘게 많이 하는 것이 중요한 게 아닙니다. 물론 교회 일에 헌신하는 것은 매우 필요한 일이지만 우리는 육체를 따라 교회 일을 할 수도 있습니다. 심지어 중직자조차도 자아를 전혀 깨뜨리지 않고 자기 의지대로, 육에 속한 마음으로 열심을 낼 수 있습니다. 우리는 이 사실에 두려움을 가져야 할 것입니다.

자아가 쇠해지고 있습니까? 자아가 쇠해진다는 것의 의미를 알고 있습니까? 그렇다면 영적으로 건강하고 신앙이 올바로 성장하고 있음을 보여주는 '자아의 쇠함'은 무엇일까요?

자기의 정확한 실상을 제대로 아는가?

자아가 쇠하고 있는 사람의 첫 번째 특징은 자기의 부패와 악함과 무가치함과 연약함과 추함을 본다는 것입니다. 우리는 스스로에 대해 신화를 만들어내고 끝없이 자기를 위하는 데 익숙하지, 자아의 실상을 제대로 정확하게 보려고 하지 않습니다. 그렇게 하면 절대로 자아가 쇠해지지 않습니다. 말할 수 없을 만큼 참혹한 자신의 부패한 실상을 직면한 석 있습니까? 남들에게 손가락질당하며 지탄받을 만한 범죄 행위를 저지르라는 말이 아닙니다. 겉으로 표 나게 죄를 지어야 한다는 뜻도 아닙니다. 주님은 "음욕을 품고 여자를 보는 자마다 마음에 이미 간음하였느니라"(마 5:28)고 말씀하셨습니다. 이처럼 우리 마음의 도모와 머릿속 생각이 얼마나 부패하고 악한지 목도한 적이 있습니까?

사람들은 자기를 육체의 방법으로 보호하려고 합니다. 끊임없이 자기를 북돋우고 위로하려고 하지, 자기가 쇠해지는 길을 택하지는 않습니다. 우리는 모태에서부터 죄인으로 태어났기에 이루 말할 수 없는 악과 죄와 추함과 연약함과 무가치함과 부패로 가득한 존재입니다. 이 사실을 직시해야 우리는 자아가 쇠해지는 게 무엇인지, 자기를 중심에서부터 미워하는 게 무엇인지 깨닫게 됩니다. 우리가 쇠하여야 주님이 흥하시게 됩니다.

신앙생활을 하면서 하나님과 사람 앞에서 자기의 악함을 절절하게 고백해본 적이 있습니까? 자아를 쇠하게 하는 첫 번째 중요한 방법은 자기의 부패와 죄성을 보는 것입니다. 누구에게도 말하고 싶지 않을 만큼 자신이 바닥이라는 것, 자기 안에는 기대할 만한 것이 전혀 없음을 선명하게 봐야 자아가 쇠해집니다.

오늘날 조국 교회는 이러한 주제를 가르치지 않습니다. 세상과 마찬가지로 "너는 할 수 있어"라고 말할 뿐 우리의 본성이 얼마나 부패한지는 이야기하지 않습니다. 우리의 자아가 쇠하고 깨뜨려지지 않는 이상 주님은 흥하실 수 없고, 그분이 흥하시지 않으면 우리는 하나님이 베푸시는 은택의 부요를 누릴 수 없습니다. 은혜의 부요한 창고가 열리지 않습니다. 우리 자신의 부패를 적나라하게 봐야 은택의 부요를 누릴 수 있다는 사실을 우리는 잊지 말아야 합니다.

자기중심성에서 점점 더 벗어나고 있는가?

두 번째로 우리의 자아가 쇠해지고 있음을 알 수 있는 중요한 방법은 자기중심성에서 얼마만큼 벗어나 있는지 확인하는 것입니다. 모태로부터 죄를 가지고 태어난 사람들의 보편적인 특징은 자기중심성입니다.

대개 우리는 주변 사람들을 들러리라고 생각하며 자신을 온 우주와 세계의 중심 자리에 둡니다. 하나님과 이웃은 주변부로 밀어내고 자신이 중심 자리를 차지해버립니다. 이웃은 나를 위한 도구일 뿐입니다. 이것이 세상 사람들의 보편적인 생각과 삶의 방식입니다.

그러나 이처럼 자기중심성을 가지고 살던 우리일지라도 자기가 쇠해지면 자기중심성을 벗어나기 시작합니다. 자기중심성에서 벗어나고 있는지를 어떻게 알 수 있습니까? 자기에 대한 불건전한 관심이 줄어들고 있는지를 살펴보면 됩니다. 사람들은 얼마나 자기에게 함몰되어 있는지 모릅니다. 자기 문제, 자기 경험, 자기가 한 일, 자기가 한 말, 자기가 바라는 것, 자기가 겪은 일, 자기 앞에 있는 어려움 밖에는 보지 않습니다.

자기중심성의 또 다른 표현은 자기를 보호하고 자기를 방어한다는 것입니다. 남들이 자기에 대해서 말을 못하게 합니다. 물론 서로에 대해서 정말 사랑하고 배려하는 마음으로 말을 주고받아야 할 때도 있습니다. 하지만 듣는 입장에서는 상대방이 마음대로 말하도록 허락해줄 필요가 있습니다.

누군가가 지적하는 말을 할 때면 마음을 걸어 잠그지 말고 마음을 활짝 열며 이렇게 생각합시다. '나는 그런 말을 들을 만한 존재인 것 같아!' 교회 공동체 안에서 지체들과 교제할 때 세상에서와 마찬가지로 긴장한 상태로 이리저리 눈치를 보면서 좋은 말만 하면 우리 안에 지체됨의 영광과 복은 어디 있겠습니까? 누군가에게 말할 때는 최선을 다해서 조심하고 또 조심해야 하지만 다른 지체들이 우리 자신의 마음을 몰라주는 이야기를 할 때면 억울해하지 말고 잘 들어줘야 합니다. 그것이 성도의 교통입니다.

성도의 교통, 지체들과의 교제 안에 하나님은 좋은 복을 모두 넣어두셨습니다. 사랑하기가 너무 어려운 사람이지만 주님의 말씀에 순종하기 위해 그를 사랑하려고 애쓸 때 하나님은 그 일을 통해 귀한 복을 주십니다. 내게 나쁜 말을 하고 나쁜 행동을 했다고 그 사람을 무조건 멀리한다면 아무 일도 일어나지 않습니다. 자기를 그런 방식으로 보호하고 옹호하면 어떤 변화도 없습니다. 우리 자신을 이웃들의 평판 앞에 그대로 한 번 내버려보십시오. 참된 재판관인 하나님 앞에 자신을 맡기고 스스로가 마음껏 쇠해지는 모습을 지켜보십시오.

자아가 쇠하는 과정은 수고롭기만 한 일이 아닙니다. 자아가 쇠하면 놀랍게도 하나님의 은혜가 쏟아집니다. 자아가 쇠하면 주님이 흥하시면서 우리의 삶에 은혜의 문이 활짝 열리는 것입니다. 자기에게 함몰되어 있던 눈이 뜨이기 시작하면 하나님의 마음이 보입니다. 하나님이 성경을 통해 들려주신 구원의 부요와 풍성이 논리적이거나 문학적으로만 이해되는 게 아니라 가슴으로 느껴지기 시작합니다. 자기중심성에 함몰되어 있던 우리의 마음과 눈이 자기로부터 벗어나기만 하면 하나님의 은택과 은혜의 참된 내용이 우리의 마음에 전달됩니다.

대부분의 사람들은 하나님의 사랑에 대한 이야기를 수없이 들어도 가슴으로 받아들이지 못합니다. 그들은 체험을 해야 감동을 받는다고 생각하지만, 그렇지 않습니다. 자아가 쇠해져야, 자기 사랑에 함몰되어 있는 마음에서 벗어나야 하나님의 사랑이 보입니다. 이웃을 사랑하기 위해서 자기를 깨뜨린 사람은 하나님의 사랑이 그 열린 문으로 들어오는 것을 보게 됩니다. 자기를 쇠하게 하는 그 문은 하나님의 사랑과 풍성한 은혜를 불러오는 문입니다.

우리는 자기중심성에 사로잡혀서 사람들의 평판과 말에 너무 민감하고 자기 방식으로 자기를 보호하려고 하기 때문에 하나님이 나를 사랑하신다는 말을 아무리 많이 들어도 좀처럼 믿지 못합니다. 마음에 와닿지 않고 하나님이 나를 위해 행하신 일이 얼마나 크고 귀한지가 보이지 않기 때문입니다. 그런데 자기중심성이 깨뜨려지기 시작하면 하나님의 사랑이 보이고 경험됩니다. 사도 바울은 고린도전서에 이렇게 말했습니다.

"기록된바 하나님이 자기를 사랑하는 자들을 위하여 예비하신 모든 것은 눈으로 보지 못하고 귀로도 듣지 못하고 사람의 마음으로도 생각지 못하였다 함과 같으니라"(고전 2:9).

하나님이 우리를 위해 예비해놓으신 모든 것은 눈으로 본 적도 없고, 귀로 들은 적도 없고, 생각도 할 수 없을 만큼 풍성합니다. 그 부요가 믿는 자들의 것입니다. 그런데도 오늘날 조국 교회 성도들은 이 사실을 가슴으로 받아들이지 않습니다. 자기중심성에 함몰되어 있기 때문에 하나님이 우리에게 주신 부요가 단지 문학적인 표현으로만 이해되는 것입니다. "내가 쇠하여야 하리라"고 고백할 때 놀랍게도 하늘 문이 열립니다. 은혜의 문이 열립니다.

그렇다면 자신이 잘 쇠하고 있는지, 자기중심성에서 잘 벗어나고 있는지를 무엇으로 평가할 수 있습니까? 우리가 드리는 기도를 보면 알 수 있습니다. 어린아이가 부모에게 이야기하는 내용의 대부분은 주로 요청과 간구입니다. 그런데 아이들이 자라고, 출가하고, 자기 자식을 품에 안으면 그때부터 어떻게 됩니까? '부모님이 나를 키우면서 이러한 과정을 거치셨구나'를 생각하며 눈물짓습니다. 사용하는 단어와 말이 달라집니다. 감사의 말이 쏟아집니다. 부모의 마음을 공감하면서 부모에 대한 존경과 사모의 마음이 더해집니다.

마찬가지로 우리도 자아중심성에서 벗어나지 못하면 어린아이처럼 하나님께 늘 요청하고 간구하는 내용으로 기도를 채웁니다. 그러다가 영적으로 성숙하고 자아중심성이 깨어지기 시작하면 기도의 내용과 언어가 달라집니다. 물론 기도의 중요한 요소 중 하나가 간구이기 때문에, 간구하는 내용이 필요 없다는 말은 절대로 아닙니다. 단지 비율을 살펴보라는 의미입니다. 우리는 우리가 드리는 기도의 대부분이 무엇으로 채워져 있는지를 점검해볼 필요가 있습니다. 기도의 내용이 요청으로만 계속 채워지고 있다면 영적으로 아직 어린아이와 같다고 할 수 있습니다. 아무리 청산유수로 기도하는 사람이라 할지라도 기도의 대부분이 간구로 구성되어 있으면 아직 어린아이 수준입니다. 자아가 쇠하는 것이 무엇인지를 모르는 것입니다.

그러나 기도가 자기중심성에서 조금씩 벗어나기 시작하면 하나님에 대한 감사가 마음에 와 닿아 눈물을 흘리게 되고 하나님에 대한 깊은 사랑을 절절히 체험하게 됩니다. 자아가 쇠하여지며 주님이 살아나십니다. 우리의 기도 속에, 우리의 신앙 속에 주님이 살아나시는 것입니다. 오늘날 조국 교회는 이 귀한 복락을 다 잃어가고 있습니다. 기도가 육신적이고 이기적이고 세상적인 수준에서 넘어서지 못합니다. 자기가 쇠하여지기를 소망하는 사람도 없고 그것을 중요하게 여기는 사람도 없습니다. 그저 "하나님이 제게 이러이러한 것을 주셨어요, 이렇게 해주셨어요"라는 간증만 하고 다닙니다.

자기 의존성, 자기 충족성, 자기 신뢰가 점점 줄어든다

제가 사랑하는 사람들 중에는 마음 아프게도 병고로 힘들어하는 분들이 있습니다. 오랫동안 병상에 있으면서 기도하는데 치료가 안 되고 있습니다. 사랑하는 그 지체가 제게 물었습니다. "목사님, 성경은 기도하고 구한 것은 받은 줄로 믿으라고 했는데 제게는 아무 일도 일어나지 않습니다. 왜 제 기도는 응답이 안 될까요?" 저는 그분을 볼 때마다 하나님의 다른 기대를 봅니다. 자아가 쇠하여지는 세 번째 원리, 즉 자아 의존성이 약해지고 하나님 의존성이 강해지는 것입니다.

죄인의 중요한 특징은 자아 의존성입니다. 사람들은 학벌, 돈, 명예를 끝없이 목말라합니다. 그런데 성도는 삶을 살아갈수록 자아 의존도가 낮아지고 하나님을 점점 더 의지하게 됩니다.

예수님을 만나기 전에, 혹은 예수님을 만난 초기에 우리는 어떻게 살았습니까? 주님이 조금만 도와주시면 무엇이든지 잘할 것처럼 생각하며 살지 않았습니까? 많이도 아니고 아주 조금만 거들어주시면 삶이 잘 풀릴 것이라고 여기며 살았습니다. 그러나 살면 살수록 '의지할 것' 뿐입니다. 우리는 너무 약하고, 세상은 너무 강하고, 마귀는 너무 집요하고, 우리가 싸우는 싸움은 너무도 격렬한 영적 싸움이라는 사실을 깨닫기 때문입니다.

과거에는 신앙생활에 관련된 것만 하나님을 의지했는데 시간이 흐르면 어떻게 됩니까? 가정에서, 일터에서 하나님을 의지할 것밖에 없습니다. 그러다가 나중에는 남들이 보기에 별것 아닌 부분까지도 하나님을 의지합니다. 그저 주의 이름을 부르는 것이 좋기 때문입니다. 주님이 주시지 않으면 얻을 수 있는 것이 아무것도 없다는 사실을 갈수록 더 많이 경험하기 때문입니다.

저는 소리를 내지 않고 기도하는 것을 좋아합니다. 옆에서 아무리 소리 내어 기도해도 조용히 입을 다물고 기도하곤 합니다. 그러다가 한 번씩 "주여, 아버지" 하고 부릅니다. 이유는 없습니다. 그냥 주님의 이름이 부르고 싶어서입니다. 그러면서 주님을 자꾸 의지하는 것입니다.

우리가 쇠하여지고 있는지를 알고 싶다면 하나님과 얼마나 동행하며 그분을 의지하며 사는지 보면 됩니다. 주님을 얼마만큼 필요로 하며 살아갑니까? 그분이 조금만 도와주시면 된다고 생각합니까? 스스로 얼마든지 할 수 있지만 신앙인이라서 하나님을 인정해야 하기에 딱 그만큼만 인정하고 삽니까?

만약 그렇다면 자아가 쇠하는 것이 무엇인지 잘 모르는 사람이라고 할 수 있습니다. 자신이 얼마나 부패하고 추하고 냄새나는 존재인지를 실감하지 못하는 사람입니다. 하나님과 동행하지 않고는, 그분을 찾고 의지하지 않고는 어디에도 갈 수 없다는 사실을 인식하지 못하는 사람인 것입니다.

그러나 언젠가는 "주 없이 살 수 없습니다. 주님만 저의 전부입니다. 주님 한 분이면 충분합니다. 다른 어떤 것도 필요하지 않습니다"라고 고백하게 될 것입니다. 앞서 이야기했던, 오랜 병고로 낙망한 지체에게 하나님이 원하시는 것은 무엇일까요? 기도를 응답해주실 만도 한데 왜 기다리게 하시는 것일까요? 어쩌면 "하나님, 병이 낫지 않아도 되니까 주님 한 분이면 충분합니다. 제 모든 소원은 주님 당신입니다"라는 고백을 듣고 싶어 하시는 것 아닐까요? 하나님이 우리에게 듣고 싶어 하시는 것도 바로 이러한 고백일 것입니다.

신앙의 연조가 더해질수록 우리의 신앙생활과 삶의 모습은 어떻습니까? 주님의 은혜 때문에 자신이 쇠하고 죽어야 한다는 사실을 마음 깊이 느끼고 사모하며 신앙생활을 하고 있습니까? 오늘날 조국 교회는 이 부분에서 많이 무너져 있습니다. 다른 사람들이야 어떻게 되든 내가 일단 잘되어야 합니다. 성도들까지 이러한 형국이니, 조국 사회는 어떻겠습니까? 틈만 나면 권세를 이용해 부정을 저지르고, 기회만 있으면 연줄을 이용해서 이익을 보려는 등 사회 전체가 곪아터졌습니다. 성도들도 동일한 경향을 가지고 있기에 이러한 현실이 얼마나 뼈아프게 다가오는지 모릅니다.

정치 지도자들만의 이야기가 아닙니다. 우리 자신의 이야기입니다.

잘 죽읍시다. 우리가 쇠하여져서 하늘이 열리고 주가 흥해지셔야 그 자리에서 이웃이 살아나고 유익을 얻습니다. 참 놀랍게도 우리가 쇠하여질 때 우리의 삶은 결코 의미 없이 사라지지 않습니다. 예수님이 부활하신 것처럼 우리 역시 측량할 수 없는 주님의 방법으로 살아납니다. 우리가 쇠하여지고 주님이 흥해지시면서 경건의 권능이 우리의 삶에서 드러나고 그러한 우리의 삶을 통해 조국 땅 곳곳에 치유의 은혜가 임하기를 축복합니다.

―
"신부를 취하는 자는 신랑이나 서서 신랑의 음성을 듣는 친구가 크게 기뻐하나니 나는 이러한 기쁨으로 충만하였노라 그는 흥하여야 하겠고 나는 쇠하여야 하리라 하니라"(요 3:29-30).

21
자기중심성을 점검하는 질문들

자아가 쇠하는 또 다른 표시

우리는 간절히 소원하는데도 신앙생활이 생각만큼 풍성해지지 않는 경험을 종종 합니다. 또는 잘 믿는 것 같기는 한데 허물이 자꾸 들어나 낙심하기도 합니다. 하나님이 주시는 은혜를 풍성히 누리지 못하도록 혹은 신앙 성숙을 충분히 경험하지 못하도록 방해하는 중요한 장애물들이 몇 가지 있는데 그중 핵심은 자아입니다. 자아가 깨뜨려지지 않았기 때문입니다.

자기중심성, 자기 방어, 자기에 대한 과도한 관심, 자기 의지 등은 하나님의 은혜를 은혜답게 경험하지 못하도록 방해하는 아주 치명적인 장애물이라고 할 수 있습니다. 그런 면에서 "나는 쇠하여야 한다"는 세례 요한의 고백은 자아를 깨뜨리고 하나님의 은혜를 여는 매우 중요한 과정입니다.

신앙생활은 자기를 세우는 것이 아닙니다. 자기가 무너지고 자아에게서 돌이켜야 진짜 신앙생활을 하는 것이라 할 수 있습니다. 내 자아가 잘 쇠하여지고 있는지를 알기 위해서는 내가 얼마나 추하고 부패한 존재인지를 자각하고 있는지 보면 됩니다. 자아의존성으로부터 얼마나 벗어나고 있는지, 자기를 의존하고 신뢰하던 자리에서 주님을 의지하고 신뢰하는 자리로 얼마만큼 이동하고 있는지 보면 됩니다.

또한 자아가 쇠하는 중요한 표시 중 하나는 감정이나 체험을 기대기보다 객관적인 진리와 믿음을 붙들고 신앙생활을 하는지를 확인하는 것입니다. 신앙은 체험과 감정을 포함합니다. 감정과 정서는 결코 무시되어서는 안 되는, 신앙에 있어서 매우 중요한 요소입니다.

실제로 주님은 연약한 우리를 위해서 체험을 주십니다. 그러나 감정이라는 것은 들쑥날쑥하고 불완전하기 때문에 우리가 기대고 의지할 만한 것이 못 됩니다. 감정은 중요한 요소이지만 감정이 우리를 이끌어 가도록 내버려두어서는 안 됩니다. 체험 역시 매우 귀한 것이지만 우리를 우쭐하게 만들고 자기만족에 빠뜨릴 위험이 있으므로 주의해야 합니다.

자아가 쇠하여지고 신앙이 성숙할수록 우리는 감정보다 객관적인 진리인 말씀을 의지하게 됩니다. 나의 상태, 나의 느낌, 나의 감정에 의존하기보다 하나님의 말씀을 붙들고 믿음에 기대게 됩니다. 많은 사람들이 자기감정에 충실합니다. 진리에 충실하지 않고 믿음을 사용하지 않기에 거듭 반복해서 자아에 굴복합니다. 자아가 쇠하고 있는지를 알려면 이처럼 감정과 체험에 기대지 않고 말씀과 믿음을 적절히 사용하는지 보면 됩니다.

이 말을 달리 표현하면 "은사보다 은혜를 더 귀하게 여기고 있는가? 성령이 주시는 은사보다도 성령의 열매를 더 귀하게 여기는가?"라고 할 수 있습니다. 은사는 하나님이 그리스도의 몸을 세우라고 주시는 귀한 선물입니다. 그러므로 무시하거나 무관심해서는 절대로 안 됩니다. 그러나 은사를 은혜보다 높이거나 은사를 열매보다 귀하게 여기는 것은 잘못된 태도입니다.

제 신앙을 돌아보면 하나님이 방언의 은사를 주셨을 때 말할 수 없는 영적인 열망이 생겨났고 특히 기도에 대한 큰 동기를 얻었습니다. 그런 면에서 은사는 정말 귀합니다. 그런데 끝없이 은사만 찾고 의지하려고 하면 안 됩니다. 우리가 할 일은 은사를 사용해서 하나님과 이웃을 사랑하고 그리스도의 몸을 세우는 것입니다.

바울은 고린도전서 12장 31절에서 "너희는 더욱 큰 은사를 사모하라 내가 또한 가장 좋은 길을 너희에게 보이리라"고 말한 후에 13장에서 사랑을 이야기했습니다. 그리고 14장은 "사랑을 추구하며"라는 말로 열었습니다. 우리가 큰 은사를 구해야 하는 이유는 흔히 생각하듯 남들보다 훌륭하게 되기 위해서가 아닙니다. 교회를 세우고 이웃을 섬기고자 함입니다.

은사는 언제나 열매와 더불어 은혜 안에서 사용되어야 은사 본연의 빛을 발할 수 있습니다. 그런 면에서 우리는 은사를 사모하되 은혜와 성령의 열매 안에서 그 은사를 사모하는가를 살피며 자신의 자아가 쇠하여지는지의 여부를 점검할 수 있습니다.

저는 조국 교회에 은사가 풍성해지기를 원하지만 그보다 은혜가 더 부요하게 넘쳐나기를 기대합니다. 티끌 같은 우리를 향한 하나님의 풍성한 은혜가 복된 성령의 열매를 우리 안에서 넘쳐나게 해주기를 원합니다. 은사가 풍성해 활력이 넘치는 것도 좋지만, 성령의 열매가 넘쳐서 피차 뜨겁게 사랑하고 영혼을 온전하게 하는 일들이 많이 일어나기를 바랍니다.

자아가 점점 작아지게 하는 방법

자아가 쇠하여지는 것은 정말 중요한 주제이며 꼭 그렇게 되어야 합니다. 그렇다면 어떻게 해야 자아가 쇠하여질까요? 오늘날 조국 교회는 이 부분을 너무 많이 놓치고 있습니다. 성도 한 사람, 한 사람의 개성이 필요 없다는 말은 절대로 아닙니다. 다만 우리의 자기중심성은 무너져야 합니다.

한 번의 큰 체험으로 자아가 무너지는 일은 없습니다. 많은 조국 교회 성도들이 왕도(王道)가 있다는 거짓된 교훈에 넘어갑니다. 어떤 특별한 체험을 하면 자아가 무너진다고 이야기합니다. 하지만 우리의 자아가 쇠하여지는 길은 평생 가야 하는 길입니다. 죽음이 올 때까지 끝나지 않는 싸움이 자아와의 싸움입니다.

많은 사람들이 칼뱅주의의 교훈을 피상적으로 알고 있기에, 이 땅에서 우리가 죄로부터 완전해지고 자아가 죽는 것이 불가능하다고 생각하면서 노력을 멈추려고 합니다. 물론 이 땅에서 우리의 자아가 완전히 무너지는 일은 불가능합니다. 틀림없는 사실입니다. 구주께서 우리를 데리러 오실 때에야 우리의 자아는 완전히 무너질 수 있습니다.

그러나 불가능하기 때문에 노력을 포기하는 것이 아니라, 이 땅에서 가능한 만큼 최선을 다해 자아가 무너지도록 살아가는 것이 성도의 삶의 방식입니다. 성취가 가능해서 그러한 삶을 살아가는 것이 아닙니다. 하나님의 말씀이 우리에게 그러한 삶을 요구하고, 우리를 향한 구주의 은택이 자아로 인해 계속해서 손상을 입고 있기 때문에 가능한 만큼 자아를 깨뜨리며 살아가야 합니다. 그것이 바로 이 땅을 사는 성도들의 삶의 방식임을 잊어서는 안 됩니다.

우리의 자아는 무너져야 합니다. 누가 우리에게 무슨 말을 할지라도 그것을 매이지 않고 털어내버릴 수 있도록 우리의 자기중심성과 자존심, 자기 민감성, 자기 의존은 무너져야 합니다. 어떻게 그 일이 가능할까요?

성경을 읽으라

왕도는 없습니다. 우리가 해야 하는 가장 첫 번째 일은 은혜의 가장 중요한 도구 중 하나인 말씀 앞에 자신을 노출시키는 것입니다. 성경을 펴지 않으면 자아는 죽지 않습니다. 세상을 보십시오. 그 어디에도 우리의 자아를 죽게끔 인도해주는 곳은 없습니다. 오히려 세상은 우리의 자아를 살려내라고 부추깁니다. 성경을 열어야만 우리는 우리 자신의 실체를 볼 수 있습니다. 한 번씩 죄를 짓고 자책할 만한 경험을 할 때야 간혹 스스로 위축될 뿐이지, 말씀 앞에 서지 않으면 우리는 우리의 존재 자체가 얼마나 부패하고 악한지 볼 수 없습니다.

우리는 성경을 열어야 합니다. 성경을 열되, 규칙적으로 꾸준히 성실하게 열어야 합니다. 말씀 앞에 자신을 계속해서 노출시키지 않고서는 자아가 결코 쇠할 수 없습니다. 이때 급한 마음으로 말씀에 바로 들어가지 말고, 성령의 도움으로 말씀을 읽을 수 있도록 기도의 시간을 가진 후 성경을 읽어야 합니다.

하나님의 말씀은 똑똑하다고 깨달아지는 게 아닙니다. 하나님의 말씀은 성령의 감동으로 기록되었기 때문에 성령의 조명을 받아야 알 수 있습니다. 그러므로 우리는 성령을 의지하며 성경을 읽어야 하며 그때 비로소 성경을 통해 하나님의 음성을 듣게 됩니다.

의무적으로 할당된 시간을 채우기 위해서 성경을 열지 말고 내게 주어질 하나님의 말씀을 사모하며 다가가야 합니다. 그래야 자아가 쇠해지는 기쁨을 경험하게 됩니다. 저는 대학생 때 하나님의 은혜를 참 많이 받았습니다. 당시 하루에 규칙적으로 2시간씩 성경을 꾸준히 읽었는데, 종종 그 말씀이 튀어나오듯 제게 말을 걸어오기 시작할 때에는 그 자리에서 말씀을 더 읽을 수가 없었습니다. 그래서 말씀을 붙들고 기도

하면서 하나님 앞에 죄를 토설했습니다. 그러고 나서 또 성경을 읽다가 죄가 깨달아지면 하나님 앞에 자백하고 기도했습니다. 그렇게 성경을 읽다보니 2시간을 읽었는데도 한 장을 채 못 읽은 날이 제 인생에 몇 날 있었습니다.

성경은 하나님이 우리에게 주신 가장 귀한 선물 중 하나이고, 종교개혁을 일으킨 마르틴 루터와 장 칼뱅 같은 믿음의 선조들이 우리에게 물려준 가장 위대한 유산입니다. 성경을 열어야 합니다. 성경을 열어야 우리의 자아가 쇠하여지고 주의 은혜가 데려가는 지점까지 도달할 수 있습니다.

성도들의 생애가 담긴 글을 읽으라

두 번째로 자아가 쇠하여지는 중요한 방법 중 하나는 성도들의 생애를 기록한 글을 읽는 것입니다. 성 어거스틴의 『참회록』 같은 책은 평생의 필독서입니다. 한 번 읽고 말 책이 아니라 가까이 두고 우리의 자아가 교만해지거나 메마를 때마다 펼쳐야 할 좋은 책입니다. 종교개혁자 장 칼뱅이나 마르틴 루터, 조지 휘트필드, 조나단 에드워즈 같은 신앙인물들의 글을 가까이 두고 읽으십시오. 조국 교회의 한상동, 손양원, 주기철 목사님 등 기라성 같은 믿음의 선배들의 글을 가까이 대해야 합니다. 성도들의 생을 글로 만날 때 우리는 영적인 거인들에 비해 자신이 아무것도 아니라는 생각을 하면서 자아가 쇠하여지는 경험을 하게 될 것입니다.

삶의 덧없음과 죽음 그리고 영원한 세계를 자주 묵상하라

세 번째로 자아가 쇠하기 위해서는 삶의 덧없음 자주 묵상하고 죽음을 우리 목전에 두어야 합니다. 그러면서 우리가 정말 사모해야 할 것은 이 땅이 아니라 영원한 세계라는 사실을 거듭 상기해야 합니다. 세상은 두려움과 염려, 공포라는 무기를 손에 들고 우리를 한없이 분주하게 하며 우리 인생을 휘두릅니다. 무슨 일이라도 하지 않으면 안 될 것처럼 불안을 느끼게 합니다.

하지만 우리는 이것에 져서는 안 됩니다. 어딘가를 향해 부지런히 달리는 것만이 전부가 아닙니다. 때로는 멈춰 서서 우리의 생이 얼마나 덧없이 끝나는지를 생각해야 합니다.

저는 30년간 20대들을 붙들고 살았습니다. 그래서 지금도 20대 청년들을 보면 마냥 좋고 아무런 거리낌 없이 다가가 소통합니다. 그 아이들을 붙들고 30년 씨름하며 달려왔는데 어느덧 저는 50대 중반을 넘어섰습니다. 인생이 얼마나 잠시입니까? 많은 일을 할 수 있을 것처럼 느끼지만, 아닙니다!

우리는 언젠가 이 땅에서의 삶을 마치고 하나님 앞에 서야 한다는 사실을 떠올려야 합니다. 자꾸만 땅에서 '어떻게 살아야 하나?'에 마음을 다 빼앗겨서는 안 됩니다. 무엇을 입고 무엇을 먹고 어떻게 사느냐가 전부가 아닙니다. 인생의 덧없음 앞에 절대로 굴복하지 않도록, 소중한 가치를 잃어가지 않도록, 정말 중요한 것을 놓치지 않도록 우리는 때때로 멈춰 서야 합니다.

우리는 분주한 일상 속에서 얼마나 귀한 것들을 흘려보내고 있는지 모릅니다. 십대가 되기 전 자녀들과 마음껏 사랑을 주고받고 살아야 하는데 바쁜 세상에 세월을 다 뺏깁니다. 사랑하는 사람을 언제 떠나보내게 될지 모르는데 우리는 지금 당장 바쁜 일에 집중하느라 여념이 없습니다. 사랑하는 사람들이 언제까지나 기다려줄 것이라고 생각합니다. 그러나 바쁘게 무언가를 하며 사는 것이 전부가 아닙니다. 제대로 방향을 잡아서 바르게 가고 있느냐가 핵심입니다.

우리 안에 그리스도 예수의 마음을 품는 것

자아가 쇠하여지는 가장 중요한 방법 중에 하나는 예수님을 생각하는 것입니다. 구주를 보고 구주를 생각할 때만 우리의 자아가 진짜로 보입니다. 우리는 참으로 티끌처럼 보잘것없고 어리석고 악하고 영악하기 이를 데 없고 자기를 챙기는 데 너무 민첩합니다. 그런 우리를 위해서 하나님의 아들인 구주가 우리와 똑같은 몸을 입고 이 땅에 오셨습니다. 우리의 삶을 사셨습니다. 우리의 죄 짐을 지고 죽으셨습니다. 주님은 우리를 사랑하심으로 그 일을 하셨습니다.

우리는 티끌 같고 먼지 같고 벌레 같은 보잘것없는 존재이지만 주님의 값진 사랑과 영화로운 구원을 붙들고 우리 자신을 존귀하게 바라봅니다. 자아가 쇠하여지고 주님이 흥해지실 때 우리 인생은 진정한 존귀가 무엇인지 알게 됩니다.

구주가 우리에게 안겨주신 존영은 세상이 말하는 일시적인 신분이나 능력, 지위와는 차원이 다릅니다. 금생과 내생에 영원한 것입니다.

구주께 눈을 맞추고, 구주를 사랑하고, 구주의 아름다움을 생각할수록 우리의 자아가 쇠하여집니다. 우리 중 누구도 헛된 자아를 붙들고 살지 않기를 바랍니다. 믿음으로 구주를 사랑하며 이 땅의 남은 때를 살아갈 수 있기를 축복합니다.

화종부 목사의
우리의
죄,
하나님의
구원

—
"신부를 취하는 자는 신랑이나 서서 신랑의 음성을 듣는 친구가 크게 기뻐하나니 나는 이러한 기쁨으로 충만하였노라 그는 흥하여야 하겠고 나는 쇠하여야 하리라 하니라"(요 3:29-30).

자아가 쇠하는 길, 주님이 흥하시는 길

지금까지는 '쇠하여야 하겠다'는 주제를 살펴보았고 다음 두 장에서는 '그분이 흥하여야 하겠다'는 주제를 다룰 것입니다. 신앙적으로 바르게 잘 자라면 우리는 쇠하여지고 주님은 흥하여지십니다. 우리가 쇠하는 가장 좋은 방법은 주님을 흥하시게 하는 것입니다. 우리가 쇠하려면 우선 말씀 앞에 서서 우리 자신의 한계와 악함을 끝없이 발견해야 합니다.

이것이 소극적이고 부정적인 노력이라면 적극적이고 긍정적인 방법도 있습니다. 바로 주님이 우리의 삶에서 흥하여지시는 것입니다. 주님이 우리의 삶을 다스리며 충만하게 임하시면 우리가 쇠하여집니다.

나무에서 새 잎이 날 때를 자세히 본 적이 있습니까? 새 잎이 나면 오래된 잎이 떨어집니다. 마찬가지로 주님이 우리 안에서 흥해지시면 우리의 자아는 쇠하여집니다. 이사야는 성전에 충만하게 임한 하나님의 영광을 보며 "화로다 나여 망하게 되었도다 나는 입술이 부정한 사람이요 나는 입술이 부정한 백성 중에 거주하면서 만군의 여호와이신 왕을 뵈었음이로다"(사 6:5)라고 부르짖었습니다. 하나님이 흥하시게 되자 하나님의 영광으로 나아가는 은혜와 지혜가 열리고 자아가 쇠하여진 것입니다.

여기서 우리는 이 고백이 이사야 6장에서 이뤄졌다는 사실을 주목해야 합니다. 이사야 1장이 아닙니다. 이 말은 이미 사역을 하고 있던 이사야가 하나님의 영광 앞에 섰을 때, 하나님이 흥하여지심과 자신의 쇠함을 더 선명하게 보았다는 의미입니다.

베드로는 엄청난 양의 물고기를 잡았을 때 그 물고기들로 하나님 앞에 감사하기보다 구주께 "주여 나를 떠나소서 나는 죄인이로소이다"(눅 5:8)라고 고백했습니다. 이 말은 "나는 주님 곁에 있을 자가 아닙니다. 주님이 바로 곁에 계신 것을 감당할 수가 없습니다. 나를 떠나십시오"라는 뜻입니다. 주님의 영광을 경험할 때 자기가 쇠하여진 자의 고백입니다.

주님이 흥하시게 되는 것과 내가 쇠하는 것은 마치 놀이터의 시소처럼 긴밀하게 연결되어 있습니다. 그러므로 우리의 생각, 판단, 가치 등 삶의 어떤 자리에서든 하나님이 풍성하게 흥하시게 하는 것, 우리를 온전히 지배하고 다스리시게 하는 것이야말로 자아가 쇠하는 지름길입니다.

그분이 흥하시게 하는 것은 자아를 깨뜨리는 매우 중요한 방식입니다.

주님이 흥하시는 길_ 소극적인 방법

주님의 위대함을 훼손할 수 있는 것은 무엇이든지 피하라

그렇다면 어떻게 주님이 흥하시게 할 수 있습니까? 소극적이고 부정적인 방법 가운데 첫 번째는 주님의 아름다움과 위대함을 조금이라도 훼손할 수 있는 것을 받아들이지 않는 것입니다. 하나님은 유일한 하나님이고 중보자이십니다. 성경은 절대로 예수님이 위대하고 탁월하고 아름다운 선생이나 종교 지도자 중 한 분이라고 가르치지 않습니다. 이 시대는 하나님 한 분만이 유일한 신이라고 말하는 기독교를 가리켜 너무 배타적이라고 비난합니다. 하지만 우리는 이 복음에 대해 한 걸음도 뒤로 물러설 수 없습니다.

성도는 죄인들을 포용하고 사랑하신 주님을 따라 모든 것을 품어야 하지만 구주와 관계된 것에 대해서는 절대 타협해서는 안 됩니다. 주님은 유일한 하나님입니다. 위대한 스승 중에 한 분이 아니라, 위대한 종교 지도자 중에 한 분이 아니라, 유일한 길이요, 유일한 생명이요, 유일한 구원입니다. 하나님은 주님 외에는 천하 사람 중에 구원을 받을 만한 다른 이름을 우리에게 주신 일이 없습니다"(행 4:12). 우리는 구원을 받을 수 있는 수많은 길 중에 기독교가 제일 좋은 길이라고 말하지 않습니다. 구원은 오직 예수 그리스도, 그분만이 길입니다. 이 길 외는 다른 길이 없습니다.

우리는 '예수'에다 할례나 노력, 수고 등 무언가를 더하려는 시도를 절대로 받아들이지 않습니다. 천주교가 가진 큰 문제 중 하나는 '예수' 외에 무언가를, 가령 마리아나 성자 등 중보자들을 더한다는 것입니다. 그들은 "가정에 어려움이 생길 때는 가정의 중보자와 수호자가 되는 요셉 성인의 이름으로 기도하면 됩니다"라는 식으로 가르칩니다. 기독교는 이러한 가르침을 절대로 받아들일 수 없습니다. 우리는 예수의 이름으로 기도합니다. 그것으로 충분합니다. 예수님은 처음이요, 나중이며 모든 충만으로 충만하신 분입니다. 예수님 한 분으로 충분합니다.

예수님 한 분만 가장 귀하게 여기라

두 번째로 우리가 생각해볼 수 있는 소극적인 방법이 있습니다. 예수님 한 분만 가장 귀하게 여기는 것입니다. 예수님 외에는 우리의 눈길을 빼앗아가는 대상을 허락하지 않는 것입니다. 그런데 오늘날 조국 교회와 성도들의 삶을 보면 예수님 한 분만으로 만족하기보다는 그분이 주신 축복과 선물을 더 붙잡고 있는 것 같습니다.

하나님은 우리에게 한 번씩 이렇게 물으십니다. "나로 충분하냐? 나 외에는 아무것도 더할 것이 없다고 고백할 수 있겠니?"라고 하나님이 물으실 때 조금도 주저하지 말고 "그렇습니다. 하나님이 주신 귀한 선물들이 복되고 귀하지만 없어도 됩니다. 그러나 주님은 없으면 안 됩니다" 하며 선명하게 선을 긋고 살아야 합니다.

주님이 선물로 주신 자녀들, 정말 귀하고 귀하지만 내려놓으십시오. 하나님이 제일 중요합니다. 인생을 살아가는 동안 물질의 복을 풍성하게 받았습니까? 도리어 그 부가 우리의 영혼을 망칠 수 있습니다. "하나님이 주신 부요, 감사하지만 없어도 됩니다. 주님이 제일 중요합니다"라는 고백이 자주 있기를 바랍니다.

하나님 앞에 내려놓으십시오. 우리의 것이 아닌 것처럼, 주님 앞에 돌려드릴 각오를 하고 살아야 합니다. 명예와 칭송도 감사하지만 필요할 때는 내려놓으십시오. 땅에서 살아가는 동안 잠시 누릴 수 있는 것이지 영원한 것은 아닙니다. 오직 하나님만 영원하십니다. 주님과 나란히 놓지 마십시오.

심지어 하나님을 아는 지식조차 내려놓으십시오. 하나님을 아는 지식은 정말 귀한 것이지만 지식에만 관심이 있을 뿐 하나님과 동행하고 하나님을 사랑하고 하나님 안에 거하는 것에 무관심하다면 그 지식은 도리어 위험합니다. 내려놓으십시오. 지식이 우리를 망하게 할 수 있습니다. 주님을 향한 헌신과 봉사도 내려놓으십시오. 주님을 위해 많은 일을 하는 것은 정말 귀하고 복되지만 그로 인해 주님을 잊어버린다면 그 일은 우리에게 도리어 해가 됩니다.

우리는 예수를 믿기만 하고 삶이 없는 사람이 되어서는 결코 안 됩니다. 성도는 물론 바른 삶을 실천하고 선을 행하고 섬김에 힘을 쏟아야 합니다. 그러나 그러한 삶을 사느라 주님을 잃어버린다면 그 모든 일을 멈춰야 합니다. 아무리 훌륭해 보일지라도 그만두어야 합니다. 행함이 우리를 망하게 할 수 있기 때문입니다. 마태복음 7장에서 예수님은 이렇게 말씀하셨습니다.

"나더러 주여 주여 하는 자마다 다 천국에 들어갈 것이 아니요 다만 하늘에 계신 내 아버지의 뜻대로 행하는 자라야 들어가리라 그날에 많은 사람이 나더러 이르되 주여 주여 우리가 주의 이름으로 선지자 노릇 하며 주의 이름으로 귀신을 쫓아내며 주의 이름으로 많은 권능을 행하지 아니하였나이까 하리니 그때에 내가 그들에게 밝히 말하되 내가 너희를 도무지 알지 못하니 불법을 행하는 자들아 내게서 떠나가라 하리라"(마 7:21-23).

주님을 위해 어떤 일을 했다고 생각하지만 주님은 "나는 너를 도무지 알지 못한다"라고 말씀하실 수 있습니다. 주님을 아는 지식이 깊어지고 하나님을 더 사랑하게 하고 하나님과 더 가까이 동행하는 데 방해가 된다면 그 모든 일은 도리어 우리에게 해가 될 수 있습니다. 종교적인 일을 한다고 해서 그것이 모두 하나님을 위하는 일일 수 없습니다. 그 일 가운데 하나님이 동행하셔야, 하나님을 향한 지식과 사랑이 가득해야 주님이 흥해지십니다.

다른 무언가로 주님을 대체하지 않도록 신앙의 중심을 꽉 붙잡으십시오. 조국 교회는 때때로 목회자를 주님의 대체재로 삼고 싶어 합니다. 아무리 가르쳐도 성도들은 "그래도 누군가를 보고 믿어야 하지 않겠습니까? 우리는 믿음이 약하고 연약한 인생이니까 누구라도 보고 따라가야 하지 않겠습니까?"라고 말합니다. 하지만 사람을 붙들면 안 됩니다. 사람을 통해서 주님을 붙들어야 하는 것입니다. 인생은 결국 티끌과 먼지 같은 존재일 뿐임을 기억하면서 주님을 가장 귀하게 여겨야 합니다.

땅에 있는 어떤 것이 아무리 훌륭해 보여도 주님과 나란히 두지 마십시오. 만약에 무엇인가를 상실했을 때 인생의 의미와 가치까지 모두 없어진다면 그것은 가짜요, 내려놓아야 할 것입니다. 하지만 그것을 놓아도 주님 한 분으로 행복을 느낄 수 있다면 진짜 믿음으로 살아가고 있는 것이라고 할 수 있습니다. 주님이 허락하신 만큼 일하고, 주님보다 더 좋아진다면 멈추십시오. 이 땅의 무엇이 영원하겠습니까? 오로지 주님만 영원하십니다.

주님이 흥하시는 길_ 적극적인 방법

주님을 흥하시게 하는 적극적인 방법은 주님을 자주 바라보고 주님을 자주 생각하고 주님의 뛰어남과 아름다움을 마음에 자주 담는 것입니다. 자신의 입술로 주님을 얼마나 자주 부르고 있는지 생각해보십시오. 저는 그저 '주여'라고 부르기보다 '예수님, 구주, 하나님' 등 그분을 다양한 이름으로 부르고 찾기를 원합니다.

사람들은 종종 어려움을 당하는 이웃들을 바라보면서 '정서적인 지지와 물질적인 지원으로 그들의 필요를 채워주면 될 거야'라고 생각하곤 합니다. 하지만 이것은 이웃의 본질적인 필요를 헤아리지 못하는 너무도 피상적인 생각입니다. 그들에게 정말 필요한 건 돈이나 공감, 연민, 일손 등이 아니라 예수, 바로 예수 그리스도입니다. 예수는 하나님의 지혜요, 하나님의 능력입니다. 이 땅을 사는 인생에게 하나님이 주신 대안과 지혜는 예수입니다. 조금만 돕고 지지해준다고 해서 사람이 더 잘 살고 더 바르게 되는 것은 아닙니다.

우리 자신을 보십시오. 변화가 얼마나 더딥니까? 우리 성도들 역시 신앙생활을 하면서 자주 이렇게 피상적인 생각을 하지 않습니까? '삶의 근심이 걷어지고, 걱정이 사라지고, 자녀가 조금만 제대로 자라주고, 배우자가 조금만 도와주면 인생이 훨씬 나아질 것이다.' 그렇지 않습니다! 죄인인 우리는 그 정도로 변화될 수 있는 존재가 아닙니다. 예수가 죽으셔야 문제가 비로소 해결되는 것이 우리의 실존입니다.

저는 조국 사회의 피상적인 관점들이 참으로 안타깝습니다. 게다가 이렇게 많은 성도들의 수준 역시 별반 다르지 않다는 점도 안타깝습니다. 하나님의 아들 예수가 죽으셔야만 우리의 근본적인 변화와 구원이 가능하다는 것을 들으면서도 여전히 과학이 발전하면, 사람들이 하나 둘 교화되면 세상이 바뀔 것이라고 믿습니다. 진리를 너무도 피상적으로 알고 있기에 사람에게 있는 작은 가능성을 너무도 크게 봅니다.

하지만 예수가 하나님의 지혜요, 하나님의 권능입니다. 주님을 보고, 주님을 생각하고, 주님을 사랑하고, 주님을 닮아가려는 노력 없이는 우리 인생의 문제는 결코 해결되지 않습니다. 예수가 흥하시지 않으면 우리는 바뀌지 않습니다. 예수가 흥하셔야 합니다. 주를 생각하고, 주를 더 자주 부르고, 주께 우리의 눈을 맞추고, 주를 가슴팍 한가운데 깊이 새기는 일을 계속 합시다.

구주께서 우리를 위해 행하신 일

그렇다면 우리는 어떤 구주를 생각해야 할까요? 첫 번째로, 구주는 참으로 겸손하게 낮아지신 분입니다. 생각해보십시오. 예수님은 하나님이십니다. 하나님이신 그분이 우리와 똑같은 몸을 가지고 이 땅에 오셨습니다. 우리는 작은 명예 하나를 내려놓을 줄 모르는데 그분은 하나님 되심을 내려놓으셨습니다. 하나님께만 합당한 영광, 권세, 권능을 내려놓고 우리에게 오셨습니다.

지극히 높은 존귀와 영광, 하나님과 동등 된 자리, 찬란하고 아름다운 영광의 궁전, 하나님의 얼굴을 마주하던 지극히 높은 곳에서 처녀의 몸으로, 누추한 말구유로, 심지어 연약하고 무기력하기 짝이 없는 아기의 모습으로 이 땅에 오셨습니다.

주님은 하나님의 흔적을 조금도 지니지 않은 채 우리와 똑같이 죄 있는 육체의 모습으로 제일 낮은 자리로 오셨습니다. 세상이 찬사를 보내는 위대한 선생의 모습이 아니라 목수의 아들, 갓난아이로 오셨습니다. 그런데 우리는 그분을 구주로 믿으면서도 땅에 있는 것을 좀처럼 내려놓으려 하지 않습니다.

둘째로, 주님은 죄 있는 육신의 모양으로 오셨습니다. 물론 죄인으로 오셨다는 의미는 아닙니다. 사람이 되신 그분은 결코 아무 죄가 없으시며, 단지 죄 있는 육신의 모양으로 오셨습니다. 주님의 위대함과 영광이 매우 크기 때문에 이렇게까지 낮추셔야 했던 것입니다. 더 사람다워지기 위해서 더 낮추셔야 했던 것입니다.

주님은 세상에 오신 후에도 여전히 하나님이지만 사람으로 이 땅에서 살아가셨습니다. 우리가 즐겨 읽는 사복음서는 그분이 여전히 하나님임에도 하나님의 속성을 활용하지 않고 사람으로 사셨으며, 기도하셨고, 성령 세례를 받으셨고, 사람으로 살기로 선택하셨음을 보여줍니다. 구주께서는 우리를 구원하여 하나님의 자녀로 삼으려고 이 모든 일을 하신 것입니다.

특히 주님이 세례 요한에게 세례를 받으시는 장면은 정말 충격적입니다. 세례 요한은 세례를 받으러 오신 주님을 보고 깜짝 놀랐습니다. 마태복음 3장 14-15절은 당시 상황을 이렇게 기록하고 있습니다.

> "요한이 말려 이르되 내가 당신에게서 세례를 받아야 할 터인데 당신이 내게로 오시나이까 예수께서 대답하여 이르시되 이제 허락하라 우리가 이와 같이 하여 모든 의를 이루는 것이 합당하니라 하시니 이에 요한이 허락하는지라"(마 3:14-15).

"우리가 이와 같이 하여 모든 의를 이루는 것이 합당하니라"는 말은 주님이 죄인인 우리와 자신을 동일시하신 것입니다. 그분은 우리의 죄를 자신의 것으로 여기고 죄인들이나 받는 세례를 친히 받으셨습니다.

저는 조국 사회에 공의에 대한 요구가 이처럼 빗발치는 모습을 바라볼 때마다 마음이 많이 아픕니다. 이 땅에 따뜻하고 긍휼이 가득한 정의가 언제쯤이나 만들어질까요? 죄인들을 포기할 수 없어서 아들 하나님을 죄 있는 모습으로 이 땅에 보내신 아버지의 모습이 언제쯤 드러날까요? 누구든 죄가 드러나기만 하면 벌떼같이 달려들어 비난만 해대는 조국 땅에 죄를 지은 사람을 긍휼하게 여기며 공의를 이뤄가는 일은 언제나 가능할까요? 오늘날은 성도들조차도 따뜻한 정의가 무엇인지를 잘 알지 못합니다.

주님은 죄인과 자신을 동일시하셨습니다. 실제로 주님은 "건강한 자에게는 의사가 쓸데없고 병든 자에게라야 쓸 데 있느니라"(마 9:12)고 말씀하셨습니다. 자신은 병든 사람들, 즉 죄인을 위해서 이 땅에 오셨다는 의미입니다.

셋째로, 주님이 받으신 시험을 한번 생각해보십시오. 그분은 시험 받을 필요가 없는 분이었지만 시험에 자기를 넘겨주셨습니다. 이 땅을 살면서 많은 시험을 겪어야 하는 우리에게 피할 길을 내주시려고, 우리로 하여금 그분을 신뢰하며 의지하게 하시려고 당신이 친히 몸으로 시험을 겪으신 것입니다(고전 10:13).

오늘날 우리는 얼마나 어려움 없는 길을 찾는지 모릅니다. 자녀들에게도 부모로서 사랑이라는 이름으로 어려움 없는 길을 주고 싶어 합니다. 저는 영국 사회에서 몇 가지 아름다운 모습을 보았습니다. 영국은 귀족 민주주의가 세계에서 제일 먼저 발전하고 꽃피운 나라인데도 아직 귀족이 있습니다. 그런데도 불평등하다는 느낌이 전혀 들지 않습니다. 그 이유는 귀족들이 자녀들을 남의 집에 보내서 교육을 시키는 모습에서 찾아볼 수 있습니다. 귀족 부모들은 자녀를 자기 품 안에만 두어서는 배워야 할 모든 것을 가르칠 수가 없다고 믿기 때문에 일정한 시간이 되면 아이들을 다른 집에 보내서 살게 만듭니다.

우리 사회는 어떻습니까? 부모가 품에 안고 다 가르치려고 합니다. 일정한 나이가 지나면 부모가 가르칠 수 없는 것이 점점 많아진다는 사실을 인정하지 못합니다. 부모로서 자기 자신이 할 수 없는 일이 무엇인지를 모르는 것입니다. 그러니까 자식에게 절대로 고생스러운 일을 안 맡기고 싶어 합니다.

그렇게 큰 자식들이 결국 자기밖에 모릅니다. 질고가 가득한 세상에서 고통을 경험하고 있는 사람들을 향해서 함께 눈물을 흘릴 수 있는 마음이 빚어지지가 않습니다. 좋은 대학을 나왔고 출중한 실력을 가지고 있지만 마음이 얼음같이 차갑기 때문에 불쌍한 사람들의 마음 하나를 만져줄 줄 모릅니다. 고생이 무엇인지를 모르는데 어떻게 고생하는 사람들의 아픔을 만져낼 수 있겠습니까?

우리가 자식들을 그 정도 수준으로만 길러내기 때문에 오늘 조국 사회가 이렇게 아프고 차가운 것입니다. 주님은 아무 시험을 받을 필요가 없으셨는데도 우리를 위해 시험에 아낌없이 자기를 넘겨주셨다는 사실을 기억하시기 바랍니다.

넷째로, 이 땅을 살면서 주님이 아버지께 드린 순종을 한번 생각해 봅시다. 하나님의 뜻을 순종하는 것이 그분의 최고의 기쁨이고, 음료이고, 양식이었습니다.

겟세마네 동산에서 주님은 "내 아버지여 만일 할 만하시거든 이 잔을 내게서 지나가게 하옵소서 그러나 나의 원대로 마시옵고 아버지의 원대로 하옵소서"(마 26:39)라고 기도하셨습니다.

주님은 사람이 살기 위해 자신이 죽어야 한다는 것을 아셨습니다. 그러나 십자가에 달리면 아버지로부터 버림받고 외면당할 것도 아셨습니다. 육체의 죽음 자체가 두려우신 것이 아니라 아버지의 긍휼과 자비가 끊어진다는 사실이 못내 고통스럽고 두려우셨던 것입니다. 그래서 "할 만하시거든 이 잔을 내게서 지나가게 하옵소서"라고 부르짖으셨습니다. 그렇지만 제자들에게 다녀오신 후 주님은 다시 기도하셨습니다.

"내 아버지여 만일 내가 마시지 않고는 이 잔이 내게서 지나갈 수 없거든 아버지의 원대로 되기를 원하나이다"(마 26:42).

이처럼 주님은 하나님께 순종하시되, 죽음도 아끼지 않으셨습니다. 오늘 조국 교회를 바라볼 때 예수 믿는 사람은 많지만 죽음도 아끼지 않고 하나님께 순종하고 싶어 하는 사람은 참 드문 것 같습니다. "주님이 주신 복 때문에 주님을 믿는다"고 말하는 사람은 많지만 복이 거두어지면 주님을 저주하고 불평할 자들이 수두룩할 것이라고 생각합니다.

우리는 좀 다르게 믿읍시다. 하나님 때문에 목숨을 빼앗겨도 괜찮고, 주님이 우리를 위해 목숨을 주신 것처럼 우리도 목숨을 드려도 괜찮도록 믿읍시다.

주님은 아버지께 버림받으셨지만, 우리는 목숨이 끊어지는 순간에도 아버지께 버림받는 일이 없지 않습니까? 죽어도 되는데, 우리가 무엇이 두려워서 자꾸 염려하고 근심하면서 주님을 따르는 것입니까? 많은 것을 붙든 채 믿음의 결단을 주저하는 이유가 무엇입니까?

주님이 우리를 위해서 하신 일을 기억하십시오. 우리도 주님이 가신 길을 따라가는 것인데, 무엇이 어렵겠습니까? 우리는 기껏해야 죽어도 천국 가는 백성이 아닙니까? 하나님 앞에 서서 잔가지들을 잘라버립시다. 작은 돌부리에 그만 걸려 넘어집시다. 선이 굵고 가지가 두꺼운 삶을 살아갑시다. 예수 믿는 사람으로서 믿지 않는 사람과 표가 나도록 살아봅시다. '주님만 흥하시면 나는 아무것도 무섭지 않고, 나는 어떻게 돼도 괜찮다'라고 생각하며 다 내려놓고 살 수는 없을까요?

구주가 먼저 그 길을 가셨습니다. 그 길을 따르는 것이 그렇게 두렵습니까? 아버지께서 주신 결말을 다 보았는데도 두렵습니까? 주님은 사랑하는 제자들에게 버림받고 홀로 그 길을 가셨습니다. 간혹 성도들이 제게 "목사님, 믿음으로 사는 삶은 정말 외로운 것 같아요"라고 이야기합니다. 그런 부분이 틀림없이 있습니다. 그래도 갑시다. 외롭지만 주님도 홀로 가시지 않았습니까? 자기 연민에 빠지지 말고, 주님이 "내가 간 길을 네가 같이 가는 것이다"라고 말씀하시면 충분하지 않습니까? 남들의 시선을 개의치 맙시다. 남들이 다 틀렸다고 해도 주님이 맞다고 하시면 그 길을 가야 하는 것입니다.

다섯째로, 구주의 부활을 생각해 봅시다. 구주께서는 무덤을 찢고 부활하셨습니다. 세상이 가지고 있는 무기는 두려움입니다. "너 그렇게 하면 망한다. 너 그렇게 하면 왕따 된다. 너 그렇게 하면 바보같이 살게 된다" 하며 공포와 두려움을 심어 줍니다. 그러면서 우리를 끝없이 세상의 종이 되도록 만듭니다.

우리는 주님의 종이요, 자유자입니다. 그런 우리를 다시 종으로 삼을 수 있는 존재는 아무도 없습니다. 그러므로 두려움으로 지지 마십시오. 구주께서는 사망을 이기고 일어나셨습니다. 주님을 무덤에 붙잡아 둘 수 있는 것은 아무것도 없었습니다.

우리가 잠시 실패할 수 있습니다. 우리의 삶이 잠시 두려울 수 있습니다. 잠시 우리가 안되는 것 같을 수 있습니다. 그러나 구주의 십자가와 부활을 통해서 우리가 분명히 보았던 것처럼 하나님의 지혜는 사람의 지혜보다 지혜롭고, 하나님의 능력은 사람의 힘보다 더 강합니다. 사람의 뜻이 서는 것이 아닙니다.

구주를 우리의 마음에 늘 품고, 우리의 끝없이 미련한 자아가 이 땅의 논리와 가치를 따라 살아남으려고 몸부림치지 않도록 주님께 초점을 맞춥시다. 주님이 가신 귀한 자취를 우리가 따라가고, 주님의 모습과 흔적이 우리의 삶에 묻어나면 그것으로 충분하지 않습니까? 세상이 우리더러 보내는 박수에 무슨 의미가 있겠습니까? 나는 쇠하고 주님이 흥하여지시는 일이 우리의 삶을 지배하는 복됨이 있기를 바라고 축복합니다.

화종부 목사의
우리의
죄,
하나님의
구원

—

"내가 말한 바 나는 그리스도가 아니요 그의 앞에 보내심을 받은 자라고 한 것을 증언할 자는 너희니라 신부를 취하는 자는 신랑이나 서서 신랑의 음성을 듣는 친구가 크게 기뻐하나니 나는 이러한 기쁨으로 충만하였노라 그는 흥하여야 하겠고 나는 쇠하여야 하리라 하니라"(요 3:28–30).

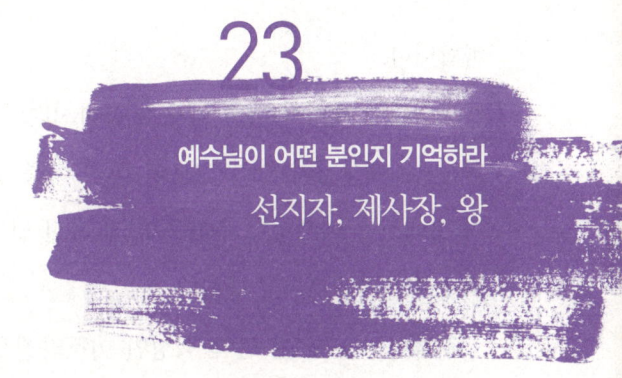

23
예수님이 어떤 분인지 기억하라
선지자, 제사장, 왕

구주가 어떤 일을 하셨는지 묵상하라

교회를 다닌다고 해서 성도가 되는 것이 아니라 거듭나야만 생명을 소유한 성도라고 할 수 있습니다. 거듭남에는 또 하나의 중요한 원리가 있는데 '나는 쇠하고 예수가 흥하시는 것'입니다. 오늘 조국 교회는 보편적으로 많은 성도와 큰 규모의 교회들이 있음에도 그 영향력이 현저하게 줄어들었습니다. 그 이유는 자아가 쇠하지 않았기 때문입니다. 어지간히 교회를 다녔다 해도 자아가 살아서 꿈틀거리니까 예수가 흥하시지 않습니다.

예수가 흥하시지 않으니 교회에서도 세상 사람들의 모임 수준을 벗어나지 못하는 것입니다. 성도가 세상을 살아가는 아주 중요한 방식은 내가 쇠하고 죽어서 없어지고 예수가 흥하여지시는 것임을 기억하기 바랍니다.

그렇다면 내가 쇠하고 예수가 흥하시려면 어떻게 해야 합니까? 우리의 눈을 예수님께 맞춰 그분이 하신 아름다운 일에 집중해야 합니다. 이 장에서는 예수님이 우리를 위해 하신 일들을 구주의 직분이라는 관점에서 생각해보려고 합니다.

구약성경을 보면, 언약 백성인 이스라엘을 구성하는 중요한 직분 3가지가 있는데 바로 왕과 제사장과 선지자입니다. 이 3가지 직분은 한 인격이신 예수께 이르러 종합되고 그 안에서 공존합니다. 예수님은 우리를 위한 왕이시고, 제사장이시고, 선지자이십니다. 성경은 예수 안에 3가지 직분이 다 있다는 사실을 다양한 방식으로 온 힘을 기울여 설명합니다.

예수는 알파요, 오메가이십니다. 예수는 믿음의 주요, 온전케 하시는 분입니다(히 12:2). 우리는 예수를 바라보고 그분이 허락하신 충만과 부요를 누려야만 온전해질 수 있습니다. 예수는 만유이시고 만유 안에 계신 분입니다(골 3:11). 예수는 우리에게 지혜와 의로움과 거룩함과 구원이 되십니다(고전 1:30).

예수 안에는 신성의 모든 충만이 육체로 거하고, 우리도 그 안에서 충만해집니다(골 2:9-10). 이는 세상을 살아가는 데 필요한 모든 것이 예수 안에 있고, 예수야말로 충만이시라는 의미입니다.

선지자이신 구주

첫째로, 예수님은 선지자이십니다. 선지자의 중요한 역할은 하나님을 드러내고 알리고 증거하는 것입니다. 사람이 어떻게 하나님을 알 수 있습니까? 다양한 방법이 있는데 그중 가장 익숙하고 쉬운 방법은 천지와 만물을 보는 것입니다. 천지와 만물, 광대한 우주를 보면 절대자가 계시다는 사실을 부정할 수가 없습니다. 그런데 자연과 만물이 다 가르쳐주지 못하는 부분은 어떻게 알 수 있을까요? 선지자들이 전해준 하나님의 말씀을 통해서입니다. 그렇다면 선지자이신 예수님과 구약 선지자들의 차이는 무엇일까요? 본문에 이어지는 31절은 이렇게 말합니다.

"위로부터 오시는 이는 만물 위에 계시고 땅에서 난 이는 땅에 속하여 땅에 속한 것을 말하느니라 하늘로부터 오시는 이는 만물 위에 계시나니"(요 3:31).

구약의 선지자들은 모두 땅에 속한 자들입니다. 그러나 예수님은 위에 계시고 위로부터 오셔서 만물 위에 계시는 분입니다. 그분이 하나님을 어떻게 드러내십니까?

"그가 친히 보고 들은 것을 증언하되 그의 증언을 받는 자가 없도다"(요 3:32).

구약의 선지자들은 하나님이 주신 말씀을 대언하고 드러내지만 예수님은 친히 보고 친히 들은 것을 드러내십니다. 즉 예수님은 더 온전하고 더 완전하게 하나님에 대한 증거를 보여주시는 분입니다. 그러므로 선지자보다 더 나은 선지자라고 할 수 있습니다.

빌립이 예수님께 "주여 아버지를 우리에게 보여 주옵소서 그리하면 족하겠나이다"(요 14:8)라고 말하자 예수님은 "빌립아 내가 이렇게 오래 너희와 함께 있으되 네가 나를 알지 못하느냐 나를 본 자는 아버지를 보았거늘 어찌하여 아버지를 보이라 하느냐"(요 14:9)라고 말씀하셨습니다. 예수님은 교훈으로만 하나님을 드러내시지 않고, 자신의 존재와 삶 전부를 통해서 하나님을 드러내신 참 선지자였습니다.

선지자의 중요한 역할 중에 하나는 율법의 말씀을 풀어서 가르치는 것이었습니다. 하나님은 이스라엘 백성에게 하나님의 말씀을 주셨지만 그들이 말씀을 왜곡하고 자기 방식으로 오해하자 선지자들을 보내 하나님 말씀의 정확한 의미를 풀어서 해석해주곤 하셨습니다. 예수님도 그러한 선지자의 역할을 하셨습니다. 그 예가 마태복음에 기록된 산상수훈입니다. 예수님은 "옛 사람에게 말한 바"(마 5:21)라는 말씀을 먼저 하신 후 하나님 말씀의 정확한 의미를 말씀해주셨습니다.

가령 유대인들은 구약성경을 근거로 조상들의 유전을 가르쳤는데 "간음하지 말라"는 그들의 가르침에 대해 주님은 "그 말씀의 원래 뜻은 단순히 간음하지 말라는 것이 아니라 음욕을 품고 여자를 보는 자마다 마음에 이미 간음한 것이다"라는 의미라며 율법을 재해석해주셨습니다

(마 5:27-28). 이처럼 예수님은 율법을 통해서 하나님의 뜻을 온전히 드러내셨습니다.

아울러 선지자들의 가장 중요한 역할 중 하나는 말씀을 열어서 하나님의 성품을 가르치는 것이었습니다. 이스라엘 백성은 끝없이 스스로 속고 있었습니다. 그들은 자신들이 할례 받은 유대인이고 하나님의 언약을 받은 민족이기에 절대로 망하지 않을 것이라 확신했습니다. 그런 그들에게 선지자들은 "아무리 성경을 가지고 있어도 말씀에 순종하지 않으면 악한 것이다. 비록 유대인이라 할지라도 죄에서 돌이키지 않으면 죄와 충돌하시는 하나님의 심판이 있을 것이다. 하나님은 사랑이시지만 동시에 공의로운 분이시기 때문에 반드시 죄를 심판하신다"라고 말하며 그들의 잘못을 일깨웠습니다. 이처럼 선지자들은 죄 아래 살면서 절대로 돌이키지 않는 이스라엘 백성을 향해 하나님의 성품을 알리며 선포했습니다.

마찬가지로 예수님도 선지자로서 하나님의 성품을 알리셨습니다. 구약의 선지자들은 메시아의 오심을 예언했지만 그 메시아가 무슨 일을 하실지는 알지 못했습니다. 그래서 주님은 틈나는 대로 제자들을 가르치셨습니다.

한 예로 베드로가 "주는 그리스도시요 살아 계신 하나님의 아들이시니이다"(마 16:16)라고 탁월한 신앙고백을 했을 때 주님은 곧 "자기가 예루살렘에 올라가 장로들과 대제사장들과 서기관들에게 많은 고난을 받고 죽임을 당하고 제삼일에 살아나야 할 것"(마 16:21)을 나타내셨습니다.

예수님의 말씀을 들은 베드로는 "주여 그리 마옵소서 이 일이 결코 주께 미치지 아니하리이다"(마 16:22) 하며 주님을 말렸습니다. 그러자 주님은 베드로를 아주 엄히 꾸짖으셨습니다.

"사탄아 내 뒤로 물러가라 너는 나를 넘어지게 하는 자로다 네가 하나님의 일을 생각하지 아니하고 도리어 사람의 일을 생각하는도다"(마 16:23).

제자들조차도 메시아가 베푸실 구원의 방법에 대해서는 전혀 깨닫지 못했던 것입니다. 유대인들과 조국 사회를 살아가는 일반적인 사람들이 보편적으로 생각하는 구원의 방식은 무엇입니까? 나쁜 사람들에게는 벌을 주고 착하고 우수한 사람들에게는 상을 주는 방식입니다. 그러나 메시아는 그 누구도 예상하지 못했던 방식으로 구원 사역을 감당하셨습니다. 즉 죄인들의 죄를 대신 짊어지고 십자가에 달려 돌아가신 것입니다.

이 방식이 얼마나 깨닫기가 어려웠던지, 제자들은 예수님이 수차례에 걸쳐 거듭 가르치셨음에도 그분이 돌아가시기 직전까지 깨닫지 못했습니다. 주님이 얼마나 자주 말씀하셨습니까? 마가복음 10장에서는 아주 밝히 가르치셨습니다.

"인자가 온 것은 섬김을 받으려 함이 아니라 도리어 섬기려 하고 자기 목숨을 많은 사람의 대속물로 주려 함이니라"(막 10:45).

메시아는 많은 사람들의 대속물로 자기 목숨을 주기 위해서 세상에 오셨습니다. 그런데 이러한 방식을 구약의 선지자들도 이해할 수 없었고, 심지어 제자들조차 이해할 수 없었습니다. 따라서 주님은 메시아가 대속의 방식으로 구원을 이루실 것이라는 사실을 틈나는 대로 가르치셨습니다.

그런데 왜 구원은 대속의 방식으로 이뤄졌을까요? 우리는 모태에서부터 죄를 가지고 태어난 악한 죄인들입니다. 주님이 그분의 공의로 심판하시면 우리 중에서 구원받을 자는 아무도 없습니다. 하나님이 대속의 방식으로 우리에게 구원을 주시는 이유는 우리를 사랑하시기 때문입니다.

하나님은 죄인인 우리를 포기하실 수가 없었습니다. 그래서 하나밖에 없는 아들 하나님을 세상에 보내 우리의 죄를 짊어지게 하시고 우리 대신 십자가에 못 박혀 죽게 하셨습니다. 그리고 죄인인 우리가 구원받을 수 있도록 생명의 길을 여셨습니다.

예수님은 "건강한 자에게는 의사가 쓸데없고 병든 자에게라야 쓸데 있나니 내가 의인을 부르러 온 것이 아니요 죄인을 불러 회개시키러 왔노라"(눅 5:31-32)고 말씀하시면서 하나님이 우리를 얼마나 사랑하시는지를 밝히 선포하고 드러내셨습니다. 삶으로 가르침을 드러내신 선지자가 바로 예수님입니다.

제사장이신 구주

둘째로, 예수님은 제사장이십니다. 예수님이 우리의 제사장이심을 가장 잘 이야기해주는 성경은 히브리서입니다. 히브리서에는 "예수님은 모세보다 훌륭하시고, 천사보다 탁월하시고, 제사장들보다 더 위대하시다"라는 메시지가 담겨 있습니다. 그중에서도 가장 많은 분량은 큰 대제사장 예수님에 대한 내용입니다. 히브리서를 한마디로 요약하면 "우리에게는 큰 대제사장이 계시다"입니다.

"그러므로 우리에게 큰 대제사장이 계시니 승천하신 이 곧 하나님의 아들 예수시라 우리가 믿는 도리를 굳게 잡을지어다"(히 4:14).

그런데 큰 제사장이신 예수님은 구약의 제사장과 구별됩니다. 우선 모든 제사장은 레위 지파 출신이었지만 예수님은 유다 지파에서 나셨습니다. 따라서 히브리서 저자는 "예수님은 우리를 위한 유일무이한 제사장으로서 멜기세덱의 반차를 따르는 제사장이시다"라고 말합니다.

대제사장인 예수님은 백성의 죄를 용서하기 위해서 어떤 제물을 드리셨습니까? 구약의 제사장들은 양과 소와 비둘기를 잡아 드렸지만 주님은 자신을 제물로 드리셨습니다. 이것이 바로 기독교의 심장입니다. 기독교를 기독교 되게 하는 핵심은 제사장이신 주님이 우리를 위해 자신을 제물로 드리셨다는 것입니다.

"사랑은 여기 있으니 우리가 하나님을 사랑한 것이 아니요 하나님이 우리를 사랑하사 우리 죄를 속하기 위하여 화목 제물로 그 아들을 보내셨음이라"(요일 4:10).

우리에게 있는 큰 대제사장은 제사장이실 뿐 아니라 스스로 화목 제물이 되셨습니다. 그분은 죄로 인해 일그러져버린 하나님과 우리의 관계를 회복하게 하시려고 친히 제물이 되셨습니다.

바울은 로마서 1-11장에서 위대하고 풍성한 복음을 영광스럽게 풀어 설명한 뒤 복음을 받은 성도들이 세상을 어떻게 살아야 하는지에 대해 12장에서 이야기하기 시작합니다. 12장 첫 말씀이 무엇입니까?

"그러므로 형제들아 내가 하나님의 모든 자비하심으로 너희를 권하노니 너희 몸을 하나님이 기뻐하시는 거룩한 산 제물로 드리라 이는 너희가 드릴 영적 예배니라"(롬 12:1).

자기 생명을 제물로 바친 예수님은 거듭난 모든 진실한 성도들을 향해서 "너희 몸을 살아 있는 제물로 드리라"고 말씀하십니다. 이 말은 이제 어떤 제물이든 죽여서 하나님 앞에 드릴 필요가 없다는 의미입니다. 성도들은 하나님께 받은 생명을 가지고 그것을 하나님께서 받으실 만한 제물로 살아내면 됩니다. 그것이 바로 하나님께서 우리에게 기대하시는 신령한 예배입니다.

성도란 다른 사람보다 조금 더 선한 사람, 조금 더 윤리적이고 도덕적인 사람이 아닙니다. 그것은 성도의 정의가 될 수는 없습니다. 성도는 하나님이 주신 생명을 가지고 어떤 형태로든지 하나님이 받으실 만한 제물로 살아내는 사람을 의미합니다.

세상 사람들은 업적이나 부, 명예 등으로 사람을 평가하지만, 우리는 우리의 인생을 그렇게 평가하지 않습니다. 성도는 하나님이 주신 생명을 가지고, 그 생명이 허락되는 순간까지 그 생명을 하나님 앞에 드리며 살아갑니다. 주님이 우리를 위해 자기 생명을 제물로 드리셨기 때문에 우리 역시 우리에게 주어진 생명을 주님께 드리는 것이 마땅합니다. 그것이 바로 성도의 삶의 방식입니다.

그렇다면 주님은 그분 자신을 얼마나 자주 드리셨습니까? 구약의 제사장들은 매일같이 제사를 드렸습니다. 그리고 누군가가 죄를 지어서 제물을 끌고 오면 또 제사를 드렸습니다. 그런데 예수님은 자기를 제물로 드리되, 한 번에 영원한 제사를 드리셨습니다. 주님의 몸으로 드려진 제사는 절대로 반복될 필요가 없고, 누군가에 의해서 또다시 드려질 필요가 없습니다. 단 한 번으로 속죄가 영원토록 지속되는 완전한 제사이기 때문입니다. 그러므로 예수를 만나서 거듭난 성도들은 자신의 삶에서 죄를 발견할 때마다 어떻게 하면 됩니까?

"만일 우리가 우리 죄를 자백하면 그는 미쁘시고 의로우사 우리 죄를 사하시며 우리를 모든 불의에서 깨끗하게 하실 것이요"(요일 1:9).

자백하면 됩니다. 미쁘고 의로우신 하나님은 우리의 자백을 들으시고 우리를 모든 불의에서 깨끗하게 하실 것입니다. 여기서 중요한 점은 우리가 죄를 자백했기 때문에 용서해주시는 것이 아니라는 사실입니다. 죄를 깨닫고 양심에 가책을 느끼며 비통해하기 때문에 죄를 용서해주시는 것도 아닙니다. 한 번에 완전한 제사를 드리신 예수님의 공로에 근거해서 우리의 모든 죄를 씻고 용서하시는 것입니다.

예수님이 완전한 제물이 되어 우리를 위해 단 한 번의 영원한 제사를 드리셨기 때문에 진실로 거듭난 성도는 그 무엇으로도, 그 누구에게도 정죄를 받지 않습니다. 아무리 흉악한 죄수라도 예외가 아닙니다.

앞에서 우리는 주님과 함께 십자가에 달려 죽은 한편 강도가 예수님께 "오늘 네가 나와 함께 낙원에 있으리라"(눅 23:43)는 약속을 받은 사건에 대해 살펴보지 않았습니까? 누구든지 죄를 발견하고 깨달아 하나님께 그 죄를 자백하고 돌이키기만 하면 예수님의 대속이라는 완전한 제사를 통해 죄를 완전히 용서받습니다.

게다가 우리의 큰 대제사장은 지금도 하나님 보좌 우편에 앉아 우리를 위해 중보하십니다.

저는 자기 전에 무릎을 꿇고 하나님 앞에 기도를 드리는 습관이 있습니다. 하나님 앞에 저를 굴복시키고, 왕이신 하나님 앞에서 내가 얼마나 낮은 종에 불과한지를 인식하기 위해서입니다. 30여 년간 꾸준히 규칙적으로 기도하면서 제가 잊지 않고 늘 아뢰는 말이 있습니다. "주님, 제게 기도를 가르쳐주십시오"입니다. 매일 쉬지 않고 기도하면서도 기도를 가르쳐달라고 늘 간구합니다.

이처럼 우리는 수십 년을 기도해도 어떻게 기도해야 할지 모를 때가 많고 그저 머릿속에 떠오르거나 눈에 보이는 것, 마음에 와닿는 것만 기도하곤 합니다. 하지만 우리의 중보자이신 주님은 지금도 살아서 우리를 위해 기도하십니다. 성도는 존귀한 자입니다. 성도에게는 얼마나 견고하고 안전한 구원이 주어졌는지 모릅니다. 우리의 대제사장이 지금도 살아 계십니다.

왕이신 구주 예수

셋째로, 예수님은 왕이십니다. 왕 하면 머릿속에 무엇이 떠오릅니까? 화려한 옷을 입고, 궁정에 살고, 원하는 음식을 마음껏 먹고, 수많은 부하를 거느리고 명령하는 왕이 언뜻 생각나겠지만, 우리의 왕이신 주님은 구유에 오신 왕입니다. 진정한 왕이신데 말구유에 오셨습니다. 주님은 낮고 가난한 땅에 사람의 몸을 입고 오신 왕입니다. 예수님은 상한 갈대도 꺾지 않으시고, 꺼져 가는 등불도 끄지 않는 겸손하고 따뜻한 왕이십니다(사 42:3).

예수님은 자신도 왕이지만, 그분의 백성도 왕처럼 살도록 도우시는 왕입니다. 자신의 가정에 우리를 자녀로 입양하시는 왕입니다. 부하로 거느리고 종으로 삼는 왕이 아닙니다. 우리는 참 부패한 인생이요, 미련하고 악한 죄인들이지만, 구주의 완전한 대속의 은혜 안에서 하나님의 형용할 수 없는 사랑 때문에 왕 같은 제사장으로 부르심을 받았습니다.

우리가 복음서에서 만나는 이 왕에 대해 생각해 보십시오. 복음서에 기록된 모든 기적은 주님의 왕 되심을 나타내는 대표적인 증거 중에 하나입니다. 이처럼 왕이신 하나님은 티끌 같은 우리를 대하실 때 문을 열고 들어오시지 않고 문밖에 서서 두드리십니다(계 3:20). 우리를 얼마나 존귀하게 하시는 왕입니까!

주님은 그런 왕이시지만, 한편 복음서를 자세히 보면 왕으로서 명령하십니다. 나사로가 죽어서 무덤에 갇혀 있을 때 많은 사람이 슬퍼했습니다. 그때 주님은 사망의 권세를 보면서 분노하시고 마음 아파하시면서 나사로의 무덤 앞에서 "나사로야 나오라"(요 11:43) 하고 명령하셨습니다. 또한 풍랑이 심하게 출렁이는 바다에서 수고롭게 노 젓고 있는 제자들을 보신 주님은 풍랑을 꾸짖으며 "잠잠하라 고요하라"(막 4:39)라고 명령하셨습니다. 귀신 들려서 고통스러워하는 사람들을 향해서는 귀신을 꾸짖어서 내쫓으셨습니다. 예수님은 왕이십니다. 예수님은 우리를 사랑하시기에 세상의 왕처럼 우리를 대하시지 않습니다. 그래서 사람들은 그분이 왕이 아니신가 하고 의심하거나 염려합니다. 하지만 예수님은 왕으로서, 명령하심으로 꾸짖고 내어쫓으십니다.

왕이신 예수님 때문에 우리도 왕입니다. 우리는 사람을 대할 때 예수님처럼 사랑하고, 종노릇하고, 섬기고, 희생해야 합니다. 하지만 사람들 가운데 악한 영이 들거나 마귀가 든 경우에는 왕의 아들로서의 권세를 가지고 명령하고 꾸짖어야 합니다. 야고보서 4장 7절은 "마귀를 대적하라 그리하면 너희를 피하리라"라고 말합니다.

주님은 우리를 위해 죽으셨지만 사망 아래 머물러 계시지 않습니다. 무엇도 주님을 아래에 둘 수 없습니다. 주님은 왕이시고, 통치자이십니다. 우리는 이 땅을 사는 동안 땅의 질서를 존중합니다. 정치인들을 존중할 줄 알고, 연장자나 선배를 존중하고, 순종하고, 아끼고, 사랑하는 법을 배웠습니다. 그러나 우리 위에는 주님밖에 없습니다. 주님이 왕이시고, 우리는 주와 함께 왕 노릇 하도록 부르심을 받은 자들입니다.

이처럼 놀라운 주님의 권세와 능력은 교회 안에만 있는 것이 아닙니다. 주님의 왕 되심은 성도 안에만 있는 것이 아닙니다. 주님은 제자들을 떠나가시기 전에 "하늘과 땅의 모든 권세를 내게 주셨으니"(마 28:18) 라고 말씀하셨습니다. 하늘과 땅의 모든 권세는 예수님께 달려 있습니다. 예수의 것입니다. 온 세상과 만물은 주님의 통치 아래 있습니다.

어지간히 믿음이 좋은 사람이라도 이 땅을 살아가는 동안 세상의 유혹을 받게 마련입니다. 교회는 조금 덜하겠지만 일터에서는 세상의 논리가 철저하게 지배하고 세상 방식이 이기는 것 같습니다. 그러나 잠시만 보면 그렇습니다. 세상이 사람의 지혜대로 되는 것 같지만, 모든 일의 결과는 하나님이 드러내십니다. 끝까지 드러나지 않은 채 살면 죽은 후 하나님의 심판대 앞에 서서 판단을 받게 되어 있습니다.

하나님은 만물과 세상의 왕이십니다. 겸손하시지만, 정말 상한 갈대도 꺾지 않으시지만, 티끌 같고 먼지 같은 우리에게 자신의 존영을 옷 입혀서 지극히 존귀하게 하신 왕이지만 동시에 그분은 만물과 천지를 손안에 붙들고 계신 왕입니다. 지금은 믿음을 사용해야만 보이지만, 지금은 세상이 더 성한 것 같지만 잠시잠깐이면 우리는 눈으로도 그분이 왕이심을 보게 될 것입니다. 잠시잠깐 후에 우리의 피부와 경험으로도 그분이 왕이심을 선명하게 알게 될 것입니다. 그때 우리는 왕이신 주님과 함께 왕 노릇 하며 천사를 심판하는 존귀를 얻게 될 것입니다.

세상이 무엇이라고 평가하든지 개의치 마십시오. 세상이 우리를 평가하는 잣대라고는 기껏해야 돈이요, 명예, 외적인 능력입니다. 얼마나 추합니까? 얼마나 미련하고, 어리석고, 한계 투성이입니까? 그것이 정말 우리의 모습입니까? 그 모든 것이 상대적으로 모자랄지라도, 성경은 우리에게 완전한 대제사장 되시는 예수의 공로 때문에 우리가 하나님과 왕 노릇 할 것이라고 분명하게 말합니다.

예수의 위대하심과 영광을 보여주는 또 다른 묵상들

우리가 주님을 보기만 해도, 주님이 하신 일을 묵상만 해도 우리가 우리 자신을 보는 눈이 얼마나 달라집니까? 우리의 어리석은 육체가 쇠하여지고, 주님이 우리 안에서 흥하여지실 때 아버지께서 그 큰 사랑으로 우리를 위해 이루신 구속의 부요와 영광이 무엇인지가 선명하게 드러날 것입니다. 이 모든 것이 참되다는 것을 어떻게 알 수 있습니까? 성경은 예수님에 대해서 두 가지를 더 가르칩니다.

교회의 머리 되신 구주

첫째로, 성경은 예수가 우리를 위해서 교회의 머리가 되신다고 말합니다. 교회의 영광은 교회를 구성하고 있는 사람들의 자질에 달려 있지 않습니다. 어떤 교회든, 어떤 성도든 훌륭한 부분이 있지만, 그에 못지않게 악함과 추함도 같이 있습니다. 교회가 왜 이러한 모양을 가지고 있는 것일까요? 교회의 존영의 기준이 사람이 아니라 교회의 머리가 예수이시라는 사실에 있기 때문입니다. 그래서 교회는 특별한 곳입니다.

그러므로 우리는 교회나 성도들을 바라볼 때 쉽게 평가하려고 해서는 안 됩니다. 인생은 아무리 훌륭하고 출중해 보여도 동시에 연약함이 있기 때문입니다. 사람의 모습을 보고 교회의 아름다움을 평가하는 것이 아니라, 교회의 머리가 주님이시고 교회를 바라볼 때마다 예수님이 다스리시는지가 나타나야만 교회가 진정 교회다워지고 아름다운 모습이 드러납니다.

저는 교회 안에 목회자를 포함해 유력한 사람이 아무도 없기를 바랍니다. 만약 그러한 사람이 있다면 교회를 망치는 사람입니다. 한편 누군가가 말하면 무조건 따르는 어리석은 성도가 되어서도 안 될 것입니다. 어떤 말을 들으면 '하나님의 마음에 합한가? 하나님의 생각인가?'를 분별한 후 주께 복종해야 교회를 교회답게 세워 가는 성도의 삶을 사는 것이라고 할 수 있습니다.

교회의 머리는 주님이십니다. 몸을 구성하는 우리는 머리로부터 모든 것을 공급받기 때문에 예수가 어떤 분이신지를 보고 알 때마다 우리 자신이 어떤 존재인지를 동시에 볼 수 있습니다.

새 언약의 머리이신 구주

둘째로, 예수님은 새 언약의 머리이십니다. 주님은 제자들을 떠나시기 전에 성찬식을 제정하시면서 "이 잔은 내 피로 세우는 새 언약이니 곧 너희를 위하여 붓는 것이라"(눅 22:20)라고 말씀하셨습니다. 구약을 보면, 하나님은 아담과 아브라함, 모세, 다윗에게 언약을 주셨습니다. 하나님은 하나님의 백성을 약속의 관계 안에서 만나시고, 그들을 대하시고 축복하십니다. 그런데 주님은 '새 언약'이라고 밝히 말씀하셨습니다. 그렇다면 어떤 면에서 새롭습니까?

이 언약은 더 이상 돌판에 기록되어 있는 언약이 아닙니다. 하나님의 성령과 함께 우리의 마음 비석에 기록되어 있는 언약입니다. 이 언약은 더 이상 바깥에서 누군가가 말을 해야만 알 수 있는 언약이 아니라 우리 속에 계신 성령 하나님이 깨닫게 하신 말씀을 사랑하는 언약입니다. 이 언약은 바깥에 있는 돌 판에 새겨져 있어서 원함은 있지만 행하지 못하는 언약이 아닙니다. 우리 마음속에 새겨져 있고 전인격을 담아서 사랑하기 때문에 성령의 도우심 안에서 살아지는 능력이 있는 언약입니다. 새 언약입니다.

오늘 조국 교회를 보면 사람이 너무 많이 드러나 있습니다. 우리가 쇠하고 잘 죽어서 예수가 흥하시게 될 때 우리를 사랑하시는 아버지의 많은 사랑이 이루어 놓은 구속의 부요와 풍성이 교회에 임합니다. 그러한 교회가 많아질수록 위로받을 곳이 없는 고통스런 조국 땅에 하나님의 은택과 복락이 풍성하게 흐르는 영광을 보게 될 것입니다. 잘 죽읍시다. 세월이 더해질수록 잘 쇠하여집시다. 주님만 드러나시게 합시다. 우리의 왕이신 예수님과 함께 우리가 왕 노릇 할 때까지 종이 되고, 희생하고, 섬겨서 우리가 하나님의 백성인 표가 구석구석에 묻어나는 복된 영광이 우리 모두의 것이 되기를 바랍니다.

사명선언문

너희가 흠이 없고 순전하여……세상에서 그들 가운데 빛들로
나타내며 생명의 말씀을 밝혀 _ 빌 2:15-16

1. 생명을 담겠습니다
만드는 책에 주님 주신 생명을 담겠습니다.
그 책으로 복음을 선포하겠습니다.

2. 말씀을 밝히겠습니다
생명의 근본은 말씀입니다.
말씀을 밝혀 성도와 교회의 성장을 돕겠습니다.

3. 빛이 되겠습니다
시대와 영혼의 어두움을 밝혀 주님 앞으로 이끄는
빛이 되는 책을 만들겠습니다.

4. 순전히 행하겠습니다
책을 만들고 전하는 일과 경영하는 일에 부끄러움이 없는
정직함으로 행하겠습니다.

5. 끝까지 전파하겠습니다
모든 사람에게, 땅 끝까지, 주님 오시는 그날까지
복음을 전하는 사명을 다하겠습니다.

서점 안내

광화문점 서울시 종로구 새문안로 69 구세군회관 1층
02)737-2288 / 02)737-4623(F)

강남점 서울시 서초구 신반포로 177 반포쇼핑타운 3동 2층
02)595-1211 / 02)595-3549(F)

구로점 서울시 동작구 시흥대로 602, 3층 302호
02)858-8744 / 02)838-0653(F)

노원점 서울시 노원구 동일로 1366 삼봉빌딩 지하 1층
02)938-7979 / 02)3391-6169(F)

분당점 경기도 성남시 분당구 황새울로 315 대현빌딩 3층
031)707-5566 / 031)707-4999(F)

일산점 경기도 고양시 일산서구 중앙로 1391 레이크타운 지하 1층
031)916-8787 / 031)916-8788(F)

의정부점 경기도 의정부시 청사로47번길 12 성산타워 3층
031)845-0400 / 031) 852-6930(F)

인터넷서점 www.lifebook.co.kr